财政部规划教材
全国高等院校会计系列教材

政府会计

杨　明　施飞峙　李　婧　主　编
董佳宇　毛　琦　王　娟　副主编

中国财经出版传媒集团
中国财政经济出版社

图书在版编目（CIP）数据

政府会计/杨明，施飞峙，李婧主编．—北京：中国财政经济出版社，2019.5
财政部规划教材　全国高等院校会计系列教材
ISBN 978－7－5095－8980－9

Ⅰ.①政…　Ⅱ.①杨…②施…③李…　Ⅲ.①预算会计－高等学校－教材　Ⅳ.①F810.6

中国版本图书馆CIP数据核字（2019）第082071号

责任编辑：陈　冰　　　　责任校对：黄亚青
封面设计：孙俪铭

中国财政经济出版社出版
URL：http：//www.cfeph.cn
E－mail：cfeph@cfeph.cn

社址：北京市海淀区阜成路甲28号　邮政编码：100142
营销中心电话：88190406
三河市宏图印务有限公司印刷　各地新华书店经销
787×1092毫米　16开　18印张　434 000字
2019年7月第1版　2019年7月河北第1次印刷
定价：47.00元
ISBN 978－7－5095－8980－9
（图书出现印装问题，本社负责调换）
本社质量投诉电话：010－88190744
打击盗版举报热线：010－88191661　QQ：2242791300

编写说明

党的十八届三中全会提出：我国要“建立权责发生制政府综合财务报告体系”的战略部署，为政府会计改革和政府会计参与国家治理体系构建吹响了集结的号角。现在全国上至财政部和国务院各部委办局、各省（自治区、直辖市）以及各级各类高等院校、科研院所、相关的企业、事务所等，下至基层的行政事业单位和相关部门，都在积极为此目标而做着努力。作为一线的政府会计教师，我们也在积极地跟随国家政府会计改革的步伐，结合最新的《中华人民共和国会计法》《中华人民共和国预算法》《政府会计基本准则》《政府会计具体准则》《政府会计准则应用指南》和《政府会计制度（行政事业单位）》，为政府会计人才培养和政府会计课程编写一本比较适合的教材在努力。

本教材按照政府会计——行政事业单位会计的最新特点，主要分为四篇编写：总论篇、政府财务会计篇、政府预算会计篇和政府会计报告篇，共计十三章。教材由全国多所高等院校一线教师参与设计和编写，主要包括东北农业大学、云南财经大学、黑龙江财经学院、内蒙古农业大学、中华女子学院、齐齐哈尔大学等高校。

本教材由杨明、施飞峙、李婧担任主编，董佳宇、毛琦、王娟担任副主编，李萍、孙文琪、邓斯敏琴子、刘馨遥参与编写。由杨明和施飞峙负责全书的总纂定稿。具体分工如下：杨明和施飞峙编写第一章；李婧和施飞峙编写第二章；施飞峙和杨明编写第二篇（第三章、第四章、第五章、第六章）；董佳宇编写第八章和第九章；毛琦编写第十一章、第十二章、第十三章；王娟编写第七章和第十章；李萍、孙文琪、邓斯敏琴子和刘馨遥参与部分书稿资料的收集和文字整理等工作。

政府会计改革方兴未艾，后续的改革还会不断地深化，有些内容还没有出台具体的解释和相关的指引，所以我们为了保证教材内容的完整性，个别加入了一些自己的理解，不当之处和理解不到位，希望国内会计界的同仁、专家和读者们多多指教和斧正。在编写过程中，我们参考和借鉴了一些相关的书籍和资料，并得到了相关参编院校的领导和同仁们给予的大力支持，在此一并表示由衷的感谢。

本书配套有电子课件，如有需要，请登录以下网址下载：http：//cjjc. cfeph. cn，或发送电子邮件至 caijingjiaocai@ 163. com 索取。

编　者

2019 年初春于东农后稷园

目 录

第一篇　总论

第二篇　政府财务会计

第四篇　政府会计报告

第一篇　总　论

第一章 政府会计概述

第一节 政府会计的概念与发展历程

一、政府会计的概念

（一）政府的定义

政府，是一个国家为维护和实现特定的公共秩序，按照一定的区划划分原则组织起来的政治统治和社会管理组织。政府有广义和狭义之分。

广义的政府，就是国家的权威性的表现形式，是指国家的立法机关、执法（行政）机关和司法机关等公共机关的总和，代表着社会公共权力。

狭义的政府，是指国家政权机构中的行政机关，即一个国家政权体系中依法享有行政权力的组织体系。

根据我国宪法规定，国家机关包括国家权力机关、国家行政机关、国家审判机关、国家检察机关、国家监察机关、军事机关等。此外，我国政府机关还包括政党机关、政协组织和社会团体等。

我国政府按行政级别可以划分为中央政府和地方各级政府。地方各级政府按行政区域划分为省（自治区、直辖市）；市（自治州、直辖市所属区）；县（自治县、直辖市所属县、不设区的市）；乡、（民族乡、镇）；国家在港澳台地区设立特别行政区。

作为政府会计的主体一般是指广义的政府概念。

（二）政府会计的定义

政府会计，又称“公共部门会计”“公共会计”“预算会计”“官厅会计”“非营利组织会计”等。新中国成立以来，我国政府会计一直被称为“预算会计”。新近颁布的《政府会计准则》重新定义了政府会计：政府会计是指各级政府、各部门、各单位反映和监督各级各类财政预算资金和业务资金的收支预算执行情况和财务状况的会计。政府会计由政府预算会计和政府财务会计构成。政府各部门、各单位是指与本级政府财政部门直接或者间接发生预算拨款关系的国家机关、军队、政党组织、社会团体、事业单位和其他单位。

二、政府会计的发展历程

会计界普遍认为奴隶社会时期，我国就已经建立起了政府会计，大禹王还召开了当时全世界首届会计审计大会。夏朝是我国政府会计的起源，商代的“官厅会计”使政府会计逐步完善。

新中国成立后，我国逐渐对政府会计进行发展，采用的预算会计，也就是现在政府会计的前身，并在1951年施行的《预算会计暂行条例》中，将预算会计划分为财政总预算会计和单位预算会计两大类。①

改革开放40多年来，我国政府会计改革经历了渐进发展、曲折向前的过程。按照40多年来我国政府会计领域发生的重要标志性事件及其产生的经济、政治影响，可以大致将我国政府会计变革划分为：计划经济框架下的预算会计调整、市场经济体制下的预算会计改革、对既有预算会计体系的局部调整以及新一轮政府会计改革四个阶段。

（一）计划经济框架下的预算会计规范调整（1978—1993年）

这一时期我国开始从高度集中的计划经济体制进入到有计划的商品经济时代，政府逐渐从竞争性商品市场和投资领域退出，经济管理职能逐步放归市场。但在改革开放初期，我国仍沿袭着计划经济时代统收统支的预算管理模式，即对1963年出台的《各级财政机关总预算会计制度》和《行政事业单位预算会计制度》进行增改和修订。1988年重新修订的《财政机关总预算会计制度》和《事业行政单位预算会计制度》，则在政府预算会计职能及核算范围和内容上有了新的突破，增加了总预算会计的组织管理职能，同时也使各级事业单位的会计管理体制摆脱了过去高度统一的状态，走上了“统一领导、分级管理”的道路。但是会计主体不清、会计核算方法不适应市场经济体制需要，以直接管理和行政管理为主的预算管理模式的问题仍十分突出，这在一定程度上牵绊着社会主义市场经济体制的建立。因此，财政部于1993年正式启动了预算会计改革（见表1-1）。

表1-1　　计划经济框架下的预算会计调整阶段

年份	标志性事件	主要内容
1983年	颁布《财政机关总预算会计制度》	强化财政总预算会计的经济管理职能，并对预算科目的概念做出阐述
1988年	修订《财政机关总预算会计制度》	界定了总预算会计的职能：区分预算资金和预算外资金“两条线”进行核算和报告；将会计报表分为月报和年报两种
	颁布《事业行政单位预算会计制度》	制定配套的会计科目和核算办法，以满足采用差额、全额和自收自支预算管理方式的行政事业机构会计核算的需要；围绕行政事业单位的职能特点与财务管理情况，充实会计核算的内容

① 隋雪、董雪艳：“我国政府会计核算的发展与改革”，《当代经济》，2015年第21期。

续表

年份	标志性事件	主要内容
1988 年	颁布《医院会计制度》《高等学校会计制度》	与《事业行政单位预算会计制度》并存，且与企业会计出现了某些趋同
1992 年	国家预算开始采用复式预算编制方法，并将预算分为经常性预算和建设性预算两部分	

（二）市场经济体制下的预算会计改革（1994—1999 年）

自 1994 年起，我国正式确立社会主义市场经济体制，并开启了“分税制”财政体制改革，采用复式预算编制方法编制经常性预算和建设性预算，建立起“分税制”的预算管理体制，原有的预算会计制度无法匹配新的预算管理制度，限制了预算会计职能的有效发挥。

我国开始按照市场经济规则改革适应分税制财政管理体制需要的政府会计，并先后于 1997 年和 1998 年颁布了《财政总预算会计制度》《事业单位会计制度》《事业单位会计准则（试行）》以及《行政单位会计制度》（简称“一则三制”）。“一则三制”的颁布实施标志着我国政府会计逐步摆脱计划经济体制下高度集中的预算会计模式，基本建立起一套与当时经济体制和政治管理体制相适应的预算会计体系，确立了财政总预算会计、行政单位会计、事业单位会计“三分天下”的基本架构。这一架构作为我国公共财政预算管理的基础，在推动我国社会主义市场经济体制的建立、实现国家财政职能、转变政府职能方面发挥了巨大作用，基本满足了当时国家宏观经济管理和预算管理的需求（见表 1－2）。

表 1－2　市场经济体制下的预算会计改革阶段

<table>
<tr><th>年份</th><th>标志性事件</th><th>主要内容</th></tr>
<tr><td>1994 年</td><td>筹建预算会计改革常务工作组
颁布《中华人民共和国预算法》</td><td>将中央预算和地方预算划分为公共预算、国有资产经营预算和社会保障预算三部分</td></tr>
<tr><td>1996 年</td><td>颁布《预算会计核算制度改革要点》</td><td>在指导思想、改革目标、会计体系、核算方法和改革步骤等方面明确了预算会计改革的核心内容</td></tr>
<tr><td>1997 年</td><td>颁布《财政总预算会计制度》《事业单位会计制度》《事业单位会计准则（试行）》</td><td rowspan="2">统称为“一则三制”：
（1）明确了预算会计体系的三个分支：财政总预算会计、行政单位会计和事业单位会计，且各自分设科目
（2）明确了会计的五大要素为资产、负债、净资产、收入和支出；以借贷记账法取代收付记账法
（3）预算内、预算外资金统一核算，综合平衡
（4）财政总预算会计和行政单位会计仍实行现金制，事业单位的经营性业务可以采用应计制</td></tr>
<tr><td>1998 年</td><td>颁布《行政单位会计制度》</td></tr>
</table>

（三）对既有预算会计体系局部调整和研究探索（2000—2009 年）

进入 21 世纪，根据建立公共财政体系的要求，我国开展了包括部门预算改革、国库集中收付、政府采购和政府收支分类等一系列财政管理体制创新，预算编制和执行走向了规范化、制度化和科学化的轨道。通过这一阶段的改革，构建起全新的预算编制模式，强化了预算执行管理，有效整合了预算内外的财政资源，增强了预决算的法制性和透明度。部门预算改革，实现了“一个部门，一本预算”，改变了传统功能预算按经费功能分类编制多本预算的做法；政府收支分类改革形成了政府预算内外资金共用的统一、规范的收支分类体系；政府会计作为预算管理的重要组成部分，也随之进行了相应的调整和修补。在预算管理改革方面，财政部对财政总决算预算外资金收支决算和行政事业单位决算进行了整合，决算报表体系不断完善，各级财政部门开始加强决算数据的分析利用，用决算数据揭示预算编制和执行中的问题。总体来说，这一时期的政府会计主要服务于政府财政预算资金的收支管理，重点反映当期财政收支状况，仍未从根本上打破既有的预算会计框架（见表1－3）。

表1－3　市场经济体制下的预算会计改革阶段

年份	标志性事件	主要内容
2001年	发布《财政国库管理制度改革试点会计核算暂行办法》	分别对财政总预算会计、财政国库支付执行机构会计、行政事业单位会计、建设单位会计财政集中支付业务会计核算做出规定，以适应国库集中支付改革需要
	发布《政府采购资金财政直接支付核算暂行办法》	为适应政府采购财政改革需要
2002年	颁布《行政事业单位会计决算报告制度》	确立了行政事业单位会计决算报告的编制范围、编制内容、工作组织、填报审核等工作规范
	颁布《农业综合开发资金会计制度》	
	颁布《三峡工程库区移民资金会计制度》	专项资金会计制度，以满足专项资金管理需要
2003年	印发《地方财政实施财政国库管理制度改革年终预算结余资金会计处理的暂行规定》	对地方财政实施财政国库管理制度改革试点形成的年终预算结余资金的财政总预算会计，按规定实行个别事项的权责发生制账务处理
2006年	将“推进政府会计改革”列入《国民经济和社会发展第十一个五年规划纲要》	
2009年	下发新的《医院会计制度》（征求意见稿）和新的《高等学校会计制度》（征求意见稿）	确立了修正的权责发生制为会计核算基础，拉开了我国以公立单位为主体的应计制会计改革的序幕

（四）全面推进政府会计改革（2010年至今）

2010年，“进一步推进政府会计改革，逐步建立政府财务报告制度”被正式列入《中华人民共和国国民经济和社会发展第十二个五年规划纲要》。2011年，财政部印发的《医院会计制度》首次在公共部门正式引入权责发生制，以修正的权责发生制为会计核算基础来系统规范公共医疗机构的会计核算和财务报告。2013年，党的十八届三中全会提出了深化财税体制改革、改进预算管理制度、建立权责发生制政府综合财务报告制度的明确要求。2014年《权责发生制政府综合财务报告制度改革方案》发布后，进一步明确了双轨制的政府会计改革方向，我国新一轮政府会计改革正式启动。迄今，业已颁布了《政府会计准则——基本准则》以及9项具体准则，并发布了新的《政府会计制度》，统一了行政单位和事业单位会计制度，同时废止了多头零散的按行政事业单位分类的十余项会计制度，基本形成了在《中华人民共和国会计法》（以下简称《会计法》）和《中华人民共和国预算法》（以下简称《预算法》）指导下的准则与制度并行的政府会计法规体系。①

表 1－4　　新一轮政府会计改革阶段

<table>
<tr><th>年份</th><th>标志性事件</th><th>主要内容</th></tr>
<tr><td>2011 年</td><td>发布《行政事业单位内部控制规范（试行）》</td><td>拟构建以预算为主线的流程控制、以资产负债为主线的重要项目控制、经济合同控制以及评价与控制在内的内部控制规范框架</td></tr>
<tr><td rowspan="2">2014 年</td><td>修正《中华人民共和国预算法》</td><td>增强预算的科学性、完整性和透明度，强化政府债务管理以防范财政风险，严格预算执行，规范预算调整和完善预算审查监督</td></tr>
<tr><td>国务院批转《权责发生制政府综合财务报告制度改革方案》</td><td>提出双轨制政府会计改革构想</td></tr>
<tr><td rowspan="2">2015 年</td><td>颁布《政府会计准则——基本准则》</td><td>提出构建预算会计和财务会计适度分离并相互衔接的政府会计核算体系；明确了预算会计要素和财务会计要素</td></tr>
<tr><td>颁布《政府财务报告编制办法（试行）》</td><td>详细规范了政府财务报告的内涵和范畴、主要内容、编制要求及报送流程等</td></tr>
<tr><td>2016 年</td><td colspan="2">印发四项具体政府会计准则：《政府会计准则第 1 号——存货》《政府会计准则第 2 号——投资》《政府会计准则第 3 号——固定资产》《政府会计准则第 4 号——无形资产》</td></tr>
<tr><td rowspan="3">2017 年</td><td>印发《政府会计准则第 3 号——固定资产》应用指南</td><td>对固定资产折旧年限和折旧时点做出明确要求</td></tr>
<tr><td colspan="2">印发两项具体政府会计准则：
《政府会计准则第 5 号——公共基础设施》
《政府会计准则第 6 号——政府储备物资》</td></tr>
<tr><td>颁布《政府会计制度——行政事业单位会计科目和报表》</td><td>同时废止了包括原“一则三制”及各分类事业单位会计制度共 13 项，统一了行政事业单位的政府会计核算</td></tr>
<tr><td rowspan="2">2018 年</td><td colspan="2">发布《政府会计准则第 7 号——会计调整》《政府会计准则第 8 号——负债》《政府会计准则第 9 号——财务报表编制和列报》</td></tr>
<tr><td>制定《政府会计制度——行政事业单位会计科目和报表》与《行政单位会计制度》有关衔接问题的处理规定和《政府会计制度——行政事业单位会计科目和报表》与《事业单位会计制度》有关衔接问题的处理规定</td><td>为确保新旧政府会计制度顺利衔接、平稳过渡，促进新制度的有效贯彻实施</td></tr>
</table>

① 徐玉德、宋帅：“我国政府会计改革发展四十年：历程、经验及展望”，《地方财政研究》，2018 年第 11 期。

第二节
政府会计基本构成和准则体系

一、政府会计的基本构成

（一）改革前的政府会计基本构成

我国现行政府会计构成体系基本上形成于1998年前后，主要涵盖财政总预算会计、行政单位会计与事业单位会计。当时，财政部适应公共财政管理的需要，陆续出台了行政单位和各个行业的事业单位会计制度，基本满足了部门预算管理的需要。

具体会计核算制度体系包括：《财政总预算会计制度》《行政单位会计制度》《事业单位会计制度》《医院会计制度》《基层医疗卫生机构会计制度》《高等学校会计制度》《中小学校会计制度》《科学事业单位会计制度》《彩票机构会计制度》《地质勘查单位会计制度》《测绘事业单位会计制度》《国有林场与苗圃会计制度（暂行）》《国有建设单位会计制度》等。

党的十八届三中全会提出了“建立权责发生制政府综合财务报告制度”的重大改革举措，2014年修正的《预算法》对各级政府提出了按年度编制以权责发生制为基础的政府综合财务报告的新要求。由于当时政府会计标准体系一般采用收付实现制，主要以提供反映预算收支执行情况的决算报告为目的，无法准确、完整地反映政府资产负债“家底”，以及政府的运行成本等情况，难以满足编制权责发生制政府综合财务报告的信息需求，因此，在新时代背景下，必须对政府会计构成体系进行改革。

（二）现阶段政府会计的基本构成

现在的政府会计由政府预算会计和政府财务会计构成（以下简称“预算会计”和“财务会计”）。政府会计核算应当实现预算会计与财务会计既适度分离又相互衔接，全面、清晰地反映政府财务信息和预算执行信息，为开展政府信用评级、加强资产负债管理、改进政府绩效监督考核、防范财政风险等提供支持，促进政府财务管理水平提高和财政经济可持续发展。

1. 预算会计和财务会计“适度分离”

（1）“双功能”。政府会计应当实现预算会计和财务会计双重功能。预算会计应准确完整地反映政府预算收入、预算支出和预算结余等预算执行信息，财务会计应全面准确地反映政府的资产、负债、净资产、收入、费用等财务信息。

（2）“双基础”。预算会计实行收付实现制，国务院另有规定的，从其规定；财务会计实行权责发生制。

（3）“双报告”。政府会计主体应当编制决算报告和财务报告。政府决算报告的编制主要以收付实现制为基础，以预算会计核算生成的数据为准；政府财务报告的编制主要以权责发生制为基础，以财务会计核算生成的数据为准。

2. 预算会计和财务会计“相互衔接”

政府的预算会计和财务会计“适度分离”，并不是要求政府会计主体分别建立预算会计和财务会计两套账，对同一笔经济业务或事项进行会计核算，而是要求政府预算会计要素和财务会计要素相互协调，决算报告和财务报告相互补充，共同反映政府会计主体的预算执行信息和财务信息。通过这种适度分离又相互衔接的政府会计核算模式，使公共资金管理中预算管理、财务管理和绩效管理相互联结、融合，全面提高管理水平和资金使用效率。这对于规范政府会计行为，夯实政府会计主体预算和财务管理两个基础，强化政府绩效管理具有深远的影响。

二、政府会计准则体系

我国现阶段的政府会计准则体系由政府会计基本准则、政府会计具体准则、政府会计具体准则应用指南和政府会计制度等组成。

（一）政府会计基本准则

政府会计基本准则用于规范政府会计目标、政府会计主体、政府会计信息质量要求、政府会计核算基础，以及政府会计要素定义、确认和计量原则、列报要求等原则事项。基本准则指导具体准则和制度的制定，并为政府会计实务问题提供处理原则。2015 年 10 月，财政部印发了《政府会计准则——基本准则》（以下简称《基本准则》）。

（二）政府会计具体准则及应用指南

政府会计具体准则依据《基本准则》制定，用于规范政府发生的经济业务或事项的会计处理原则，详细规定经济业务或事项引起的会计要素变动的确认、计量和报告。应用指南是对具体准则的实际应用做出的操作性规定。2016 年以来，财政部相继出台了存货、投资、固定资产、无形资产、公共基础设施、政府储备物资、会计调整、财务报表编制和列报等政府会计具体准则和固定资产准则应用指南。

（三）政府会计制度

2017 年财政部制定出台适用于各级各类行政事业单位的统一的《政府会计制度——行政事业单位会计科目和报表》（以下简称《制度》），对于提高政府会计信息质量、提升行政事业单位财务和预算管理水平、全面实施绩效管理、建立现代财政制度具有重要的政策支撑作用，在我国政府会计发展进程中具有划时代的重要意义。

1. 制定政府会计制度的原则

（1）归并统一原则。从行政事业单位通用或共性业务会计处理，以及单位财务报告信息和决算报告信息的可比性出发，归并统一现行行政单位、事业单位和各项行业事业单位会计制度。

（2）继承创新原则。立足当前行政事业单位核算现状，充分继承现行制度中合理的、共性的内容。同时，为满足政府财务会计和预算会计适度分离并相互衔接的核算需要，在会计科目设置和报表体系设计上力求创新。

（3）充分协调原则。《制度》依据《会计法》、《预算法》和《基本准则》等法律法规、规章制度，在严格贯彻《改革方案》要求、着力实现改革目标的前提下，力求与现行行政事业单位财务规则、财务制度、部门预决算制度、行政事业单位国有资产管理规定、基本建设财务规则等要求保持协调。

（4）提升质量原则。从财务报告和决算报告的目标以及信息使用者的需要出发，全面提升会计信息质量。在会计核算内容和范围上着力提高会计信息的可靠性、全面性；在财务会计中全面引入权责发生制，着力提高会计信息的相关性；在会计科目设置、账务处理说明上力求内在一致，着力提高会计信息的可比性；在报表设计及填表说明、附注披露中着力提高会计信息的可理解性。

（5）务实简化原则。考虑行政事业单位会计工作基础、会计人员接受程度和当前改革所处的阶段，以及核算系统中引入财务会计内容带来的复杂性，在会计科目设置、核算口径和方法、计量标准、账务处理设计、报表设计和填制等方面，力求做到贴近实务、方便操作、简便易行。

（6）适当借鉴原则。在充分考虑我国政府财政财务管理特点的基础上，适当吸收我国企业会计准则改革的成功经验，适当借鉴国际公共部门会计准则的最新成果以及国外有关国家政府会计改革的先进经验和做法。

2. 政府会计制度的重大变化与创新

（1）统一了现行各项单位会计制度。《制度》有机整合了《行政单位会计制度》《事业单位会计制度》和医院、基层医疗卫生机构、高等学校、中小学校、科学事业单位、彩票机构、地勘单位、测绘单位、林业（苗圃）等行业事业单位会计制度的内容。在科目设置、科目和报表项目说明方面，一般情况下，不再区分行政和事业单位，也不再区分行业事业单位；在核算内容方面，基本保留了现行各项制度中的通用业务和事项，同时根据改革需要增加各级各类行政事业单位的共性业务和事项；在会计政策方面，对同类业务尽可能做出同样的处理规定。通过会计制度的统一，大大提高了政府各部门、各单位会计信息的可比性，为合并单位、部门财务报表和逐级汇总编制部门决算奠定了坚实的制度基础。

（2）强化了财务会计功能。《制度》在财务会计核算中全面引入了权责发生制，在会计科目设置和账务处理说明中强化了财务会计功能，如增加了收入和费用两个财务会计要素的核算内容，并原则上要求按照权责发生制进行核算；增加了应收款项和应付款项的核算内容，对长期股权投资采用权益法核算，确认自行开发形成的无形资产的成本，要求对固定资产、公共基础设施、保障性住房和无形资产计提折旧或摊销，引入坏账准备等减值概念，确认预计负债、待摊费用和预提费用等。在政府会计核算中强化财务会计功能，对于科学编制权责发生制政府财务报告、准确反映单位财务状况和运行成本等情况具有重要的意义。

（3）扩大了政府资产负债核算范围。《制度》在现行制度基础上，扩大了资产负债的核算范围。除按照权责发生制核算原则增加有关往来账款的核算内容，在资产方面，增加了公共基础设施、政府储备物资、文物文化资产、保障性住房和受托代理资产的核算内容，以全面核算单位控制的各类资产；增加了“研发支出”科目，以准确反映单位自行开发无形资产的成本；在负债方面，增加了预计负债、受托代理负债等核算内容，以全面反映单位所承担的现时义务。

此外，为了准确反映单位资产扣除负债之后的净资产状况，《制度》立足单位会计核算需要、借鉴国际公共部门会计准则相关规定，将净资产按照主要来源分类为累计盈余和专用基金，并根据净资产其他来源设置了权益法调整、无偿调拨净资产等会计科目。资产负债核算范围的扩大，有利于全面规范政府单位各项经济业务和事项的会计处理，准确反映政府“家底”信息，为相关决策提供更加有用的信息。

（4）改进了预算会计功能。根据《改革方案》要求，《制度》对预算会计科目及其核算内容进行了调整和优化，以进一步完善预算会计功能。在核算内容上，预算会计仅需核算预算收入、预算支出和预算结余。在核算基础上，预算会计除按《预算法》要求的权责发生制事项外，均采用收付实现制核算，有利于避免现有制度下存在的虚列预算收支的问题。在核算范围上，为了体现新修正的《预算法》的精神和部门综合预算的要求，《制度》将依法纳入部门预算管理的现金收支均纳入预算会计核算范围，如增设了债务预算收入、债务还本支出、投资支出等。调整完善后的预算会计，能够更好地贯彻落实《预算法》的相关规定，更加准确地反映部门和单位预算收支情况，更加满足部门、单位预算和决算管理的需要。

（5）整合了基建会计核算。《制度》依据《基本建设财务规则》和相关预算管理规定，在充分吸收《国有建设单位会计制度》合理内容的基础上对单位建设项目会计核算进行了规定。单位对基本建设投资按照本制度规定统一进行会计核算，不再单独建账，大大简化了单位基本建设业务的会计核算，有利于提高单位会计信息的完整性。

（6）完善了报表体系和结构。《制度》将报表分为预算会计报表和财务报表两大类。一类预算会计报表由预算收入表、预算结转结余变动表和财政拨款预算收入支出表组成，是编制部门决算报表的基础。另一类财务报表由会计报表和附注构成，会计报表由资产负债表、收入费用表、净资产变动表和现金流量表组成，其中，单位可自行选择编制现金流量表。《制度》针对新的核算内容和要求对报表结构进行了调整和优化，对报表附注应当披露的内容进行了细化，对会计报表重要项目说明提供了可参考的披露格式、要求按经济分类披露费用信息、要求披露本年预算结余和本年盈余的差异调节过程等。调整完善后的报表体系，对于全面反映单位财务信息和预算执行信息，提高部门、单位会计信息的透明度和决策有用性具有重要的意义。

政府会计制度的定位是规范政府会计核算的会计科目设置、账务处理、会计报表及其编制。与企业不同的是，所有政府单位的会计信息都要层层汇总、合并。这就要求对政府会计的会计要素项目、会计科目、核算口径、账务处理等都要保持高度一致。与企业会计可以有弹性地对待会计准则中规定的会计科目和账务处理不同，政府会计核算制度中规定的会计科目、核算口径、账务处理等，都具有强制性，会计核算必须遵守。所以，对政府会计登记账簿和编制会计报表的规范，采用会计制度形式会更有利于保证会计信息汇总质量。另外，我国长期以来政府会计核算规范都采用制度形式，保留会计制度形式的会计核算规范更有利于实务操作人员接受。

根据《基本准则》，政府会计主体主要包括各级政府、各部门、各单位。各级政府指各级政府财政部门，具体负责财政总会计的核算。各部门、各单位是指与本级政府财政部门直接或者间接发生预算拨款关系的国家机关、军队、政党组织、社会团体、事业单位和其他单位。军队、已纳入企业财务管理体系的单位和执行《民间非营利组织会计制度》的社会团体，其会计核算不适用政府会计准则制度。

第三节 财政预算管理制度

一、国库集中收付制度

（一）现代国库管理制度

传统意义上的国库（是国家金库的简称）是指负责办理财政收入收纳、划分、留解和库款支拨的“国家金库”。随着经济与政府财政活动的日益扩展，现代国库职能逐渐拓展到公共财政管理的诸多方面。根据国际货币基金组织（IMF）的定义，国库不仅具有国家金库的职能，而且还发挥着财政代表政府控制预算执行，保管政府资产和负债的一系列管理职能。

国库集中收付管理、国债管理和国库现金管理构成现代国库管理制度的核心内容，三者相互促进，有机一体，与其他国库管理制度共同构成现代国库管理制度，形成一个科学的财政预算管理体系。

1. 国库集中收付管理

国库集中收付管理作为现代国库管理的基本制度，是指通过建立国库单一账户体系，规范财政资金收入和支付运行机制，进而提高预算执行的透明度以及资金运行效率和使用效益的财政管理活动。财政部门控制政府现金流、实现对国库现金流的准确滚动预测，为开展国库现金管理和加强国债管理与国库库款紧密衔接提供了条件，为实现提高财政资金运行效益、降低财政筹资成本奠定了基础。国库集中收付管理，奠定了现代国库管理制度的基础，为开展国库现金管理和高效国债管理提供了条件。

2. 国债管理

国债管理是在控制国债规模和国债风险的前提下，通过国债发行、兑付、交易等一系列管理活动，长期以最小的成本满足财政筹资需要，同时促进国债市场发展。国债管理是现代国库管理制度负债管理职能的重要体现，它与国库现金管理密切配合，可以大大提高资产负债管理的效率和效益。特别在国债余额管理方式下，通过准确预测国库现金流，可以合理安排国债发行时间和节奏，使国债管理和国库库款更好地衔接，尽可能降低国债筹资成本；通过发行 1 年期以下的短期国债，可以保证财政部门每天都有足够的现金余额满足财政支付需要，有效规避可能因国库资金不足造成的财政支付风险，为国库现金管理运作创造了灵活的机制。

3. 国库现金管理

财政国库现金是指财政部门尚未支付而暂时闲置在国库单一账户的财政资金。财政国库现金管理是指在确保国库现金支出需要的前提下，以实现国库闲置现金余额最小化而投资收益最大化为目标的一系列财政管理活动，是财政国库管理的重要组成部分，也简称为“国库现金管理”。国库现金管理是现代国库管理制度改革的重要特征。国库现金管理实现了现代国库管理制度的高层次目标，通过加强财政自身管理实现科学理财，提高财政资金效益。

（二）国库集中收付制度

1. 建立国库单一账户制度的意义

以往我国财政性资金的缴库和拨付主要是通过征收机关和预算单位设立多重账户分散进行的。随着社会主义市场经济体制下公共财政的建立和发展，这种财政资金管理体制的弊端越来越突出。具体来说，主要存在以下问题：一是重复和分散设置账户，导致财政收支活动透明度不高，不利于实施有效管理和全面监督；二是财政收支信息反馈迟缓，难以及时为预算编制、执行分析和宏观调控提供可靠依据；三是收入执行中征管不严，退库不规范，财政流失问题比较严重；四是支出执行中资金分散拨付，相当规模的财政资金滞留在预算单位，难免出现截留、挤占、挪用财政资金的问题，既降低了财政资金使用效率，又容易诱发腐败现象。

为了适应市场经济体制下公共财政发展的要求，我国财政国库管理制度应当借鉴西方发达国家的经验，建立和完善国库单一账户制度。为此，2001 年 3 月财政部和中国人民银行发布了《财政国库管理制度改革试点方案》，决定从 2001 年开始在中央部门进行改革试点，“十五”期间在中央和地方全面实施国库单一账户制度。建立和完善国库单一账户制度是我国财政国库管理制度改革的主要内容，这项改革具有如下重要意义：

（1）国库单一账户制度能更好地适应市场经济体制下公共财政的发展要求。公共财政是在市场经济条件下，为满足社会公共需要而进行的财政收支活动模式。财政国库管理制度贯穿于公共财政管理全过程，通过控制财政资金按规范流入和流出各个公共机构的过程来控制预算执行过程，是预算执行的根本性制度。国库单一账户制度通过国库集中进行财政资金的收付，保证各预算单位对财政资金的需求，能更好地为公共财政服务。

（2）国库单一账户制度可以促进财政资金管理的规范化。国库单一账户制度要求财政收入的收缴方式和财政支出的去向及支付方式必须建立在法制的基础上，要求合理界定征收机关、财政部门、预算单位、中央银行国库及代理银行的职责范围，对财政资金实行科学规范管理。

（3）国库单一账户制度有利于提高财政资金的运行效益，降低财政筹资成本。实行国库单一账户制度后，预算单位不再开设过渡性账户，财政资金都集中存放在国库单一账户。这有利于财政部门对资金加强统一管理，使库款调度更加灵活，资金支付更加及时，提高了财政资金的运行效益，并能有效地降低财政筹资成本。

（4）国库单一账户制度有利于加强预算监督，提高国家宏观调控能力。实行国库单一账户制度后，可以从机制上保证财政收入及时、足额缴入国库或财政专户，改变以往将资金拨付到预算单位账户上由预算单位自行支付的做法，从而使预算监督方式由过去的事后检查、“秋后算账”转变为事前审核监督、事中实时控制、事后考核评价的全面监督方式。而且，国库单一账户制度以现代信息技术为支撑，大大提高了预算执行信息的全面性、准确性和及时性，提高了预算信息的细化程度，有利于提高国家的宏观调控能力。

2. 国库集中收付制度的概念

国库集中收付制度，又称国库单一账户制度，是指将政府所有财政性资金集中在国库或国库指定的代理银行开设账户，所有财政收入直接缴入相关账户，所有财政支出直接通过相关账户进行拨付的财政资金管理制度。

国库集中收付制度就是各个征收机关和预算单位不再设立过渡性资金账户，而是建立一个统揽所有财政性资金的账户体系，即国库单一账户体系。所有财政性资金都纳入国库单一账户体系管理，实现了“收支直达”，即收入直接缴入国库或财政专户，支出通过国库单一账户体系直接支付到商品和劳务供应者或用款单位。

3. 国库单一账户体系的构成

（1）国库单一账户即国库存款账户。财政部门在中国人民银行开设国库单一账户，按收入和支出设置分类账，收入账按预算科目进行明细核算，支出账按资金使用性质设立分账册。

（2）零余额账户。财政部门按资金使用性质在商业银行开设零余额账户（简称“财政零余额账户”）；在商业银行为预算单位开设零余额账户（简称“预算单位零余额账户”）。

（3）财政专户。指对法律、行政法规和国务院规定的特定专用资金设立的专户。财政专户纳入国库单一账户体系管理。

4. 国库单一账户体系中各类账户的功能

（1）国库单一账户，亦称为国库存款账户，是财政部门在中国人民银行开设的国库存款账户，用于记录、核算和反映纳入财政预算管理的财政收入和支出活动，并用于与财政部门在商业银行（也称“代理银行”）开设的零余额账户（包括财政零余额账户和预算单位零余额账户）进行清算，实现支付。

（2）零余额账户，是财政部门按规定在商业银行开设的财政零余额账户，用于财政直接支付，并与国库单一账户清算，做到日终零余额管理；预算单位（行政事业单位）按照财政部门要求，按规定在商业银行开设的预算单位零余额账户，用于财政授权支付，并与国库单一账户清算，做到日终零余额管理。

当商业银行根据国库支付中心或预算单位开具的支付令向有关商品和服务提供者支付款项，并按日向中国人民银行国库存款账户申请清算、收回代垫支付的款项后，该账户的余额即为零，表明代理银行当天为国库存款账户代垫资金的款项，可以从国库存款账户收回全部资金，每日终了清算后该账户余额为零。

（3）财政专户账户，是财政部门为履行财政管理职能，在商业银行开设的用于管理核算特定财政资金的银行结算账户。

财政专户主要是用来满足社会保险基金核算管理、一些具有专项用途的资金管理、非税收入收缴管理、乡级财政资金存放、外国政府和国际金融组织贷款赠款资金管理、外币资金核算管理等需要。

上述账户和专户要与财政部门（财政总预算会计）及其支付执行机构（国库支付中心会计）、中国人民银行国库部门（国库会计）和预算单位（行政事业单位会计）的会计核算保持一致性，相互核对有关账务记录。

财政总预算会计使用的国库单一账户即国库存款账户、国库支付中心使用的财政零余额账户和财政专户、行政事业单位使用预算单位零余额账户。

财政资金集中存放在国库存款账户，财政零余额账户、预算单位零余额账户和财政专户都是过渡账户，用来与国库存款账户进行了清算，实现支付。零余额账户不存在财政资金，只有用款额度。

5. 国库收入集中收缴程序

财政国库集中收付制度实施后，收入的收缴方式分为直接缴库和集中汇缴两种。

（1）直接缴库程序。直接缴库的税收收入，由纳税人或税务代理人提出纳税申报，经征收机关审核无误后，由纳税人通过开户银行将税款缴入国库单一账户。直接缴库的其他收入，比照上述程序直接缴入国库单一账户或财政专户。

（2）集中汇缴程序。小额零散税收和法律法规另有规定的应缴收入，由征收机关于收缴收入的当日汇总缴入国库单一账户。非税收入中的现金缴款，比照上述程序汇总缴入国库单一账户或财政专户。

6. 国库集中支付的程序

财政性资金的支付实行财政集中支付方式，除了特殊情况需要以实拨方式支付外，按照不同的支付主体，对不同类型的支出，实行财政直接支付和财政授权支付两种方式。财政直接支付和财政授权支付的具体支出项目，由各级财政部门确定。

（1）财政直接支付程序。财政直接支付主要通过转账方式进行。预算单位按照批复的部门预算和资金使用计划向财政部门提出支付申请，财政部门根据批复的部门预算和用款计划及相关要求对支付申请审核无误后，向人民银行国库或代理银行开具支付令，财政性资金通过国库单一账户体系划拨到收款人的银行账户。

财政直接支付一般程序如下：

第一，支付申请。地方基层预算单位办理财政直接支付申请时，填制“财政直接支付申请书”，经一级预算单位审核汇总后，填制“财政直接支付汇总申请书”，并附基层单位填制的“财政直接支付申请书”报财政国库支付执行机构。

第二，支付指令。财政国库支付执行机构，审核一级预算单位汇总支付申请无误后，开具“财政直接支付汇总清算额度通知书”和“财政直接支付凭证”，经财政国库管理机构加盖印章后，分别送中国人民银行和代理银行。

第三，信息反馈。代理银行根据收到的“财政直接支付凭证”及时将资金支付给收款人和用款单位，代理银行办理资金支付业务后开具“财政直接支付入账通知书”，并在支付资金的当日将支付信息反馈给财政国库管理部门。

代理银行根据财政国库支付执行机构的支付命令，将当日实际支付的资金，按一级预算单位分预算科目（款级）汇总按实际支付清单与国库单一账户进行资金清算。

代理银行根据“财政直接支付凭证”办理资金支付后，开具“财政直接支付入账通知书”给一级预算单位和基层预算单位，作为一级预算单位和基层预算单位收到或付出相应款项的依据。

基层预算单位收到“财政直接支付入账通知书”后进行相应的会计核算工作。

财政直接支付由财政部门进行审核。财政直接支付由预算单位根据年度预算下达的指标，通过财政一体化系统提出直接支付用款申请，经单位财务主管审核后，提交财政部门审核。

（2）财政授权支付程序。预算单位按照批复的部门预算和资金使用计划，向财政部门申请授权支付的分月用款计划，财政部门将批准后的分月用款计划通知代理银行和预算单位，并通知中国人民银行国库部门。预算单位在分月用款计划内，自行向代理银行开具支付令，代理银行通过银行清算系统先行付款，并在每日轧账前与国库单一账户清算。

财政授权支付一般程序如下：

第一，额度下达。基层预算单位按照批复的部门预算和资金用款计划，向财政部门申请授权支付月度用款限额。财政授权支付由主管部门进行审核。财政授权支付由预算单位根据年度预算下达的指标，通过财政一体化系统提出授权支付用款计划申请，经主管部门审核后，提交财政支付中心下达用款额度。

财政国库管理机构，根据批准的一级预算单位用款计划中各基层预算单位月度财政授权支付额度，在每月 25 日前，分别向中国人民银行和代理银行签发下月“财政授权支付汇总清算额度通知书”和“财政授权支付额度通知单”。

代理银行在收到财政部门下达的“财政授权支付额度通知单”后，将所确定的各基层预算单位财政授权支付额度，通知其所属的有关分支机构。各分支机构根据“财政授权支付额度通知单”向有关预算单位发送“财政授权支付额度到账通知书”。

基层预算单位凭“财政授权支付额度到账通知书”确定的用款额度支用资金。代理银行凭据“财政授权支付额度通知单”受理预算单位授权支付业务，控制预算单位的支付金额，并与国库单一账户进行资金清算。

第三，支付指令。基层预算单位支用款时，填制“财政授权支付凭证”送交代理银行。

第三，代理银行编报日（月）报表。代理银行根据国库集中支付业务发生情况编报“财政授权支付日报表”“财政授权支付日报表（经济分类）”“财政支出月报表”“财政支出月报表（经济分类）”“财政直接支付业务汇总清单”和“财政授权支付业务汇总清单”报送财政部门（国库司、处、科、股）。

第四，对账管理。财政部门、预算单位、代理银行之间按照预算科目、区分预算来源进行对账，对账管理有关报表格式和填报要求保持不变。

此外，我国在公务支出中推行公务卡结算方式。公务卡结算方式是指在财政授权支付额度内，预算单位及其工作人员在公务活动中使用公务卡刷卡消费，在规定的期限内按照现行财务制度审核后报销还款的结算方式。

公务卡，是指预算单位工作人员持有的、主要用于日常公务支出和财务报销业务的信用卡。2007 年 7 月，我国正式实行公务卡制度改革，对公务消费由公务卡取代现金支付结算，在公务支出中逐步以公务卡支付替代现金支付。

相关链接

2013 年 9 月财政部会同中国人民银行召开了国库集中支付电子化管理全国推广电视电话会议，对国库集中支付电子化管理全国推广工作提出了明确要求。国库集中支付电子化运行后，将通过电子凭证库比对审核，取消所有纸质凭证传递，预算单位支付款项完全可以在办公室网上操作，真正实现足不出户办理支付业务。财政部于 2017 年 11 月出台了《国库集中支付电子化管理接口报文规范（2017）》（财库〔2017〕201 号）。

二、政府采购制度

（一）政府采购的概念

自 20 世纪 90 年代起，我国开始进行政府采购制度改革试点。从 2003 年 1 月 1 日起正式实施的《中华人民共和国政府采购法》（以下简称《政府采购法》）及 2015 年 3 月 1 日起施行的《中华人民共和国政府采购法实施条例》等政府采购法律法规，对政府采购制度相关问题进行了规范，标志着政府采购制度改革进入了新的历史发展时期。

政府采购，是指各级国家机关、事业单位和团体组织，使用财政性资金采购依法制定的集中采购目录以内的或者采购限额标准以上的货物、工程和服务的行为。

（二）政府采购原则

我国政府采购遵循以下四项基本原则：公开透明原则；公平竞争原则；公正原则；诚实信用原则。在这些原则中，公平竞争是核心，公开透明是体现，公正和诚实信用是保障。

（三）我国现行的政府采购管理体制

我国现行政府采购管理体制是按政府采购法规定建立起来的，即财政部门为政府采购主管机构，设立政府集中采购机构为执行机构，实行集中采购与分散采购相结合的混合采购模式。

1. 政府集中采购

政府集中采购，是指采购人将列入集中采购目录的项目委托集中采购机构代理采购或者进行部门集中采购的行为。集中采购是政府采购的一种主要组织实施形式，由政府将具有规模包括批量规模的采购项目，纳入集中采购目录。属于通用的政府采购项目的，采购人应当委托集中采购机构代理采购，有特殊情况报经同级财政部门批准的除外。

2. 部门集中采购

部门集中采购，是指主管部门统一组织实施纳入部门集中采购目录以内的货物、工程、服务的采购活动。部门集中采购也属于集中采购，其范围主要是本部门、本系统有特殊要求的采购项目。集中采购目录中涉及某些部门、系统有特殊要求的项目，集中采购目录中属于非通用的，只适合某一部门或者系统使用的项目应当由相关部门实行集中采购，不必委托集中采购机构代理采购。

3. 单位分散采购

分散采购，是指采购人将采购限额标准以上的未列入集中采购目录的项目自行采购或者委托采购代理机构代理采购的行为。

分散采购是相对于集中采购而言，也是政府采购的一种组织实施形式。分散采购的范围是指除本级政府纳入集中采购目录以外、采购限额标准以上的政府采购项目。

由此可见，列入政府集中采购目录的采购项目实行集中采购。政府集中采购目录之外的采购项目，达到采购限额标准以上的，实行分散采购；没有达到政府采购限额标准的，采购人可以采用《政府采购法》以外的其他采购方式，不属于政府采购范畴。

（四）政府采购监管当局和当事人

1. 政府采购监督管理部门

政府采购监督管理部门是指负责政府采购管理和监督工作的职能机关。各级财政部门是负责政府采购监督管理的部门，依法履行对政府采购活动的监督管理职责。内设政府采购管理办公室（采购办）或采购处、科、股，具体负责本级政府采购活动的日常监督管理。

2. 政府采购人

采购人是指依法进行政府采购的国家机关、事业单位、团体组织。

3. 政府采购机构

政府采购机构，是指集中采购机构和政府采购代理机构。

集中采购机构（政府采购中心或政府公共资源交易中心）是设区的市级以上人民政府依法设立的非营利事业法人，是代理集中采购项目的执行机构。政府采购代理机构是指集中采购机构以外、受采购人委托从事政府采购代理业务的社会中介机构。

4. 政府采购供应商

供应商是指向采购人提供货物、工程或者服务的法人、其他组织或者自然人，也是政府采购当事人之一。

（五）政府采购方式及其程序

政府采购方式，是指在政府采购活动中，政府采购人或集中采购机构为了从供应商手中获取工程、货物或服务而采用的方式。

政府采购程序，是政府采购活动应当遵循的步骤和次序。各种政府采购方式有不同的采购程序。当政府采购进入组织采购活动时，应按确定的采购方式的不同分别采用不同的程序。

政府采购的方式主要有公开招标、邀请招标、竞争性谈判、询价、单一来源和竞争性磋商这几种，各种采购方式有不同的适用条件和基本程序。

1. 公开招标采购方式

公开招标，是指采购人依法以招标公告的方式邀请非特定的供应商参加投标的采购方式。公开招标是政府采购的主要采购方式，与其他采购方式不是并行的关系。

凡达到公开招标数额标准的货物和服务采购，都必须采取公开招标方式。采购人采购公开招标数额标准以下的货物、工程或服务项目，可以采用公开招标或非公开招标方式。

《政府采购法》明确了公开招标的适用范围，规定实行公开招标的具体数额标准，即采购人采购工程、货物或者服务应当采用公开招标方式的，其具体数额标准，属于中央预算的政府采购项目，由国务院规定；属于地方预算的政府采购项目，由省、自治区、直辖市人民政府规定。县级以上地方人民政府采购项目的公开招标具体数额标准，可以由省级人民政府授权的同级地方人民政府制定；达到数额标准的政府采购项目，因特殊情况需要采用公开招标以外的采购方式的，需要在采购活动开始前获得设区的市、自治州以上人民政府采购监督管理部门的批准。

招标投标有一套科学的程序，它是由前后相继、互相衔接的若干阶段组成的。采用公开招标采购方式组织采购时，其一般程序主要包括以下步骤：招标、投标、开标、评标和定标。在这五个阶段中又包含了一些重要的环节，环环相扣，构成政府采购招标投标的完整过程。

2. 邀请招标采购方式

邀请招标，是指采购人依法从符合相应资格条件的供应商中随机抽取 3 家以上供应商，并以投标邀请书的方式邀请其参加投标的采购方式。

邀请招标只适用于以下两种情形：一是只有采购项目比较特殊，如保密项目和急需或者因高度专业性等因素使提供产品的潜在供应商数量较少，公开招标与不公开招标都不影响提供产品的供应商数量的；二是若采用公开招标方式，所需时间和费用与拟采购的项目总金额不成比例，即采购一些价值较低的采购项目，用公开招标方式的费用占政府采购项目总价值比例过大的情况，采购人只能通过邀请招标方式来达到经济效益的目的。

邀请招标与公开招标都属于招标，程序基本相同。

3. 竞争性谈判采购方式

竞争性谈判，是指谈判小组与符合资格条件的供应商就采购货物、工程和服务事宜进行谈判，供应商按照谈判文件的要求提交响应文件和最后报价，采购人从谈判小组提出的成交候选人中确定成交供应商的采购方式。

只有符合以下这几种情形之一的采购，才可以依法采用竞争性谈判方式：

第一种情形是指经公开招标或邀请招标后，没有供应商投标，或者有效投标供应商数量未达到法定数量，以及重新招标未能成立的。

第二种情形是指技术复杂或者性质特殊，不能确定详细规格或者具体要求的。主要是指由于采购对象的技术含量和特殊性质所决定，采购人不能确定有关货物的详细规格，或者不能确定服务的具体要求的。

第三种情形是指由于公开招标采购周期较长，当采购人出现不可预见的因素急需采购时，无法按公开招标方式规定程序得到所需货物和服务的。

第四种情形主要是指采购对象独特而又复杂，以前不曾采购过且很少有成本信息资料，不能事先计算出价格总额的。

第五种情形主要指由于技艺或工艺方面的原因，或由于保住专属权的原因，服务只能由特定的提供者提供；原合同的履行以需要提供某种补充服务（价值不得超过主合同的50%）为前提，这种补充服务不可能从技术上或经济上与主合同分开，也就是说，是完成主合同所绝对必需的，所以补充合同还是要给予合同所涉产品和服务的提供者。

竞争性谈判采购程序包括：办理采购委托、签订委托采购协议；编制谈判文件；发布谈判采购公告；制定和发售谈判文件；谈判时间变更；接受投标文件；成立谈判小组；组织谈判，确定成交供应商；签发成交通知书、发布成交公告；签订采购合同。

4. 询价采购方式

询价，是指询价小组向符合资格条件的供应商发出采购货物询价通知书，要求供应商一次报出不得更改的价格，采购人从询价小组提出的成交候选人中确定成交供应商的采购方式。

询价采购适用于对合同价值较低且价格弹性不大的标准化货物或服务的采购。根据《政府采购法》的规定，如果采购项目满足且同时具备以下条件：采购对象是货物；采购的货物规格、标准统一；现货货源充足；价格变化幅度小等必要条件，就可依法采用询价方式采购。

询价采购方式的程序包括：签订委托采购协议；编制询价文件或询价通知书；发布询价公告；发售询价文件；成立询价小组；确定被询价的供应商名单；询价；报价；确定成交供应商；签发成交通知书、发布成交公告；签订采购合同。

5. 单一来源采购方式

单一来源采购，是指采购人从某一特定供应商处采购货物、工程和服务的采购方式。

根据《政府采购法》的规定，符合下列三种情形之一的可以采用单一来源采购：第一种情形是指采购的项目只有唯一的制造商和产品提供者；第二种情形是指发生不可预见的紧急情况不能或来不及从其他供应商处采购的；第三种情形是指，就采购合同而言，在原供应商替换或扩充货物或者服务的情况下，更换供应商会造成不兼容或不一致的困难，不能保证与原有采购项目一致性或者服务配套的要求，需要继续从原供应商处添购，且添购金额不超过原合同采购金额的10%。

单一来源采购方式的具体程序包括：提出采购理由和依据；受理采购委托；编制采购文件；采购信息公告；组织谈判小组；组织采购洽谈；签发成交通知书；签订采购合同。

6. 竞争性磋商采购方式

竞争性磋商采购方式，是指采购人、政府采购代理机构通过组建竞争性磋商小组与符合条件的供应商就采购货物、工程和服务事宜进行磋商，供应商按照磋商文件的要求提交响应文件和报价，采购人从磋商小组评审后提出的候选供应商名单中确定成交供应商的采购方式。

竞争性磋商采购方式有以下五种适用情形：一是政府购买服务项目；二是技术复杂或者性质特殊，不能确定详细规格或者具体要求；三是因艺术品采购、专利、专有技术或者服务的时间、数量事先不能确定等原因不能事先计算出价格总额；四是市场竞争不充分的科研项目，以及需要扶持的科技成果转化项目；五是按照《招标投标法实施条例》必须进行招标的工程建设项目以外的工程建设项目。

采用竞争性磋商采购方式开展采购的，按照下列基本程序进行：采购公告发布及报名；资格审查及采购文件发售；采购文件的澄清或修改；响应文件评审等。

（六）政府采购流程

政府采购基本操作流程是表现政府采购工作顺序、联系方式以及各要素之间相互关系的一种模式，它是实施政府采购的行为规范。政府采购基本操作程序分为这样几个阶段：编制政府采购预算和实施计划、确定采购需求、组织采购活动、履约验收、采购资金的支付、答复询问质疑、投诉处理及监督检查、采购资料备案保存和绩效考评等。

三、政府预算组织程序制度

政府预算组织程序，即国家在预算管理方面依序进行的各个工作环节所构成的有秩序活动的总体。包括预算的编制、审批、执行和调整等环节。

（一）政府预算概述

1. 政府预算的概念及其分类

政府预算，是指经法定程序编制、审批和执行的具有法律效力的政府财政收支计划，是政府筹集、分配和管理财政资金及宏观调控的重要工具。

政府预算可以按照以下不同的标准分类：

（1）按预算的级次分类，可分为中央政府预算（简称“中央预算”）和地方政府预算（简称“地方预算”）。

中央预算，是指经法定程序审查批准的，反映中央政府活动的财政收支计划，由中央政府各部门的预算组成。

地方预算，是指经法定程序审查批准的，反映各级地方政府收支活动计划的总称。地方预算由各省、自治区、直辖市总预算组成。地方预算级次包括省、市、县、乡（镇）四级预算。

（2）按预算作用的时间分类，可分为年度预算和中长期预算。

年度预算，是指预算有效期为一年的财政收支预算。这里的年度是指预算年度，有公历年制和跨历年制。

中长期预算，也称中长期财政计划（规划），一般 1 年以上 10 年以下的预算称为“中期预算“，10 年以上的预算称为“长期预算”。

目前我国中期财政规划按照 3 年滚动方式编制，第一年规划约束对应年度预算，后两年规划指引对应年度预算。中期财政规划对年度预算起到约束作用，年度预算编制应在中期财政规划框架下进行编制。

2. 政府预算的级次划分

国家实行一级政府一级预算，设立中央，省、自治区、直辖市，设区的市、自治州，县、自治县、不设区的市、市辖区，乡、民族乡、镇五级预算。

全国预算由中央预算和地方预算组成。地方预算由各省、自治区、直辖市总预算组成。地方各级总预算由本级预算和汇总的下一级总预算组成；下一级只有本级预算的，下一级总预算即指下一级的本级预算。

本级预算由本级政府各部门预算组成，各部门预算由本部门所属各单位预算组成。如中央本级预算，由中央政府各部门的单位预算（含直属单位）组成。中央预算包括地方向中央上解的收入数额和中央对地方返还或者给予补助的数额。它在国家预算体系中占主导地位。

3. 政府预算体系

我国实行全口径预算管理，各级政府的收入和支出全部纳入预算管理。从政府预算体系看，各级政府预算包括一般公共预算、政府性基金预算、国有资本经营预算和社会保险基金预算（简称“四本预算”）。四本预算收支范围明确、定位清晰、分工明确并保持完整、独立。

（1）一般公共预算。是指政府凭借国家政治权力，以社会管理者身份筹集以税收为主体的财政收入，用于保障和改善民生、推动经济社会发展、维持国家安全、维持国家机构正常运转等方面的收支预算。

一般公共预算划分为一般公共预算收入和一般公共预算支出，收支范围按照法律、行政法规和国务院的规定执行。

（2）政府性基金预算。是对依照法律、行政法规的规定在一定期限内向特定对象征收、收取或者以其他方式筹集的资金，专项用于特定公共事业发展的收支预算。

政府性基金预算包括政府性基金预算收入和政府性基金预算支出。收支范围按照法律、行政法规和国务院的规定执行。政府性基金预算的管理原则是以收定支，专款专用，结转结余下年继续使用。

政府性基金，是指各级人民政府及其所属部门根据法律、行政法规和中共中央及国务院文件规定，为支持特定公共基础设施建设和公共事业发展，向公民、法人和其他组织无偿征收的具有专项用途的财政资金。财政部实施全国政府性基金和行政事业性收费“一张网”。

政府性基金属于政府非税收入，全额纳入财政预算，实行“收支两条线”管理。政府性基金收支纳入政府性基金预算管理。

（3）国有资本经营预算。是指国家以所有者身份依法取得国有资本收益，并对所得收益进行分配而发生的收支预算。包括国有资本经营预算收入和国有资本经营预算支出。国有资本经营预算的收支范围，按照法律、行政法规和国务院的规定执行。

国有资本经营预算收入主要包括从国家出资企业取得的利润、股利、股息和国有产权（股权）转让收入、清算收入等；支出主要用于支持国有经济和产业结构调整以及弥补国有企业的改革成本等。

我国自2007年开始中央试编国有资本经营预算。2012年汇总编制全国国有资本经营预算，各级地方政府按照财政部制定的国有资本经营预算收支科目，单独编报预算。国有资本经营预算应当按照收支平衡的原则编制，不列赤字，并安排资金调入一般公共预算。

（4）社会保险基金预算。是对社会保险缴款、一般公共预算安排和其他方式筹集的资金，专项用于社会保险的收支预算。包括社会保险基金预算收入和社会保险基金预算支出。社会保险基金预算的收支范围，按照法律、行政法规和国务院的规定执行。

我国自2010年开始试编社会保险基金预算，2013年首次编报了全国社会保险基金预算。社会保险基金预算应当按照统筹层次和社会保险项目分别编制，做到收支平衡，适当留有结余。

社会保险基金的收入不全是财政收入，主要是社会保险缴费，还包括来自于一般公共预算中转移进来的。社会保险缴费虽然不是财政资金，但也是公共资金。另外，还有大量的资金来自财政补贴，因此社会保险基金预算也是政府预算体系的组成部分。其他三本预算是来自于税收、收费和政府性基金等，或者是国有资本经营收益。

上述四本预算并非完全独立，而是有机衔接的整体。按照各自功能和定位，科学设置政府预算。将应当统筹安排使用的资金统一纳入一般公共预算；将具有专款专用性质且不宜纳入一般公共预算管理的资金纳入政府性基金预算；将国家以所有者身份依法取得的国有资本经营收益，并对所得收益进行分配而发生的各项收支统筹纳入国有资本经营预算；将通过一般性税收、社会保障费（税）及其他渠道筹集和安排的、专门用于社会保障的各项收支纳入社会保险基金预算。

一般公共预算是国家预算体系的基础，政府性基金预算、国有资本经营预算和社会保险基金预算相对独立，各预算可进行适当调剂。政府性基金预算、国有资本经营预算、社会保险基金预算应当与一般公共预算相衔接。深化预算管理制度改革的趋势是加大政府性基金预算、国有资本经营预算与一般公共预算的统筹力度，建立将政府性基金预算中应统筹使用的资金列入一般公共预算的机制，加大国有资本经营预算资金调入一般公共预算的力度。

（二）预算的编制

预算的编制，是指国家制定取得和分配使用预算资金的年度计划的活动。是一种基础性的程序（这一阶段编制的预算实际上是预算草案，是不具备法律效力的政府预算）。预算编制包括收入预算编制和支出预算编制。

1. 预算编制责任主体

根据《预算法》“预算管理职权”规定，预算编制的责任主体和流程如下：

（1）国务院编制中央预算草案，国务院财政部门（即财政部预算司）具体负责编制中央预算草案和汇总全国总预算草案。向全国人大作关于中央和地方预算草案的报告，将省、自治区、直辖市政府报送备案的预算汇总后报全国人大常委会备案。

（2）县级以上地方各级政府编制本级预算、决算草案；地方各级政府财政部门（即财政部门预算处、科、股）具体负责编制本级预算、决算草案；编制汇总本级总预（决）算草案。

（3）县级以上地方各级人大批准本级预算报告。各级政府向本级人大作关于本级总预算草案的报告，将下一级政府报送备案的预算汇总后报本级人大常委会备案。

（4）各部门（单位）编制本部门（单位）预算、决算草案。各部门、各单位按照国务院财政部门制定的政府收支分类科目、预算支出标准和要求，以及绩效目标管理等预算编制规定，根据其依法履行职能和事业发展的需要以及存量资产情况，编制本部门、本单位预算草案。

2. 预算编制方法

（1）增量预算（Incremental Budget）又称调整预算方法，是指以基期成本费用水平为基础，结合预算期业务量水平及有关影响成本因素的未来变动情况，通过调整有关原有费用项目而编制预算的一种方法。这是一种传统的预算编制方法。

（2）绩效预算（Performance Budget），就是政府首先制定有关的事业计划和工程计划，再依据政府职能和施政计划制订计划实施方案，并在成本效益分析的基础上确定实施方案所需费用来编制预算的一种方法。

（3）零基预算（Zero－base Budgeting，ZBB），是指不考虑过去预算项目和收支水平，以零为基点编制预算。

（4）项目预算（Program Budget），是依据实施项目或执行的功能的总成本来组织提议的支出预算。

3. 预算编制程序

为提高财政资金分配和使用的规范性、安全性和有效性，从2000年起，我国开始实行部门预算编制管理模式。各级政府预算编制程序采用“二上二下”业务流程。

一上：各基层预算单位按照规定的格式和要求，根据填报说明填报本单位预算收支建议数，上报上级部门，然后逐级审核汇总，并最后将本年部门预算建议数报送至同级财政部门归口管理的业务处室。

一下：财政部门对各预算单位报送的部门预算建议数进行审核，在审核结束后，根据预算年度本级综合财力（可支配财力情况）和预算单位收入状况，将政府批准预算控制数下达到各主管部门，再层层下达到基层预算单位。

二上：各预算单位根据财政部门下达的年度预算控制数，按照规定的格式和要求，编制本单位预算草案，由主管部门汇编成本部门的部门预算草案，经审核汇总后报送财政部门归口管理的业务处室。

二下：财政部门对预算单位报送的部门预算草案进行审核、汇总，形成本级政府预算草案；将本级预算草案与下级总预算草案汇总编制成本级总预算草案，报同级人民政府审核后，按程序报经同级人大审议批准后，必须依法自下而上地向相应的国家机关备案。各级政府财政部门在规定期限将预算批复给各部门。

（三）预算的审批

预算的审批包括审核、审查批准和批复环节。

1. 审核

（1）财政部门审核：各级政府财政部门负责对同级各主管部门的部门预算进行审核。具体分工：各级政府财政部门预算处室（如预算处、科、股等）负责审查、报批和批复部门预算，负责各级部门预算审核、批复、调整工作；财政各归口管理业务处室（如行政政法处、教科文处等）负责提出所联系单位（如公安厅、教育厅）的部门预算审核和安排的建议，负责对口预算单位预算建议数和部门预算草案的初审。

（2）政府领导审核（审定）：各级财政部门预算处室汇总部门预算，编制本级预算草案，并将本级预算草案连同各部门预算送本级政府领导审核，经审核批准后方可以本级政府名义送同级人大初审。

2. 审查批准

（1）初审。根据《预算法》规定，一级政府实行一级预算，地方各级政府预算草案由同级人大审查批准。市级以上人大的初步审查，由财政经济委员会或有关专门委员会进行，县级人大由其常委会进行。市级人大也可以由其常委会有关工作机构研究提出意见；县级人大常委会在进行初步审查时，可以由有关工作机构研究提出意见。

（2）审批。中央预算由全国人大审查和批准，地方各级预算由本级人大审查和批准。

3. 批复

各级预算经本级人大批准后，本级政府财政部门应当在20日内向本级各部门批复预算。各部门应当在接到本级政府财政部门批复的本部门预算后15日内向所属各单位批复预算。

（四）预算的执行

预算执行管理，是指财政部门依据国家法律法规等有关规定，对预算收支执行全过程进行计划、组织、实施和监督等的一系列管理活动。

预算执行管理是财政管理的重要组成部分，是预算实施的关键环节。涵盖了国库集中收付、国库现金管理、政府采购管理、预算执行情况报告、政府会计核算管理以及财政国库动态监控等诸多方面，并形成相互促进的有机整体。

（五）预算的调整

预算的调整，是指经全国人大批准的中央预算和经地方各级人大批准的本级预算，在执行中因特殊情况需要增加支出或者减少收入，使原批准的收支平衡的预算的总支出超过总收入，或者使原批准的预算中举借债务的数额增加的部分变更。预算调整必须提请本级人大常委会审查和批准。未经批准，不得调整预算。

（六）决算

决算，在形式上是对年度预算收支执行结果的会计报告，在实质上则是对年度预算执行结果的总结，它是国家管理预算活动的最后一道程序。决算制度主要包括决算草案的编制和审批两个方面的内容。

1. 决算组成

决算管理是反映预算执行结果以及国家方针政策执行情况的重要手段，是分析研究和调整完善国家财政经济决策的参考依据。

（1）财政总决算。是各级政府依照法律法规和法定程序编制，经同级人大常委会批准的全面反映各级政府年度预算收支执行结果的综合报告。

现行的财政总决算由中央财政决算和地方财政总决算构成。与预算体系相适应，分别按收入和支出功能分类，全面反映政府收支活动，体现了一年来政府活动的范围和方向，是政府收支预算执行的最终结果。财政总决算在改进预算编制、规范预算执行、促进提高预算管理水平等方面发挥了重要作用。

（2）部门决算。是全面反映各部门（单位）年度预算执行情况的综合财务报告。部门决算数据是分析预测社会事业发展和编制部门预算的重要依据。通过对决算数据进行深入分析，能够揭示单位年度预算执行情况及财务管理和会计核算方面的问题，从而加强和改进财政财务管理。

2. 决算草案的编制和审批

决算草案，是指各级政府、各部门、各单位编制的未经法定程序审查和批准的预算收支的年度执行结果。决算草案的编制和审批程序与预算草案相同。

四、政府收支分类制度

（一）政府收支分类的概念

政府收支分类科目，是反映政府收支活动的分类体系，是各级政府预算和部门预算编制、执行、决算的基础和重要工具，包括收入经济分类科目、支出功能分类科目和支出经济分类科目。

（二）政府收入分类科目体系和内容

收入分类主要反映政府收入的来源和性质。根据目前我国政府收入构成情况，结合国际通行的分类方法，政府收入分为以下几类：

1. 按政府收入的来源和性质划分

最新政府收支分类科目汇总表按照经济性质将政府收入分为类、款、项、目4级。收入分为6类，分别是“税收收入”“社会保险基金收入”“非税收入”“贷款转贷回收本金收入”“债务收入”和“转移性收入”。

2. 按政府收入的预算管理划分

在政府收入的来源和性质划分基础上，为了便于预算管理需要，按照一般公共预算、政府性基金预算、国有资本经营预算和社会保险基金预算分列的原则，政府收入分别列入四本预算，形成一般公共预算收入科目、政府性基金预算收入科目、国有资本经营预算收入科目和社会保险基金预算收入科目。

收入具体分类情况如下：

（1）一般公共预算收入科目包括：税收收入；非税收入；债务收入和转移性收入4类。

（2）政府性基金预算收入科目包括：非税收入、债务收入和转移性收入3类。

（3）国有资本经营预算收入科目包括：非税收入和转移性收入2类。

（4）社会保险基金预算收入科目包括：社会保险基金收入和转移性收入2类。

（三）政府支出功能分类科目体系和内容

政府支出分类科目，是对支出进行科学分类的具体表现形式，也是政府会计明细科目设置的依据。它从不同角度、不同层次反映预算支出分类的内容。

1. 支出功能分类科目

支出功能分类主要反映政府活动的不同功能和政策目标，即政府究竟做了什么，比如是用于国防、社保，还是办了教育。

政府收支分类科目汇总表中，支出科目按照功能分为类、款、项3级，其中类级科目28个。各“类”“款”级科目具体内容如下：

（1）一般公共服务支出。分设28款：人大事务；政协事务；政府办公厅（室）及相关机构事务；发展与改革事务；统计信息事务；财政事务；税收事务；审计事务；海关事务；人力资源事务；纪检监察事务；商贸事务；知识产权事务；工商行政管理事务；质量技术监督与检验检疫事务；民族事务；宗教事务；港澳台侨事务；档案事务；民主党派及工商联事务；群众团体事务；党委办公厅（室）及相关机构事务；组织事务；宣传事务；统战事务；对外联络事务；其他共产党事务；其他一般公共服务支出。

（2）外交支出。分设8款：外交管理事务；驻外机构；对外援助；国际组织；对外合作与交流；对外宣传；边界勘界联检；其他外交支出。

（3）国防支出。分设5款：现役部队；国防科研事业；专项工程；国防动员；其他国防支出。

（4）公共安全支出。分设12款：武装警察；公安；国家安全；检察；法院；司法；监狱；强制隔离戒毒；国家保密；缉私警察；海警；其他公共安全支出。

（5）教育支出。分设10款：教育管理事务；普通教育；职业教育；成人教育；广播电视教育；留学教育；特殊教育；进修及培训；教育费附加安排的支出；其他教育支出。

（6）科学技术支出。分设11款：科学技术管理事务；基础研究；应用研究；技术研究与开发；科技条件与服务；社会科学；科学技术普及；科技交流与合作；科技重大项目；核电站乏燃料处理处置基金支出；其他科学技术支出。

（7）文化体育与传媒支出。分设6款：文化；文物；体育；新闻出版广播影视；国家电影事业发展专项资金支出及专项对应债务收入安排的支出；其他文化体育与传媒支出。

（8）社会保障和就业支出。分设22款：人力资源和社会保障管理事务；民政管理事务；补充全国社会保障基金；行政事业单位离退休；企业改革补助；就业补助；抚恤；退役安置；社会福利；残疾人事业；自然灾害生活救助；红十字事业；最低生活保障；临时救助；特困人员救助供养；大中型水库移民后期扶持基金支出；小型水库移民扶助基金及对应专项债务收入安排的支出；补充道路交通事故社会救助基金；其他生活救助；财政对基本养老保险基金的补助；财政对其他社会保险基金的补助；其他社会保障和就业支出。

（9）社会保险基金支出。分设11款：企业职工基本养老保险基金；失业保险基金；职工基本医疗保险基金；工伤保险基金；生育保险基金；新型农村合作医疗基金；城镇居民基本医疗保险基金；城乡居民基本养老保险基金；机关事业单位基本养老保险基金；城乡居民基本医疗保险基金；其他社会保险基金支出。

（10）医疗卫生与计划生育支出。分设12款：医疗卫生与计划生育管理事务；公立医院；基层医疗卫生机构；公共卫生；中医药；计划生育事务；食品和药品监督管理事务；行政事业单位医疗；财政对基本医疗保险基金的补助；医疗救助；优抚对象救助；其他医疗卫生与计划生育支出。

（11）节能环保支出。分设17款：环境保护管理事务；环境监测与监察；污染防治；自然生态保护；天然林保护；退耕还林；风沙荒漠治理；退牧还草；已垦草原退耕还草；能源节约利用；污染减排；可再生能源；循环经济；能源管理事务；可再生能源电价附加收入安排的支出；废弃电器电子产品处理基金支出；其他节能环保支出。

（12）城乡社区支出。分设11款：城乡社区管理事务；城乡社区规划与管理；城乡社区公共设施；城乡社区环境卫生；建设市场管理与监督；国有土地使用权出让收入及对应专项债务收入安排的支出；国有土地收益基金及对应专项债务收入支出；农业土地开发资金及对应专项债务收入支出；城市基础设施配套费及对应专项债务收入安排的支出；污水处理费及对应专项债务收入安排的支出；其他城乡社区支出。

（13）农林水支出。分设15款：农业；林业；水利；南水北调；扶贫；农业综合开发；农村综合改革；国有农场办社会职能改革补助；普惠金融发展支出；目标价格补贴；新菜地开发建设基金及对应专项债务收入安排的支出；大中型水库库区基金及对应专项债务收入安排的支出；三峡水库库区基金支出；国家重大水利工程建设基金及对应专项债务收入安排的支出；其他农林水支出。

（14）交通运输支出。分设13款：公路水路运输；铁路运输；民用航空运输；成品油价格改革对交通运输的补贴；邮政业；车辆购置税；海南省高等级公路车辆通行附加费及对应专项债务收入安排的支出；车辆通行费及对应专项债务收入安排的支出；港口建设费及对应专项债务收入安排的支出；铁路建设基金；船舶油污损害赔偿基金；民航发展基金；其他交通运输支出。

（15）资源勘探信息等支出。分设 10 款：资源勘探开发；制造业；建筑业；工业和信息产业监管；安全生产监管；国有资产监管；支持中小企业发展和管理支出；散装水泥专项资金及对应专项债务收入安排的支出；农网还贷资金支出；其他资源勘探信息等支出。

（16）商业服务业等支出。分设 6 款：商业流通事务；旅游业管理与服务；涉外发展服务；旅游发展基金；其他商业服务业等支出。

（17）金融支出。分设 5 款：金融部门行政支出；金融部门监管支出；金融发展支出；金融调控支出；其他金融支出。

（18）援助其他地区支出。分设 9 款：一般公共服务；教育；文化体育与传媒；医疗卫生；节能环保；农业；交通运输；住房保障；其他支出。

（19）国土海洋气象等支出。分设 6 款：国土资源事务；海洋管理事务；测绘事务；地震事务；气象事务；其他国土海洋气象等支出。

（20）住房保障支出。分设 3 款：保障性安居工程；住房改革；城乡社区住宅。

（21）粮油物资储备支出。分设 5 款：粮油事务；物资事务；能源储备；粮油储备；重要商品储备。

（22）国有资本经营预算支出。分设 5 款：解决历史遗留问题及改革成本支出；国有企业资本金注入；国有企业政策性补贴；金融国有资本经营预算支出；其他国有资本经营预算支出。

（23）预备费。分设 1 款：预备费。

（24）其他支出。分设 5 款：年初预留；其他政府性基金及对应专项债务收入安排的支出；彩票发行销售机构业务费安排的支出；彩票公益金及对应专项债务收入安排的支出；其他支出。

（25）转移性支出。分设 11 款：返还性支出；一般性转移支付；专项转移支付；政府性基金转移支付；国有资本经营预算转移支付；上解支出；调出资金；年终结余；债务转贷支出；援助其他地区支出；社会保险基金上解下拨支出。

（26）债务还本支出。分设 4 款：中央政府国内债务还本；中央政府国外债务还本；地方政府一般债务还本；地方政府专项债务还本。

（27）债务付息支出。分设 4 款：中央政府国内债务付息；中央政府国外债务付息；地方政府一般债务付息；地方政府专项债务付息。

（28）债务发行费用。分设 4 款：中央政府国内债务发行费用；中央政府国外债务发行费用；地方政府一般债务发行费用；地方政府专项债务发行费用。

2. 按政府支出的预算管理划分

在支出功能分类基础上，为了便于预算管理需要，政府支出也分别列入四本预算，形成一般公共预算支出功能分类科目、政府性基金预算支出功能分类科目、国有资本经营预算支出功能分类科目和社会保险基金预算支出功能分类科目。

（1）一般公共预算支出功能分类科目。一般公共预算收支科目分为类、款、项3级，其中类级科目26个。

（2）政府性基金预算支出功能分类。政府性基金预算支出功能分为类、款、项3级，其中类级科目15个。

（3）国有资本经营预算支出功能分类。国有资本经营预算支出按照支出功能分为类、款、项3级，其中类级科目3个。

（4）社会保险基金预算支出功能分类。社会保险基金预算支出按照支出功能分为类、款、项3级，其中类级科目2个。

（四）政府支出经济分类体系和内容

支出经济分类主要反映政府支出的经济性质和具体用途。支出经济分类反映政府的钱是怎么花出去的，比如是支付了人员工资还是购买了办公设备。支出经济分类科目是预算管理的基础，是预算编制、执行、决算、公开和会计核算的重要工具。

为了贯彻落实新《预算法》，推动建立全面规范公开透明的预算制度，财政部制定并印发了《支出经济分类科目改革方案》，现已正式全面实施。此次改革充分考虑政府预算管理和部门预算管理的不同特点和需要，分设政府预算支出经济分类和部门预算支出经济分类两套科目。两套经济分类之间保持一定的对应关系，以利于部门预算与政府预算相衔接。

1. 政府预算支出经济分类

政府预算支出经济分类体现政府预算的管理要求，主要用于政府预算的编制、执行、决算、公开和总预算会计核算。政府预算支出经济分类按照预算法的要求设置类、款两级，类级科目15个，款级科目60个。具体科目设置情况如下：

（1）机关工资福利支出类，反映机关和参照《中华人民共和国公务员法》管理的事业单位（以下简称“参公事业单位”）的工资福利支出。下设4款：工资奖金津补贴；社会保障缴费；住房公积金；其他工资福利支出。

（2）机关商品和服务支出类，反映机关和参公事业单位的商品和服务支出。下设10款：办公经费；会议费；培训费；专用材料购置费；委托业务费；公务接待费；因公出国（境）费用；公务用车运行维护费；维修（护）费；其他商品和服务支出。

（3）机关资本性支出（一）类，反映机关和参公事业单位资本性支出。下设7款：房屋建筑物购建；基础设施建设；公务用车购置；土地征迁补偿和安置；设备购置；大型修缮；其他资本性支出。切块由发展改革部门安排的基本建设支出中机关和参公事业单位资本性支出不在此科目反映。

（4）机关资本性支出（二）类，反映切块由发展改革部门安排的基本建设支出中机关和参公事业单位资本性支出。下设6款：房屋建筑物购建；基础设施建设；公务用车购置；设备购置；大型修缮；其他资本性支出。

（5）对事业单位经常性补助类，反映对事业单位（不含参公事业单位）的经常性补助支出。下设3款：工资福利支出；商品和服务支出；其他对事业单位补助。

（6）对事业单位资本性补助类，反映对事业单位（不含参公事业单位）的资本性补助支出。下设2款：资本性支出（一）；资本性支出（二）。

(7) 对企业补助类，反映政府对各类企业的补助支出，对企业资本性支出不在此科目反映。下设3款：费用补贴；利息补贴；其他对企业补助。

(8) 对企业资本性支出类，反映政府对各类企业的资本性支出。下设2款：对企业资本性支出（一）；对企业资本性支出（二）。

(9) 对个人和家庭的补助类，反映政府用于对个人和家庭的补助支出。下设5款：社会福利和救助；助学金；个人农业生产补贴；离退休费；其他对个人和家庭补助。

(10) 对社会保障基金补助类，反映政府对社会保险基金的补助以及补充全国社会保障基金的支出。下设2款：对社会保险基金补助；补充全国社会保障基金。

(11) 债务利息及费用支出类，反映政府债务利息及费用支出。下设4款：国内债务付息；国外债务付息；国内债务发行费用；国外债务发行费用。

(12) 债务还本支出类，反映政府债务还本支出。下设2款：国内债务还本；国外债务还本。

(13) 转移性支出类，反映政府间和不同性质预算间的转移性支出。下设4款：上下级政府间转移性支出；援助其他地区支出；债务转贷；调出资金。

(14) 预备费及预留类，反映预备费及预留。下设2款：预备费；预留。

(15) 其他支出类，反映不能划分到上述经济科目的其他支出。下设4款：赠与；国家赔偿费用支出；对民间非营利组织和群众性自治组织补贴；其他支出。

2. 部门预算支出经济分类

按照财政部的统一部署，从2018年起，在原有按支出功能分类科目编制预算的基础上，各单位应按照改革后的经济分类科目编制部门预算。部门预算支出经济分类体现部门预算管理要求，主要用于部门预算编制、执行、决算、公开和部门（单位）预算会计核算。按照《预算法》要求设置类、款两级，在现有经济分类基础上，删除转移性支出、预备费等政府预算专用的科目，新增一些体现部门预算特点的科目。调整后类级科目10个，款级科目96个。具体科目设置情况如下：

(1) 工资福利支出类，反映单位开支的在职职工和编制外长期聘用人员的各类劳动报酬，以及为上述人员缴纳的各项社会保险费等。下设13款。

(2) 商品和服务支出类，反映单位购买商品和服务的支出，不包括用于购置固定资产、战略性和应急性物资储备等资本性支出。下设27款。

(3) 对个人和家庭的补助类，反映政府用于对个人和家庭的补助支出。下设11款。

(4) 债务利息及费用支出类，反映单位的债务利息及费用支出。下设4款。

(5) 资本性支出（基本建设）类，反映切块由发展改革部门安排的基本建设支出，对企业补助支出不在此科目反映。下设12款。

(6) 资本性支出类。反映各单位安排的资本性支出，切块由发展改革部门安排的基本建设支出不在此科目反映。下设16款。

(7) 对企业补助（基本建设）类，反映切块由发展改革部门安排的基本建设支出中对企业补助支出。下设2款。

(8) 对企业补助类，反映政府对各类企业的补助支出，切块由发展改革部门安排的基本建设支出中对企业补助支出不在此科目反映。下设5款。

（9）对社会保障基金补助类，反映政府对社会保险基金的补助以及补充全国社会保障基金的支出。下设2款。

（10）其他支出类，反映不能划分到上述经济科目的其他支出。下设4款。

五、政府债务管理制度

（一）政府债务的概念及其分类

1. 政府债务的概念

政府债务（亦称公债），是指政府作为债务人，凭借其信誉与债权人之间按照有偿原则发生信用关系来筹集财政资金的一种信用方式。也是政府调度社会资金，弥补财政赤字，并借以调控经济运行的一种特殊分配方式。

2. 政府债务分类

（1）按发行主体可分为中央公债（中央政府债务、国家公债）和地方公债（地方政府债务、地方公债）。

中央公债是由中央政府发行与偿还的债务，也称作“国债”。国债收入列入中央预算，由中央政府安排支出和使用，还本付息也由中央政府承担，用于实现中央政府的职能。

地方公债是由地方政府发行和偿还的债务。债务收入列入地方预算，由地方政府安排使用，还本付息也由地方政府承担，地方公债的发行范围并不局限于本地区。

地方发债有两种模式，第一种为地方政府直接发债；第二种是中央发行国债，再转贷给地方，也就是中央发国债之后给地方用。

（2）按发行地域（地点）可分为内债和外债。

内债是政府在本国境内发行的公债，其认购主体是国内法人和本国公民，债权人为金融机构、机关团体、企业和居民个人，其发行与偿还一般以本国货币为计量单位。

外债是指财政部代表我国政府对外举借的债务，以国家主权信用为基础，又称“主权外债”，包括国际金融组织贷款、外国政府贷款和境外发行本外币债券3种形式，可分为中央财政统借统还和统借自还两类。

中央财政统借统还是指财政部统一借入并安排中央财政预算资金对外偿还（计入国债余额）；统借自还是指财政部统一借入，最终由实际使用贷款的部门或项目单位负责偿还（不计入国债余额）。

（3）按举债形式可分为国家借款和发行债券。国家借款是最原始的举债形式，它具有手续简便、成本费用较低等优点，因此现代国家在举借外债和向本国中央银行借债时仍主要采用这一方式。而发行债券具有普遍性、法律保证性以及持久性等特点，应用范围较广，效能较高，因此对公众和企业的借债主要采用发行债券的方式。发行债券的主要缺陷是成本较高，需要有发达的信用。

（4）按偿还期限（发行期限）可分为短期、中期和长期公债。短期公债多指1年以内到期的公债，其特点是周期短、流动性强，近似货币。中期公债一般指1年以上10年以内的债券，它与短期和长期公债相配合，有利于吸收资金，既可以用来弥补财政赤字，又可以作为重点建设资金的来源。长期公债是指期限在10年以上的公债，一般用于特大的经济建设项目或应付突发事件。

（5）按政府举债方式和资金用途可分为一般债券和专项债券。一般债券是指政府为没有收益的公益性项目发行的、约定一定期限内主要以一般公共预算收入还本付息的政府债券。专项债券是指政府为有一定收益的公益性项目发行的、约定一定期限内以公益性项目对应的政府性基金或专项收入还本付息的政府债券。

（6）按发行对象可分为储蓄国债和记账式国债。目前，我国国债有储蓄国债和记账式国债两大品种。储蓄国债是财政部在中华人民共和国境内发行的、通过储蓄国债承销团成员面向个人销售的不可流通人民币国债。储蓄国债分为储蓄国债（电子式）和凭证式国债；记账式国债，是指财政部通过记账式国债承销团向社会各类投资者发行的以电子方式记录债权的可流通国债。记账式国债分为记账式贴现国债和记账式附息国债两类。

（二）国债管理概念

1. 国债管理定义

国债管理，是指财政部代表中央政府制定并执行中央政府债务结构（包括债务品种结构和债务期限结构）管理计划或战略的过程，目标是在中长期的时间范围内，尽可能采用最低的资金成本和可承受的市场风险的管理方式，确保中央政府的筹资及支付需求得到及时满足。

目前，我国国债管理制度主要包括国债余额管理制度、国债计划管理制度和国债计划执行制度。

《预算法》规定，中央一般公共预算中必需的部分资金，可以通过举借国内和国外债务等方式筹措，举借债务应当控制适当的规模，保持合理的结构。对中央一般公共预算中举借的债务实行余额管理，余额的规模不得超过全国人大批准的限额。国务院财政部门具体负责对中央政府债务的统一管理。

经国务院批准的省、自治区、直辖市的预算中必需的建设投资的部分资金，可以在国务院确定的限额内，通过发行地方政府债券举借债务的方式筹措。举借债务的规模，由国务院报全国人大或者全国人大常委会批准。省、自治区、直辖市依照国务院下达的限额举借的债务，列入本级预算调整方案，报本级人大常务委员会批准。举借的债务应当有偿还计划和稳定的偿还资金来源，只能用于公益性资本支出，不得用于经常性支出。除此以外，地方政府及其所属部门不得以任何方式举借债务。除法律另有规定外，地方政府及其所属部门不得为任何单位和个人的债务以任何方式提供担保。

2. 国债管理形式

国债管理是现代国库管理制度负债管理职能的重要体现，它与国库现金管理密切配合，可以大大提高资产负债管理的效率和效益。

自 1981 年恢复发行国债以来，我国一直采取逐年审批年度发行额的方式管理国债，这种方式不能全面反映国债规模及其变化情况，也不利于合理安排国债期限结构。2000 年预算编制调整后，中央财政安排国债项目资金和当年需归还的债务利息均列入中央预算支出，此后每年的国债发行规模等于“财政预算的赤字额度与当年到期国债需要归还的本金”的总和。直到 2006 年，财政部才正式推出国债余额管理。

我国对国债规模的控制分为国债发行额管理和国债余额管理两种。

（1）国债发行额管理。是立法机关为政府发行国债设置一个额度限制，在此限额内，政府自行决定国债发行品种、时间和发行方式。

（2）国债余额管理。国债余额是指中央政府历年的预算差额，即预算赤字和预算盈余相互冲抵后的赤字累计额和经全国人大常委会批准的特别国债的累计额。国债余额管理又分为国债限额管理和预算差额管理两种。

（三）地方政府债务管理

1. 地方政府债券

地方政府举债一律采取在国务院批准的限额内发行地方政府债券的方式，除此以外地方政府及其所属部门不得以任何方式举借债务。

地方政府债券分为一般债券和专项债券。没有收益的公益性事业发展确需政府举借一般债务的，通过发行一般债券融资，主要以一般公共预算收入偿还；有一定收益的公益性事业发展确需政府举借专项债务的，通过发行专项债券融资，以对应的政府性基金或专项收入偿还。各市、县（区）政府要将一般债务收支纳入一般公共预算管理，将专项债务收支纳入政府性基金预算管理。各部门、各单位要将债务收支纳入部门和单位预算管理。

（1）**地方政府一般债券**是指省、自治区、直辖市政府（含经省级政府批准自办债券发行的计划单列市政府）为没有收益的公益性项目发行的、约定一定期限内主要以一般公共预算收入还本付息的政府债券。一般债券采用记账式固定利率附息形式。

省、自治区、直辖市依照国务院下达的限额举借的债务，列入本级预算调整方案，报本级人大常委会批准。债券资金收支列入一般公共预算管理。

一般债券由各地按照市场化原则自发自还，遵循公开、公平、公正的原则，发行和偿还主体为地方政府。

（2）**地方政府专项债券**是指省、自治区、直辖市政府（含经省级政府批准自办债券发行的计划单列市政府）为有一定收益的公益性项目发行的、约定一定期限内以公益性项目对应的政府性基金或专项收入还本付息的政府债券。

专项债券由各地按照市场化原则自发自还，遵循公开、公平、公正的原则，发行和偿还主体为地方政府。

2. 地方政府债务管理

我国地方政府债务管理经历了三个阶段：代发代还、自发代还和自发自还。

（1）代发代还。2009 年起为实施积极的财政政策，国务院同意地方政府在国务院批准的额度内发行债券。当时由于地方政府债券发行渠道尚未建立，2009 年和 2010 年地方政府债券由财政部代理发行，代办还本付息。

（2）自发代还。2011 年至 2013 年，经国务院批准，上海等地区试点在国务院批准的额度内自行发行债券，但仍由财政部代办还本付息。

（3）自发自还。在首批试点的上海市、深圳市、浙江省及广东省之外，江苏省和山东省在 2013 年也加入到了自行发债试点的行列中，之后还将试点范围扩大至江西省、宁夏回族自治区、北京市及青岛市。经国务院批准，2014 年上海等 10 个地区开展了地方政府债券自发自还试点工作。

六、财政转移支付制度

（一）财政转移支付制度概述

财政转移支付制度，是由于中央和地方财政之间的纵向不平衡和各区域之间的横向不平衡而产生和发展的，是国家为了实现区域间各项社会经济事业的协调发展而采取的财政政策。

1994 年实行分税制财政管理体制以来，我国逐步建立了符合社会主义市场经济体制基本要求的财政转移支付制度。财政转移支付包括中央对地方的转移支付和地方上级政府对下级政府的转移支付，以为均衡地区间基本财力、由下级政府统筹安排使用的一般性转移支付为主体。

1. 一般性转移支付

一般性转移支付，是指上级政府对有财力缺口的下级政府，按照规范的办法给予的补助。一般性转移支付不规定具体用途，由下级政府根据本地区实际情况统筹安排使用。

在一般性转移支付的具体构成中，均衡性转移支付是主体，主要参照各地标准财政收入和标准财政支出的差额及可用于转移支付的资金规模等客观因素，按统一公式计算分配。除均衡性转移支付外，一般性转移支付还包括基层公检法司转移支付、义务教育转移支付、基本养老金和低保转移支付、新型农村合作医疗转移支付等多项转移支付，这些转移支付主要用于解决地方政府基本公共服务方面的问题，并且按因素分配，具有一般性转移支付特征。

2. 专项转移支付

专项转移支付，是指上级政府为了实现特定的经济和社会发展目标，给予下级政府的资金补助，由下级政府按照上级政府规定的用途安排使用。

专项转移支付主要根据党中央、国务院确定的政策，重点用于农林水、教育、医疗卫生、社会保障和就业、交通运输、节能环保等领域。主要包括：国家重点档案专项资金、监狱和强制隔离戒毒补助资金、补助贫困地区法律援助办案经费、支持学前教育发展资金、排污费支出、粮食风险基金、困难群众救助补助资金和中央集中彩票公益金支持体育事业专项资金等 101 个项目。

按照法律、行政法规和国务院的规定可以设立专项转移支付，用于办理特定事项。建立健全专项转移支付定期评估和退出机制。市场竞争机制能够有效调节的事项不得设立专项转移支付。上级政府在安排专项转移支付时，不得要求下级政府承担配套资金。但是，按照国务院的规定应当由上下级政府共同承担的事项除外。

（二）中央对地方的转移支付

目前，中央对地方转移支付分为一般性转移支付和专项转移支付。

1. 中央对地方一般性转移支付

中央对地方一般性转移支付指中央政府对有财力缺口的地方政府（主要是中西部地区），按照规范的办法给予的补助，地方政府可以按照相关规定统筹安排使用。

目前，中央对地方一般性转移支付包括：均衡性转移支付、重点生态功能区转移支付、产粮大县奖励资金、县级基本财力保障机制奖补资金、资源枯竭城市转移支付、城乡义务教育补助经费、农村综合改革转移支付、老少边穷地区转移支付、成品油税费改革转移支付、基本养老金转移支付和城乡居民医疗保险转移支付等项目。

2. 中央对地方专项转移支付

中央对地方专项转移支付指中央政府对承担委托事务、共同事务的地方政府，给予的具有指定用途的资金补助，以及对应当由下级政府承担的事务，给予的具有指定用途的奖励或补助。按照事权和支出责任划分，专项转移支付分为委托类、共担类、引导类、救济类、应急类等五类。

（三）地方上级政府对下级政府的转移支付

省以下各级政府比照中央对地方转移支付制度，与省以下各级政府事权和支出责任划分相适应，优化各级政府转移支付结构。对上级政府下达的一般性转移支付，下级政府应采取有效措施，确保统筹用于相关重点支出；对上级政府下达的专项转移支付，下级政府可在不改变资金用途的基础上，发挥贴近基层的优势，结合本级安排的相关专项情况，加大整合力度，将支持方向相同、扶持领域相关的专项转移支付整合使用。

第二章
政府会计核算基础和核算方法

第一节
政府会计核算基础

一、权责发生制与收付实现制

在会计主体的经济活动中，经济业务的发生和货币的收支不是完全一致的，即存在着现金流动与经济活动的分离。由此而产生了两个确认和记录会计要素的标准：一个标准是根据货币收支作为收入和费用确认和记录的依据，称为“收付实现制”；另一个标准是以取得收款权利或付款责任作为记录收入或费用的依据，称为“权责发生制”。

收付实现制也可以称为现金制或现收现付制，是指在发生现金收支时对现金收付情况进行确认，在业务发生但现金收支没有发生时不进行确认。凡在本期内实际收到或付出的一切款项，无论其发生时间早晚或是否应该由本期承担，均作为本期的收益和费用处理。这种会计确认基础实际操作较为简单，生成信息不仅成本较低而且易于理解，能够准确地对现金流量和余额信息进行反映。

权责发生制亦称为应计制或应收应付制，是指在会计核算中，按照收入已经实现，费用已经发生，并应由本期负担为标准来确认本期收入和本期费用。根据权责发生制原则处理会计业务时应做到以下两点：其一，凡本期内实际发生并应属本期的收入和费用，无论其款项是否收到或付出，均应作为本期的收入和费用处理；其二，凡不应属于本期的收入和费用，即使款项已经收到或支付，亦不应作为本期的收入和费用予以处理。权责发生制能够真实地反映当期的经营收入和经营支出，更加准确地计算和确定经营成果。

例如，A 事业单位 1 月份销售货物取得经营收入 2 万元，款项在当月尚未收到，款项在 3 月份收到，两种核算方式的对比见表 2－1。

表 2-1　　权责发生制与收付实现制的对比

权责发生制	收付实现制
1 月份的账务处理： 借：应收账款　20 000 　贷：经营收入　20 000	1 月份不做账务处理
3 月份的账务处理： 借：银行存款　20 000 　贷：应收账款　20 000	3 月份的账务处理： 借：银行存款　20 000 　贷：经营收入　20 000

二、政府会计引入权责发生制

过去，我国政府会计在实际操作中一直以收付实现制核算基础的预算会计为主。事业单位一般以收付实现制为会计核算基础，但经营性收支业务可以采用权责发生制。行政单位只能采用收付实现制，不能采用权责发生制。但是，现有的收付实现制在应用过程中存在着许多的问题与不足，无法对单位内部财务状况进行真实反映，不再适用于新形势的发展需求。

（一）政府会计引入权责发生制的背景

1. 借鉴西方政府会计的成功经验

第二次世界大战结束之后的西方国家为满足政府财政需求而采取了财政扩张政策，导致西方国家政府财政赤字严重。在这种环境下，传统的收付实现制并不能实现对于会计信息及政府资产负债等财务信息的全面记录及有效分析，于是西方国家引进了更加合理的会计核算，以保障政府财政管理质量。

20 世纪 80 年代，西方国家开始尝试在政府会计中引入权责发生制。英国是最早引入权责发生制的国家之一，目前英国政府会计全面实施了以权责发生制为起点的会计核算体系。美国的政府会计拥有两套系统，每套系统分别对应着权责发生制和收付实现制核算基础，并且两套系统互相独立，相互补充。法国建立了三套相互独立的政府会计体系，主要包括：财务会计体系主要真实反映政府部门的财务状况，按权责发生制会计核算；预算会计体系主要反映政府部门的预算执行情况，按收付实现制会计核算；成本会计体系主要反映政府部门政策决策活动的成本情况，按权责发生制会计核算。这些尝试都使得政府会计更加有效地反映出政府的经济运行情况。因此，我国在立足国情，参照西方成功经验的情况下，也构建了一套适合自己的会计核算体系。

2. 建设服务型、透明型政府的迫切需求

服务型政府以服务为宗旨，这意味着政府与公众的关系将转化为服务供给者与消费者的关系。政府行使权力的目的，不再主要是为了管制，而是为公众提供更好的服务。政府不是凌驾于社会之上的官僚机构，从某种意义上讲，更像是负有责任的“企业家”，公民则是其“顾客”，所以公民有权利知悉政府的财政运行情况。

政府信息公开有利于推进政府决策的科学化与民主化。政府的任何重大决策都与人民群众的切身利益密切相关。从制度上保证人民群众参与重大事项的决策，让人民群众充分掌握所有决策事项的相关信息，是推进政府决策科学化、民主化的关键。

政府信息公开有利于公民通过法定的渠道对政府部门及其工作人员进行监督，防止权力滥用。政府信息公开增加了政府部门及其工作人员依法行政的透明度，单位部门必须对自身经费使用情况进行公开，以便于社会各界对行政事业单位行政运营成本进行监督。权责发生制的引入可以将单位部门资产购入、使用、报废情况进行及时反映，方便了公民通过各种法定的渠道对政府部门及其工作人员进行监督。

（二）收付实现制下政府会计的不适应性

以往的收付实现制在运用过程中出现了许多的弊端，已经不再适用于现阶段的行政事业单位发展，主要体现在以下几方面：

1. 不能如实反映政府的“家底”

收付实现制为主的预算会计不能如实反映政府的资产和负债情况。如果政府连基本的财务情况都搞不清，就更不用谈提高资源的利用效率和风险防范意识了。

在收付实现制下，政府会计主体无法对长期资产计提折旧，财政拨款和其他资产也缺乏有效的整合，失去了会计核算的可比性。但在政府会计引入权责发生制之后，会计核算工作变得比以往更加高效、合理，对财务预算也有了一个更好的规划，规范了对国有资本的科学使用，提高了资金的利用率。

政府运行过程中，会产生一定的隐性负债。在收付实现制下，预算支出为当前现金支出，却未包括当期发生但尚未支出的款项，但在年度预算支出中，通常都会包含以上两项，同时还包括前期当期支付。这种制度环境下，收付实现制无法对财务预算支出完整体现，导致了政府隐性负债的产生。同时，隐性负债的存在，会影响会计数据的真实性，给政府会计带来一定的风险隐患。

2. 与市场经济的发展不相适应

随着行政事业单位日常工作方式的转变，业务趋于复杂化，一些经济业务难以用收付实现制来反映。在这种形势下，行政事业单位也在积极探索改革的道路，会计核算逐渐向企业靠拢。所以在带有企业性质的行政事业单位中，权责发生制的引入可以有效提高其服务效率与服务质量，提高财务管理水平，使事业单位与市场经济的发展相适应。

3. 不利于有效评价政府的运营绩效

在信息反映方面，收付实现制只能够以静态的方式对其截至某一时点（一般是年末）的财务状况进行反映，财务报表资产项目的分类和列报过于简化，报表的实际价值并不高，不利于有效评价政府的运营绩效。另外，收付实现制更侧重于公共部门经济活动的现金流，难以达成资金使用综合效益评价等更高层次的管理目标。权责发生制则可解决公共预算支出的绩效考核问题，提高有限预算资源的使用效率。

4. 不利于提高信息的可比性

收付实现制在会计信息可比性方面的影响主要有三个方面：其一，由于企业会计财务核算采用的是权责发生制，而政府会计核算则以收付实现制为计量基础，这影响了企业和政府部门之间财务信息的可比性。其二，有些事业单位（如医院）目前已采用权责发生制为核算基础，因此影响了政府部门与某些事业单位之间财务信息的可比性。其三，某些市场经济国家的政府会计核算基础与预算管理已尝试实行权责发生制，我国政府会计以收付实现制为基础，影响了中外政府财务报告的国际可比性。

（三）权责发生制与收付实现制的差异

权责发生制与收付实现制的核算基础存在收入与预算收入的范围及确认时点不同、费用与预算支出的范围及确认时点不同的情况，导致其核算时存在较大的差异。权责发生制与收付实现制有关收入及支出（费用）的确认差异包括暂时性差异与永久性差异，暂时性差异主要是确认时点的差异，主要包括往来款项、待摊预提、购买物资、购置固定资产（提取折旧）等。从长期来看，收入与预算收入、费用与预算支出是一致的，而永久性差异主要是确认范围不同，主要包括借款及投资，以及非货币性的捐赠收入及资产损失等，导致收入与预算收入、费用与预算支出将永远体现不一致。

第二节
政府会计核算方法

一、政府会计平行记账核算模式

《基本准则》对政府会计提出了“双功能、双基础、双报告”的要求。政府会计核算应当具备财务会计与预算会计的双功能，实现财务会计与预算会计的适度分离并相互衔接，财务会计核算采用权责发生制，预算会计核算采用收付实现制，并分别以此为基础编制财务报表和预算会计报表。为了实现财务会计与预算会计适度分离并相互衔接，完善政府预算会计功能，增强政府财务会计功能，“平行记账”核算方法应运而生。

（一）平行记账原理

平行记账，是指政府会计主体在对涉及预算管理的现金收支业务进行处理时，将财务会计核算与政府预算会计核算同步进行的会计记账方式。也就是在同一会计账务系统、同一原始凭证、同一记账凭证号下，同时进行财务会计核算和预算会计核算；并通过在年底编制“本年盈余与预算结余的差异情况说明”，把财务会计报表的年度收入费用表和预算会计报表的预算收入支出表有机地衔接起来的会计记账核算方式。平行记账是政府会计特有的记账核算方法。

例如：A 事业单位用银行存款 150 000 元购入固定资产自用，平行记账核算如表 2－2 所示。

表 2－2　　平行记账的核算形式

财务会计		预算会计	
借：固定资产	150 000	借：事业支出	150 000
贷：银行存款	150 000	贷：资金结存——货币资金	150 000

（二）平行记账条件

《政府会计制度》的总说明中规定，单位对于纳入部门预算管理的现金收支业务，在采用财务会计核算的同时应当进行预算会计核算；对于其他业务，仅需要进行财务会计核算。由此可见，进行财务会计核算和预算会计核算一般需要同时满足两个条件：一是要有现金流入和流出；二是必须是纳入部门预算管理范围内的现金。

这里的“现金”指的是现金及现金等价物，包括库存现金、银行存款、其他货币资金、国库直接支付的财政拨款资金、国库授权支付的零余额账户用款额度等。对于不纳入部门预算管理的现金收支，如应当转拨其他单位的款项、受托代理的款项等，在收到或支付时仅编制财务会计分录，不需要编制预算会计分录。

上述情况是一般的业务，除了上述涉及部门预算管理的现金收支业务外，还有一些特殊业务要进行平行记账，也需要会计人员重点把握：

（1）年末，按规定从本年度非财政拨款结余或经营结余提取专用基金业务，需进行平行记账；

（2）按照规定从科研项目预算收入中提取项目管理费或间接费时，需进行平行记账；

（3）行政支出、事业支出、经营支出、上缴上级支出以及其他支出的期末或者年末结转业务，需进行平行记账；

（4）财政拨款预算收入、事业预算收入、上级补助预算收入、附属单位上缴预算收入、经营预算收入、非同级财政拨款预算收入、投资预算收益以及其他预算收入的期末或者年末结转业务，需进行平行记账。

（三）平行记账重点事项

1. 设置双体系科目

按照平行记账的原理，资产、负债、净资产、收入、费用等各类业务凡涉及纳入部门预算管理的现金收支的业务，在进行财务会计核算的同时也要进行预算会计核算，这就需要建立财务会计和预算会计的对应关系。但是新《政府会计制度》下的预算会计和财务会计是适度分离的，所以需要设置双体系下的会计科目。

会计科目的对应主要体现在收入和支出（费用）两个方面。政府预算会计体系和政府财务会计体系都设置了收入和支出（费用）类科目，并且几乎是一一对应关系，具体关系见表2－3。

表2－3　政府财务收入（费用）与政府预算收入（支出）对比表

财务会计	预算会计
收入类	
财政拨款收入	财政拨款预算收入
事业收入	事业预算收入
上级补助收入	上级补助预算收入
附属单位上缴收入	附属单位上缴预算收入
经营收入	经营预算收入
非同级财政拨款收入	非同级财政拨款预算收入

续表

财务会计	预算会计
捐赠收入	其他预算收入
利息收入	
租金收入	
其他收入	
支出类	
业务活动费用	行政支出
单位管理费用	事业支出
经营费用	经营支出
上缴上级费用	上缴上级支出
对附属单位补助费用	对附属单位补助支出
其他费用	其他支出
资产处置费用	

2. 在预算会计中新设“资金结存”科目

《政府会计制度》预算会计科目中，新增了“资金结存”这样一个桥梁科目。按照《政府会计制度》规定，本科目用来核算纳入部门预算管理的资金的流入、流出、调整和滚存的情况，相当于一个资金科目，而不是仅用于结转结余业务。凡是涉及财务会计里“库存现金”“银行存款”“其他货币资金”“零余额账户用款额度”以及“财政应返还额度”的经济业务及事项都属于资金结存的核算范围。“资金结存”是预算会计中预算结余类会计科目，是平行记账法下专门设置的会计科目，反映各类结存科目对应的资金形态。确认预算收入时，同时借记“资金结存”科目，确认预算支出时，同时贷记“资金结存”科目，年末结账后“资金结存”科目余额为借方余额，反映单位预算资金的累计滚存情况。

（1）“资金结存”明细科目设置。按照《政府会计制度》要求，需要在“资金结存”科目下设置“零余额账户用款额度”“货币资金”“财政应返还额度”等明细科目，见表2－4。

表2－4　　资金结存科目对照表

财务会计（权责发生制）	预算会计（收付实现制）
科目名称	科目名称
库存现金	资金结存——货币资金
银行存款	
其他货币资金	
零余额账户用款额度	资金结存——零余额账户用款额度
财政应返还额度	资金结存——财政应返还额度

（2）新旧衔接时资金结存金额的计算。根据新旧制度衔接的规定，资金结存的数额

是通过若干个调整分录计算出来的。

例如，对“财政拨款结转”科目的期初数进行调整时，做会计分录为：

借：资金结存 20 000

贷：财政拨款结转 20 000

最终的结果是：

资金结存 = 财政拨款结转 + 财政拨款结余 + 非财政拨款结转 + 非财政拨款结余 + 专用结余

但是资金结存反映的是纳入预算管理的货币资金，因此资金结存的期初数不能完全和财务会计科目下的货币资金数吻合。差异主要是：往来款项中属于“周转”类的资金，不属于预算会计范畴，新旧衔接时该类资金不需要调整预算结转结余数，因此也不会调整“资金结存”。只有财政拨款结余分配的专用基金，例如职工福利基金，对应预算会计下的“专用结余”，剩下的专用基金是和预算会计无关的资金，不需要在新旧衔接时转入预算会计下的结转结余科目。

3. 正确识别财务会计和预算会计的差异

并不是所有的业务都同时涉及财务会计和预算会计，需要进行平行记账。一定要准确识别业务的类型，看其是否满足平行记账的条件。

（1）仅需进行预算会计记账的业务：

①债务预算收入与债务还本支出的期末或者年末结转业务。

②财政拨款结转、财政拨款结余、非财政拨款结转、非财政拨款结余、经营结余、其他结余、非财政拨款结余分配（不涉及提取专用基金）的期末或者年末结转以及结余分配业务。

③财政拨款结转、财政拨款结余、非财政拨款结转以及非财政拨款结余等有关科目明细的调整。

如：单位年末结转财政拨款预算收入的核算，会计处理见表 2－5。

表 2－5　单位年末结转财政拨款预算收入的核算

财务会计	预算会计
不做处理	借：财政拨款预算收入 　贷：财政拨款结转——本年收支结转

（2）仅需进行财务会计记账的业务：

①不涉及部门预算的现金收支经济业务，仅需进行财务会计核算，例如往来款项、应缴国库款项、应上缴财政专户款项、受托代理资产以及受托代理负债等经济业务。还有一项是个人的往来款项，仅在报销确认时需要进行平行记账，借款时仅进行财务会计核算。

②库存现金的提现业务和形成其他货币资金业务。

③折旧和摊销业务、预提费用业务、应收股利业务、应收利息业务、应收票据业务、应收账款业务、坏账准备计提业务、盘亏以及捐赠物品等等不涉及现金收支的业务。

如：单位管理活动所用固定资产、无形资产计提折旧、摊销的会计处理见表 2－6。

表 2-6　单位管理活动所用固定资产、无形资产计提折旧、摊销的核算

财务会计	预算会计
借：单位管理费用 　贷：固定资产累计折旧/无形资产累计摊销	不做处理

3. 识别财务会计和预算会计的差异

为了反映单位财务会计和预算会计因核算基础和核算范围不同所产生的本年盈余数与本年预算结余数之间的差异，单位需要编制"本年盈余与预算结余的差异情况说明"，在编制的过程中，会涉及具体的平行记账业务，这时就需要具体分析涉及哪些经济业务财务会计记账、预算会计不记账，原因具体是什么。同时通过平衡关系，也会稽核验证具体的平行记账是否正确。具体关系如下：

本年盈余＝本年预算结余＋当期确认为收入但没有确认为预算收入＋当期确认为预算支出但没有确认为费用－当期确认为预算收入但没有确认为收入－当期确认为费用但没有确认为预算支出

（四）平行记账的特点

1. 在同一个账套中进行核算

收付实现制侧重于公共部门经济活动的现金流，对纳入部门预算管理的现金收支业务需要编制双分录，进行平行记账。但需要注意的是，虽然编制的是双分录，但这是在同一张记账凭证同时进行的账务处理，仍然是在单位的同一个账套中进行核算，而不是两个账套。

2. 实现财务会计和预算会计双重功能

双体系平行记账模式不是在两套会计系统中核算，而是在同一会计信息系统中实现财务会计和预算会计双重功能。也就是说，同一张记账凭证同时进行财务会计与预算会计账务处理，也只需要附一份原始凭证。这就意味着政府会计建立了双体系平行记账模式，财务会计账务处理与预算会计账务处理具有了一定的关联关系，实现了财务会计和预算会计的双重功能。

3. 需要与信息化技术相配套

平行记账会使得某些业务产生双分录，这必然会增加会计人员的工作量，这就需要利用先进的信息化技术，提高会计记账和数据分析及应用的效率。所以信息化是政府会计改革中必须予以配套的，而且必须随政府会计改革而不断发展信息化。

（五）平行记账的意义

1. 平行记账方式是我国政府会计体系改革中的技术创新

对于传统的政府会计核算方式来说，在平行记账方式的辅助之下，政府财务会计将能与预算会计在功能上实现既相互分离又相互衔接的目标，进而更好地通过会计核算工作的展开来掌握政府财务信息及预算执行情况。也就是说，平行记账方式是促进我国政府会计体系改革的主要途径之一，同时也是我国政府会计核算方法上的重大技术革新。

2. 平行记账方式可以满足不同部门对政府会计主体信息的差别需求

与目前一些现行会计制度采用的双分录形式不同，平行记账方式能够使财务会计、预

算会计两个体系更加具有系统性、逻辑性和完整性。两套体系既相互独立又相互呼应，分别反映业务的内容和经济实质，有助于政府会计主体根据会计信息使用需求，从不同的角度对信息进行分析和使用，提高了会计信息的可用程度。

3. 平行记账方式能辅助财务会计更好地发挥其职能

平行记账实际上正式确立了政府财务会计的功能地位，明确了我国政府会计权责发生制确认基础的法律和技术地位。此轮政府会计改革的一个重要内容就是强化政府财务会计功能，使政府会计信息不仅满足预算管理的需要，而且能满足完整反映政府资产负债"家底"、政府的运行成本情况以及编制权责发生制政府综合财务报告的信息需求。

二、政府会计计量属性和信息质量要求

（一）政府会计计量属性

会计计量属性反映会计要素金额的确定基础。政府会计的计量属性主要包括历史成本、重置成本、现值、公允价值和名义金额。政府会计主体在对资产进行计量时，一般应当采用历史成本。采用重置成本、现值、公允价值计量的，应当保证所确定的资产金额能够持续、可靠地计量。

1. 历史成本（又称为实际成本）

在历史成本计量属性下，资产是按照购置时支付的现金或者现金等价物的金额，或者按照购置资产时所付出的对价的公允价值计量；负债是按照因承担现时义务而实际收到的款项或者资产的金额，或者承担现时义务的合同金额，或者按照日常活动中为偿还负债预期需要支付的现金或者现金等价物的金额计量。

2. 重置成本（又称现行成本）

在重置成本计量属性下，资产按照现在购买相同或者相似资产所需支付的现金或者现金等价物的金额计量；负债按照现在偿付该项债务所需支付的现金或者现金等价物的金额计量。

3. 可变现净值

可变现净值是指在正常生产经营过程中，以预计售价减去进一步加工成本和销售所必需的预计税金、费用后的净值。在可变现净值计量属性下，资产按照其正常对外销售所能收到的现金或者现金等价物的金额扣减该资产至完工时估计将要发生的成本、估计的销售费用以及相关税费后的金额计量。

4. 现值

现值是指对未来现金流量以恰当的折现率进行折现后的价值，是考虑货币时间价值因素的一种计量属性。在现值计量属性下，资产按照预计从其持续使用和最终处置中所产生的未来净现金流入量的折现金额计量；负债是按照预计期限内需要偿还的未来净现金流出量折现金额计量。

5. 公允价值

公允价值是指在公平、公开、自愿交易中资产交换价格或者债务清偿的金额。在公允价值计量属性下，资产按照公平、公正、自愿交易的价格计量；负债按照公平、公正、自

愿交易中债务清偿的金额计量。

6. 名义金额

在现行政府会计中还提出了名义金额计量属性。所谓名义金额，是指无法采用历史成本、重置成本、现值和公允价值计量属性确定的，但是这个经济事项又确实存在，用一个金额，让账上有所体现，避免遗漏，防止国有资产流失，就采用名义金额计量（即人民币 1 元）。

（二）政府会计信息质量要求

会计信息的质量要求是财务会计报告所提供信息应达到的基本标准和要求。会计信息质量特征作为会计信息的“有用性”标志，是信息使用者对会计信息质量要求的具体表现。

政府会计信息质量要求，明确了政府会计信息应当满足的 7 个方面的质量要求，即可靠性、全面性、相关性、及时性、可比性、可理解性和实质重于形式。

1. 可靠性

政府会计主体应当以实际发生的经济业务或者事项为依据进行会计核算，如实反映各项会计要素的情况和结果，保证会计信息真实可靠。

2. 全面性

政府会计主体应当将发生的各项经济业务或者事项统一纳入会计核算，确保会计信息能够全面反映政府会计主体预算执行情况和财务状况、运行情况、现金流量等。全面性包括预算信息和财务信息。

3. 相关性

政府会计主体提供的会计信息，应当与反映政府会计主体公共受托责任履行情况以及报告使用者决策或者监督、管理的需要相关，有助于报告使用者对政府会计主体过去、现在或者未来的情况做出评价或预测。

4. 及时性

政府会计主体对已经发生的经济业务或者事项，应当及时进行会计核算，不得提前或者延后。会计信息具有时效性，其价值会随着时间的流逝而逐渐降低。这就要求政府会计主体的会计确认、计量和报告必须满足及时性的要求。

及时性包括及时记录与及时报告两个方面：及时记录就是要求对政府会计主体的经济业务及时地进行会计处理，本期的经济业务应当在本期内进行处理，不能延至下一个会计期间或提前至上一个会计期间。及时报告是指要把会计资料及时地传送出去，将决算报告和财务报告及时报出。

5. 可比性

政府会计主体提供的会计信息应当具有可比性。可比性包括两个方面的内容：

一是同一政府会计主体不同时期发生的相同或者相似的经济业务或者事项，应当采用一致的会计政策，不得随意变更。确需变更的，应当将变更的内容、理由及其影响在报表附注中予以说明。

二是不同政府会计主体发生的相同或者相似的经济业务或者事项，应当采用一致的会计政策，确保政府会计信息口径一致，相互可比。

6. 可理解性

可理解性是指政府会计主体提供的会计信息应当清晰明了，便于报告使用者理解和使用。可理解性是要在保证会计信息的客观性与相关性的前提下，力求使会计信息简明易懂。

7. 实质重于形式

政府会计主体应当按照经济业务或者事项的经济实质进行会计核算，不限于以经济业务或者事项的法律形式为依据。这是因为，有时候交易或事项的法律形式并不能真实反映其实质内容，因此，为了真实反映政府会计主体的财务状况和预算执行结果，就不能仅仅根据交易或事项的外在表现形式来进行会计确认、计量和报告，而应反映其经济实质。

三、政府会计要素

（一）政府预算会计要素

政府预算会计要素包括预算收入、预算支出与预算结余三项。

1. 预算收入

预算收入，是指政府会计主体在预算年度内依法取得并纳入预算管理的现金流入。预算收入一般在实际收到时予以确认，以实际收到的金额计量。

2. 预算支出

预算支出，是指政府会计主体在预算年度内依法发生并纳入预算管理的现金流出。预算支出一般在实际支付时予以确认，以实际支付的金额计量。

3. 预算结余

预算结余，是指政府会计主体预算年度内预算收入扣除预算支出后的资金余额，以及历年滚存的资金余额。

预算结余包括结余资金和结转资金。结余资金是指年度预算执行终了，预算收入实际完成数扣除预算支出和结转资金后剩余的资金。结转资金是指预算安排项目的支出年终尚未执行完毕或者因故未执行，且下年需要按原用途继续使用的资金。

（二）政府财务会计要素

政府财务会计要素包括资产、负债、净资产、收入和费用五项。

1. 资产

资产，是指政府会计主体过去的经济业务或者事项形成的，由政府会计主体控制的，预期能够产生服务潜力或者带来经济利益流入的经济资源。服务潜力是指政府会计主体利用资产提供公共产品和服务以履行政府职能的潜在能力。经济利益流入表现为现金及现金等价物的流入或者现金及现金等价物流出的减少。符合政府资产定义的经济资源，在同时满足以下条件时，确认为资产：一是与该经济资源相关的服务潜力很可能实现或者经济利益很可能流入政府会计主体；二是该经济资源的成本或者价值能够可靠地计量。

2. 负债

负债，是指政府会计主体过去的经济业务或者事项形成的，预期会导致经济资源流出政府会计主体的现时义务。现时义务是指政府会计主体在现行条件下已承担的义务。未来发生的经济业务或者事项形成的义务不属于现时义务，不应当确认为负债。符合政府负债定义的义务，在同时满足以下条件时，确认为负债：一是履行该义务很可能导致含有服务潜力或者经济利益的经济资源流出政府会计主体；二是该义务的金额能够可靠地计量。

政府负债的计量属性主要包括历史成本、现值和公允价值。政府会计主体在对负债进行计量时，一般应当采用历史成本。采用现值、公允价值计量的，应当保证所确定的负债金额能够持续、可靠地计量。

3. 净资产

净资产，是指政府会计主体资产扣除负债后的净额，其金额取决于资产和负债的计量。

4. 收入

收入，是指报告期内导致政府会计主体净资产增加的、含有服务潜力或者经济利益的经济资源的流入。

收入的确认应当同时满足以下条件：一是与收入相关的含有服务潜力或者经济利益的经济资源很可能流入政府会计主体；二是含有服务潜力或者经济利益的经济资源流入会导致政府会计主体资产增加或者负债减少；三是流入金额能够可靠地计量。

5. 费用

费用，是指报告期内导致政府会计主体净资产减少的、含有服务潜力或者经济利益的经济资源的流出。

费用的确认应当同时满足以下条件：一是与费用相关的含有服务潜力或者经济利益的经济资源很可能流出政府会计主体；二是含有服务潜力或者经济利益的经济资源流出会导致政府会计主体资产减少或者负债增加；三是流出金额能够可靠地计量。①

四、政府会计等式

会计要素之间的关系通常用会计等式表示。政府会计的会计等式，是指资产、负债和净资产之间的关系。从数学的角度来看，一个单位所拥有的资产总额与负债和净资产的总额必然是相等的。我们将资产与负债和净资产之间的这种客观存在的恒等关系，称为“会计等式”。用公式表示为：

$$资产 = 负债 + 净资产 \qquad (1)$$

单位在业务运作的过程中，必然会取得一定数额的收入，同时也必然会发生一定数额的费用（支出）。收入和费用相抵后的余额为盈余。这样，收入、费用和盈余这三个要素的关系便可以用公式表示如下：

$$收入 - 费用 = 盈余 \qquad (2)$$

单位一定会计期间的盈余可以增加净资产；当然，如果抵减后的结果是负数，则会发生相反方向的影响。因此，我们可以将以上两个等式用公式连接起来表示如下：

$$资产 = 负债 + 净资产 + 收入 - 费用$$

这一公式可进一步变形为：

$$资产 + 费用 = 负债 + 净资产 + 收入 \qquad (3)$$

上述三个关系式，等式（1）可理解为静态等式，它反映单位在特定时点的资产、负

① 财政部会计资格评价中心：“会计”，北京：中国财政经济出版社 2018 年版。

债与净资产的恒等关系；等式（2）和等式（3）可理解为动态等式，它们反映单位在业务活动过程中收支盈余情况及净资产的增值情况，其中，等式（1）是财务会计编制资产负债表的依据，等式（2）和等式（3）是财务会计编制收入费用表和试算平衡的依据。

$$预算收入-预算支出=预算结转结余 \tag{4}$$

等式（4）是预算会计编制预算收入支出表的依据。

会计等式是会计学中的一个基础性理论，它是单位开设账户、复式记账和编制会计报表的理论依据。

五、政府会计科目

会计科目是对会计对象按其经济内容或用途所做的科学分类，它是设置账户、进行账务处理的依据。科学地设置会计科目，正确使用会计科目，是做好政府会计核算工作的重要前提条件。

政府会计科目按提供核算资料的详细程度不同，可以分为总账科目和明细科目。

总账科目在会计要素下直接开设，它反映相应会计要素中有关内容的总括信息。为了统一核算口径，提高核算质量，财政部制定统一的总账会计科目。政府会计的会计总账科目也是依据预算会计3个会计要素和财务会计5个会计要素，即“3+5”共8个会计要素来制定设计的。会计科目表见表2-7。

表2-7　会计科目名称及编号

序号	科目编号	科目名称
一、财务会计科目		
（一）资产类		
1	1001	库存现金
2	1002	银行存款
3	1011	零余额账户用款额度
4	1021	其他货币资金
5	1101	短期投资
6	1201	财政应返还额度
7	1211	应收票据
8	1212	应收账款
9	1214	预付账款
10	1215	应收股利
11	1216	应收利息
12	1218	其他应收款
13	1219	坏账准备
14	1301	在途物品
15	1302	库存物品
16	1303	加工物品

续表

序号	科目编号	科目名称
17	1401	待摊费用
18	1501	长期股权投资
19	1502	长期债券投资
20	1601	固定资产
21	1602	固定资产累计折旧
22	1611	工程物资
23	1613	在建工程
24	1701	无形资产
25	1702	无形资产累计摊销
26	1703	研发支出
27	1801	公共基础设施
28	1802	公共基础设施累计折旧（摊销）
29	1811	政府储备物资
30	1821	文物文化资产
31	1831	保障性住房
32	1832	保障性住房累计折旧
33	1891	受托代理资产
34	1901	长期待摊费用
35	1902	待处理财产损溢
（二）负债类		
36	2001	短期借款
37	2101	应交增值税
38	2102	其他应交税费
39	2103	应缴财政款
40	2201	应付职工薪酬
41	2301	应付票据
42	2302	应付账款
43	2303	应付政府补贴款
44	2304	应付利息
45	2305	预收账款
46	2307	其他应付款
47	2401	预提费用
48	2501	长期借款
49	2502	长期应付款
50	2601	预计负债

续表

序号	科目编号	科目名称
51	2901	受托代理负债
（三）净资产类		
52	3001	累计盈余
53	3101	专用基金
54	3201	权益法调整
55	3301	本期盈余
56	3302	本年盈余分配
57	3401	无偿调拨净资产
58	3501	以前年度盈余调整
（四）收入类		
59	4001	财政拨款收入
60	4101	事业收入
61	4201	上级补助收入
62	4301	附属单位上缴收入
63	4401	经营收入
64	4601	非同级财政拨款收入
65	4602	投资收益
66	4603	捐赠收入
67	4604	利息收入
68	4605	租金收入
69	4609	其他收入
（五）费用类		
70	5001	业务活动费用
71	501	单位管理费用
72	5201	经营费用
73	5301	资产处置费用
74	5401	上缴上级费用
75	5501	对附属单位补助费用
76	5801	所得税费用
77	5901	其他费用
二、预算会计科目		
（一）预算收入类		
1	6001	财政拨款预算收入
2	6101	事业预算收入
3	6201	上级补助预算收入

续表

序号	科目编号	科目名称
4	6301	附属单位上缴预算收入
5	6401	经营预算收入
6	6501	债务预算收入
7	6601	非同级财政拨款预算收入
8	6602	投资预算收益
9	6609	其他预算收入
（二）预算支出类		
10	7101	行政支出
11	7201	事业支出
12	7301	经营支出
13	7401	上缴上级支出
14	701	对附属单位补助支出
15	7601	投资支出
16	7701	债务还本支出
17	7901	其他支出
（三）预算结余类		
18	8001	资金结存
19	8101	财政拨款结转
20	8102	财政拨款结余
21	8201	非财政拨款结转
22	8202	非财政拨款结余
23	8301	专用结余
24	8401	经营结余
25	8501	其他结余
26	8701	非财政拨款结余分配

明细科目是对总账科目核算的具体内容进行详细分类的会计科目。它是总账科目的具体说明，对总账科目起补充和分析的作用。根据经济业务内容和预算管理要求来确定，政府会计明细科目可分设一级明细科目、二级明细科目、三级明细科目等。

明细科目设置的主要依据包括：财产物资按其类别或品名设置；往来款项按结算单位、个人名称或事项设置；收入按政府预算收入科目的款、项设置，如各事业单位会计开设“财政补助收入”总账账户，下设“基本支出——一般公共服务——气象事务——气象事业机构”“项目支出——教育——普通教育——高中教育”等明细科目；支出按政府预算支出科目的款、项设置，如事业单位预算会计开设“事业支出”总账科目，下设“财政拨款支出——基本支出——商品和服务支出——办公费”“财政拨款支出——项目支出——商品和服务支出——会议费”“其他资金支出——项目支出——其他资本性支出——大型修缮”等明细科目。

第二篇　政府财务会计

第三章
资产

第一节
资产概述

一、资产的定义

资产，是指政府会计主体过去的经济业务或者事项形成的，由政府会计主体控制的，预期能够产生服务潜力或者带来经济利益流入的经济资源。**服务潜力**，是指政府会计主体利用资产提供公共产品和服务以履行政府职能的潜在能力。**经济利益流入**，表现为现金及现金等价物的流入，或者现金及现金等价物流出的减少。

二、资产的分类

政府会计主体的资产按照流动性，分为流动资产和非流动资产。**流动资产**，是指预计在 1 年内（含 1 年）耗用或者可以变现的资产，包括货币资金、短期投资、应收及预付款项、存货等。**非流动资产**，是指流动资产以外的资产，包括固定资产、在建工程、无形资产、长期投资、公共基础设施、政府储备资产、文物文化资产、保障性住房和自然资源资产等。其中公共基础设施、政府储备资产、文物文化资产、保障性住房和受托代理资产又被称为“经管资产”。本章以此分类为依据，讲述政府会计涉及的资产。

三、资产的确认

符合资产定义的经济资源，在同时满足以下条件时，确认为资产：（1）与该经济资源相关的服务潜力很可能实现或者经济利益很可能流入政府会计主体；（2）该经济资源的成本或者价值能够可靠地计量。

四、资产的计量

资产的计量属性主要包括历史成本、重置成本、现值、公允价值和名义金额。在历史成本计量下，资产按照取得时支付的现金金额或者支付对价的公允价值计量。在重置成本计量下，资产按照现在购买相同或者相似资产所需支付的现金金额计量。在现值计量下，资产按照预计从其持续使用和最终处置中所产生的未来净现金流入量的折现金额计量。在公允价值计量下，资产按照市场参与者在计量日发生的有序交易中，出售资产所能收到的价格计量。无法采用上述计量属性的，采用名义金额（即人民币 1 元）计量。故名义金额的使用一定有局限性。政府会计主体在对资产进行计量时，一般应当采用历史成本。采用重置成本、现值、公允价值计量的，应当保证所确定的资产金额能够持续、可靠地计量。

五、资产类科目表（35 个）

《政府会计制度》规定的行政事业单位资产类科目共计 35 个，其中有部分科目只适用于事业单位，本章对事业单位适用的会计科目以“（事业）”的方式进行标注（见表 3－1）。

表 3－1　　资产类科目表

序号	科目名称	序号	科目名称
1	库存现金	19	长期债券投资（事业）
2	银行存款	20	固定资产（事业）
3	零余额账户用款额度	21	固定资产累计折旧
4	其他货币资金	22	工程物资
5	短期投资（事业）	23	在建工程
6	财政应返还额度	24	无形资产
7	应收票据（事业）	25	无形资产累计摊销
8	应收账款（事业）	26	研发支出
9	预付账款	27	公共基础设施
10	应收股利（事业）	28	公共基础设施累计折旧（摊销）
11	应收利息（事业）	29	政府储备物资
12	其他应收款	30	文物文化资产
13	坏账准备（事业）	31	保障性住房
14	在途物品	32	保障性住房累计折旧
15	库存物品	33	受托代理资产
16	加工物品	34	长期待摊费用
17	待摊费用	35	待处理财产损溢
18	长期股权投资（事业单位）		

第二节
货币资金的核算

现金类科目主要涉及“库存现金”“银行存款”“零余额账户用款额度”“其他货币资金”和“财政应返还额度”这五个会计科目。这五个科目核算内容不尽相同，但这部分核算比较简单，而且会与后面所有的核算紧密相连，制度列示也非常清晰，故这部分不单独举例，而是按政府会计制度要求分述如下：

一、“库存现金”

本科目核算单位的库存现金。单位应当严格按照国家有关现金管理的规定收支现金，并按照本制度规定核算现金的各项收支业务。本科目应当设置“受托代理资产”明细科目，核算单位受托代理、代管的现金（见表3－2）。

表3－2　“库存现金”科目核算列举

<table>
<tr><th rowspan="2">序号</th><th rowspan="2" colspan="2">业务和事项内容</th><th colspan="2">账务处理</th></tr>
<tr><th>财务会计</th><th>预算会计</th></tr>
<tr><td>1</td><td colspan="2">库存现金</td><td colspan="2"></td></tr>
<tr><td rowspan="2">（1）</td><td colspan="2">提现</td><td>借：库存现金
　贷：银行存款等</td><td>—</td></tr>
<tr><td colspan="2">存现</td><td>借：银行存款等
　贷：库存现金</td><td>—</td></tr>
<tr><td rowspan="2">（2）</td><td rowspan="2">差旅费</td><td>职工出差等借出现金</td><td>借：其他应收款
　贷：库存现金</td><td>—</td></tr>
<tr><td>出差人员报销差旅费</td><td>借：业务活动费用/单位管理费用等［实际报销金额］
　库存现金［实际报销金额小于借款金额的差额］
　贷：其他应收款
或：
借：业务活动费用/单位管理费用等［实际报销金额］
　贷：其他应收款
　　库存现金［实际报销金额大于借款金额的差额］</td><td>借：行政支出/事业支出等［实际报销金额］
　贷：资金结存——货币资金</td></tr>
</table>

续表

序号	业务和事项内容		账务处理	
			财务会计	预算会计
(3)	其他涉及现金的业务	因开展业务等其他事项收到现金	借：库存现金 贷：事业收入/应收账款等	借：资金结存——货币资金 贷：事业预算收入等
		因购买服务、商品或其他事项支出现金	借：业务活动费用/单位管理费用/其他费用/应付账款等 贷：库存现金	借：行政支出/事业支出/其他支出等 贷：资金结存——货币资金
		对外捐赠现金资产	借：其他费用 贷：库存现金	借：其他支出 贷：资金结存——货币资金
(4)	受托代理、代管现金	收到	借：库存现金——受托代理资产 贷：受托代理负债	—
		支付	借：受托代理负债 贷：库存现金——受托代理资产	—
(5)	现金溢余	按照溢余金额转入待处理财产损溢	借：库存现金 贷：待处理财产损溢	借：资金结存——货币资金 贷：其他预算收入
		属于应支付给有关人员或单位的部分	借：待处理财产损溢 贷：其他应付款 借：其他应付款 贷：库存现金	— 借：其他预算收入 贷：资金结存——货币资金
		属于无法查明原因的部分，报经批准后	借：待处理财产损溢 贷：其他收入	—
(6)	现金短缺	按照短缺金额转入待处理财产损溢	借：待处理财产损溢 贷：库存现金	借：其他支出 贷：资金结存——货币资金
		属于应由责任人赔偿的部分	借：其他应收款 贷：待处理财产损溢 借：库存现金 贷：其他应收款	借：资金结存——货币资金 贷：其他支出
		属于无法查明原因的部分，报经批准后	借：资产处置费用 贷：待处理财产损溢	—

二、“银行存款”

本科目核算单位存入银行或者其他金融机构的各种存款。单位应当严格按照国家有关支付结算办法的规定办理银行存款收支业务，并按照本制度规定核算银行存款的各项收支业务。本科目应当设置“受托代理资产”明细科目，核算单位受托代理、代管的银行存款（见表3-3）。

表3-3　　“银行存款”科目核算列举

<table>
<tr><th rowspan="2">序号</th><th rowspan="2">业务和事项内容</th><th colspan="3">账务处理</th></tr>
<tr><th colspan="2">财务会计</th><th>预算会计</th></tr>
<tr><td>2</td><td colspan="4">银行存款</td></tr>
<tr><td>(1)</td><td>将款项存入银行或其他金融机构</td><td colspan="2">借：银行存款
贷：库存现金/事业收入/其他收入等</td><td>借：资金结存——货币资金
贷：事业预算收入/其他预算收入等</td></tr>
<tr><td>(2)</td><td>提现</td><td colspan="2">借：库存现金
贷：银行存款</td><td>—</td></tr>
<tr><td>(3)</td><td>支付款项</td><td colspan="2">借：业务活动费用/单位管理费用/其他费用等
贷：银行存款</td><td>借：行政支出/事业支出/其他支出等
贷：资金结存——货币资金</td></tr>
<tr><td rowspan="2">(4)</td><td rowspan="2">银行存款账户</td><td>收到银行存款利息</td><td>借：银行存款
贷：利息收入</td><td>借：资金结存——货币资金
贷：其他预算收入</td></tr>
<tr><td>支付银行手续费等</td><td>借：业务活动费用/单位管理费用等
贷：银行存款</td><td>借：行政支出/事业支出等
贷：资金结存——货币资金</td></tr>
<tr><td rowspan="2">(5)</td><td rowspan="2">受托代理、代管银行存款</td><td>收到</td><td>借：银行存款——受托代理资产
贷：受托代理负债</td><td>—</td></tr>
<tr><td>支付</td><td>借：受托代理负债
贷：银行存款——受托代理资产</td><td>—</td></tr>
<tr><td rowspan="2">(6)</td><td rowspan="2">外币业务</td><td>以外币购买物资、劳务等</td><td>借：在途物品/库存物品等
贷：银行存款［外币账户］/应付账款等［外币账户］</td><td>借：事业支出等
贷：资金结存——货币资金</td></tr>
<tr><td>以外币收取相关款项等</td><td>借：银行存款［外币账户］/应收账款等［外币账户］
贷：事业收入等</td><td>借：资金结存——货币资金
贷：事业预算收入等</td></tr>
</table>

续表

序号	业务和事项内容	账务处理		
		财务会计		预算会计
(6)	外币业务	期末，根据各外币账户按照期末的即期汇率调整后的人民币余额与原账面人民币余额的差额，作为汇兑损益	借：银行存款/应收账款/应付账款等 贷：业务活动费用/单位管理费用等［汇兑收益］ 借：业务活动费用/单位管理费用等［汇兑损失］ 贷：银行存款/应收账款/应付账款等	借：资金结存——货币资金 贷：行政支出/事业支出等［汇兑收益］ 借：行政支出/事业支出等［汇兑损失］ 贷：资金结存——货币资金

三、“零余额账户用款额度”和“其他货币资金”

“零余额账户用款额度”科目核算国库集中支付的单位根据财政部门批复的用款计划收到和支用的零余额账户用款额度。“其他货币资金”科目核算单位的外埠存款、银行本票存款、银行汇票存款、信用卡存款等各种其他货币资金。“其他货币资金”科目应当设置“外埠存款”“银行本票存款”“银行汇票存款”“信用卡存款”等明细科目，进行明细核算（见表3－4）。

表3－4　“零余额账户用款额度”和“其他货币资金”科目核算列举

序号	业务和事项内容	账务处理		
		财务会计		预算会计
3	零余额账户用款额度			
(1)	收到额度	收到“授权支付到账通知书”	借：零余额账户用款额度 贷：财政拨款收入	借：资金结存——零余额账户用款额度 贷：财政拨款预算收入
(2)	按照规定支用额度	支付日常活动费用	借：业务活动费用/单位管理费用等 贷：零余额账户用款额度	借：行政支出/事业支出等 贷：资金结存——零余额账户用款额度
		购买库存物品或购建固定资产等	借：库存物品/固定资产/在建工程等 贷：零余额账户用款额度	
(3)	提现	从零余额账户提取现金	借：库存现金 贷：零余额账户用款额度	借：资金结存——货币资金 贷：资金结存——零余额账户用款额度
		将现金退回单位零余额账户	借：零余额账户用款额度 贷：库存现金	借：资金结存——零余额账户用款额度 贷：资金结存——货币资金

续表

序号	业务和事项内容	账务处理		
			财务会计	预算会计
(4)	因购货退回等发生国库授权支付额度退回	本年度授权支付的款项	借：零余额账户用款额度 贷：库存物品等	借：资金结存——零余额账户用款额度 贷：行政支出/事业支出等
		以前年度授权支付的款项	借：零余额账户用款额度 贷：库存物品/以前年度盈余调整等	借：资金结存——零余额账户用款额度 贷：财政拨款结转——年初余额调整/财政拨款结余——年初余额调整
(5)	年末，注销额度	根据代理银行提供的对账单注销财政授权支付额度	借：财政应返还额度——财政授权支付 贷：零余额账户用款额度	借：资金结存——财政应返还额度 贷：资金结存——零余额账户用款额度
		本年度财政授权支付预算指标数大于零余额账户额度下达数的，根据未下达的用款额度	借：财政应返还额度——财政授权支付 贷：财政拨款收入	借：资金结存——财政应返还额度 贷：财政拨款预算收入
(6)	下年初，恢复额度	根据代理银行提供的额度恢复到账通知书恢复财政授权支付额度	借：零余额账户用款额度 贷：财政应返还额度——财政授权支付	借：资金结存——零余额账户用款额度 贷：资金结存——财政应返还额度
		收到财政部门批复的上年末未下达零余额账户用款额度	借：零余额账户用款额度 贷：财政应返还额度——财政授权支付	借：资金结存——零余额账户用款额度 贷：资金结存——财政应返还额度
4	其他货币资金			
(1)	形成其他货币资金	取得银行本票、银行汇票、信用卡时	借：其他货币资金——银行本票存款 ——银行汇票存款 ——信用卡存款 贷：银行存款	—
(2)	发生支付	用银行本票、银行汇票、信用卡支付时	借：在途物品/库存物品等 贷：其他货币资金——银行本票存款 ——银行汇票存款 ——信用卡存款	借：事业支出等［实际支付金额］ 贷：资金结存——货币资金

续表

序号	业务和事项内容		账务处理	
			财务会计	预算会计
(3)	余款退回时	银行本票、银行汇票、信用卡的余款退回时	借：银行存款 贷：其他货币资金——银行本票存款 ——银行汇票存款 ——信用卡存款	—

四、"财政应返还额度"

本科目核算实行国库集中支付的单位应收财政返还的资金额度，包括可以使用的以前年度财政直接支付资金额度和财政应返还的财政授权支付资金额度。本科目应当设置"财政直接支付""财政授权支付"两个明细科目进行明细核算（见表3－5）。

表3－5　　　　"财政应返还额度"科目核算列举

序号	业务和事项内容		账务处理	
			财务会计	预算会计
5	1201 财政应返还额度			
(1)	财政直接支付方式下，确认财政应返还额度	年末本年度预算指标数与当年实际支付数的差额	借：财政应返还额度——财政直接支付 贷：财政拨款收入	借：资金结存——财政应返还额度 贷：财政拨款预算收入
		下年度使用以前年度财政直接支付额度支付款项时	借：业务活动费用/单位管理费用/库存物品等 贷：财政应返还额度——财政直接支付	借：行政支出/事业支出等 贷：资金结存——财政应返还额度
(2)	财政授权支付方式下，确认财政应返还额度	年末本年度预算指标数大于额度下达数的，根据未下达的用款额度	借：财政应返还额度——财政授权支付 贷：财政拨款收入	借：资金结存——财政应返还额度 贷：财政拨款预算收入
		年末根据代理银行提供的对账单作注销额度处理	借：财政应返还额度——财政授权支付 贷：零余额账户用款额度	借：资金结存——财政应返还额度 贷：资金结存——零余额账户用款额度

第三节
应收款项的核算

应收款项类科目具体涉及“应收票据”“应收账款”“预付账款”“应收股利”（事业）“应收利息”（事业）“其他应收款”“坏账准备”（事业）七个科目。这一类科目核算有共性，特别强调应当按照债务人进行明细核算，应收账款、其他应收款必须按照规定报经批准后核销。

一、“应收票据”

本科目核算事业单位因开展经营活动销售产品、提供有偿服务等而收到的商业汇票，包括银行承兑汇票和商业承兑汇票。本科目应当按照开出、承兑商业汇票的单位等进行明细核算。

应收票据的主要账务处理如下：因销售产品、提供服务等收到商业汇票，按照商业汇票的票面金额，借记本科目，按照确认的收入金额，贷记“经营收入”等科目。涉及增值税业务的，相关账务处理参见“应交增值税”科目。持未到期的商业汇票向银行贴现，按照实际收到的金额（即扣除贴现息后的净额），借记“银行存款”科目，按照贴现息金额，借记“经营费用”等科目，按照商业汇票的票面金额，贷记本科目（无追索权）或“短期借款”科目（有追索权）。附追索权的商业汇票到期未发生追索事项的，按照商业汇票的票面金额，借记“短期借款”科目，贷记本科目。将持有的商业汇票背书转让以取得所需物资时，按照取得物资的成本，借记“库存物品”等科目，按照商业汇票的票面金额，贷记本科目，如有差额，借记或贷记“银行存款”等科目。涉及增值税业务的，相关账务处理参见“应交增值税”科目。

商业汇票到期时，应当分别以下情况处理：

（1）收回票款时，按照实际收到的商业汇票票面金额，借记“银行存款”科目，贷记本科目。

（2）因付款人无力支付票款，收到银行退回的商业承兑汇票、委托收款凭证、未付票款通知书或拒付款证明等，按照商业汇票的票面金额，借记“应收账款”科目，贷记本科目。

事业单位应当设置“应收票据备查簿”，逐笔登记每一笔应收票据的种类、号数、出票日期、到期日、票面金额、交易合同号和付款人、承兑人、背书人姓名或单位名称、背书转让日、贴现日期、贴现率和贴现净额、收款日期、收回金额和退票情况等。应收票据到期结清票款或退票后，应当在备查簿内逐笔注销。本科目期末借方余额，反映事业单位持有的商业汇票票面金额。

二、"应收账款"

本科目核算事业单位提供服务、销售产品等应收取的款项，以及单位因出租资产、出售物资等应收取的款项。本科目应当按照债务单位（或个人）进行明细核算。

应收账款的主要账务处理如下：

1. 应收账款收回后不需上缴财政

单位发生应收账款时，按照应收未收金额，借记本科目，贷记"事业收入""经营收入""租金收入""其他收入"等科目。涉及增值税业务的，相关账务处理参见"应交增值税"科目。收回应收账款时，按照实际收到的金额，借记"银行存款"等科目，贷记本科目。

2. 应收账款收回后需上缴财政

（1）单位出租资产发生应收未收租金款项时，按照应收未收金额，借记本科目，贷记"应缴财政款"科目。收回应收账款时，按照实际收到的金额，借记"银行存款"等科目，贷记本科目。

（2）单位出售物资发生应收未收款项时，按照应收未收金额，借记本科目，贷记"应缴财政款"科目。

收回应收账款时，按照实际收到的金额，借记"银行存款"等科目，贷记本科目。涉及增值税业务的，相关账务处理参见"应交增值税"科目。事业单位应当于每年年末，对收回后不需上缴财政的应收账款进行全面检查，如发生不能收回的迹象，应当计提坏账准备。对于账龄超过规定年限、确认无法收回的应收账款，按照规定报经批准后予以核销。按照核销金额，借记"坏账准备"科目，贷记本科目。核销的应收账款应在备查簿中保留登记。已核销的应收账款在以后期间又收回的，按照实际收回金额，借记本科目，贷记"坏账准备"科目；同时，借记"银行存款"等科目，贷记本科目。单位应当于每年年末，对收回后应当上缴财政的应收账款进行全面检查。对于账龄超过规定年限、确认无法收回的应收账款，按照规定报经批准后予以核销。按照核销金额，借记"应缴财政款"科目，贷记本科目。核销的应收账款应当在备查簿中保留登记。已核销的应收账款在以后期间又收回的，按照实际收回金额，借记"银行存款"等科目，贷记"应缴财政款"科目。本科目期末借方余额，反映单位尚未收回的应收账款。

三、"预付账款"

本科目核算单位按照购货、服务合同或协议规定预付给供应单位（或个人）的款项，以及按照合同规定向承包工程的施工企业预付的备料款和工程款。本科目应当按照供应单位（或个人）及具体项目进行明细核算；对于基本建设项目发生的预付账款，还应当在本科目所属基建项目明细科目下设置"预付备料款""预付工程款""其他预付款"等明细科目，进行明细核算。

预付账款的主要账务处理如下：

（1）根据购货、服务合同或协议规定预付款项时，按照预付金额，借记本科目，贷记"财政拨款收入""零余额账户用款额度""银行存款"等科目。

（2）收到所购资产或服务时，按照购入资产或服务的成本，借记“库存物品”“固定资产”“无形资产”“业务活动费用”等相关科目，按照相关预付账款的账面余额，贷记本科目，按照实际补付的金额，贷记“财政拨款收入”“零余额账户用款额度”“银行存款”等科目。涉及增值税业务的，相关账务处理参见“应交增值税”科目。

（3）根据工程进度结算工程价款及备料款时，按照结算金额，借记“在建工程”科目，按照相关预付账款的账面余额，贷记本科目，按照实际补付的金额，贷记“财政拨款收入”“零余额账户用款额度”“银行存款”等科目。

（4）发生预付账款退回的，按照实际退回金额，借记“财政拨款收入”[本年直接支付]“财政应返还额度”[以前年度直接支付]“零余额账户用款额度”“银行存款”等科目，贷记本科目。

单位应当于每年年末，对预付账款进行全面检查。如果有确凿证据表明预付账款不再符合预付款项性质，或者因供应单位破产、撤销等原因可能无法收到所购货物、服务的，应当先将其转入其他应收款，再按照规定进行处理。将预付账款账面余额转入其他应收款时，借记“其他应收款”科目，贷记本科目。本科目期末借方余额，反映单位实际预付但尚未结算的款项。

四、“应收股利”

本科目核算事业单位持有长期股权投资应当收取的现金股利或应当分得的利润。本科目应当按照被投资单位等进行明细核算。

应收股利的主要账务处理如下：

（1）取得长期股权投资，按照支付的价款中所包含的已宣告但尚未发放的现金股利，借记本科目，按照确定的长期股权投资成本，借记“长期股权投资”科目，按照实际支付的金额，贷记“银行存款”等科目。收到取得投资时实际支付价款中所包含的已宣告但尚未发放的现金股利时，按照收到的金额，借记“银行存款”科目，贷记本科目。

（2）长期股权投资持有期间，被投资单位宣告发放现金股利或利润的，按照应享有的份额，借记本科目，贷记“投资收益”（成本法下）或“长期股权投资”（权益法下）科目。

（3）实际收到现金股利或利润时，按照收到的金额，借记“银行存款”等科目，贷记本科目。

本科目期末借方余额，反映事业单位应当收取但尚未收到的现金股利或利润。

五、“应收利息”

本科目核算事业单位长期债券投资应当收取的利息。事业单位购入的到期一次还本付息的长期债券投资持有期间的利息，应当通过“长期债券投资——应计利息”科目核算，不通过本科目核算。本科目应当按照被投资单位等进行明细核算。

应收利息的主要账务处理如下：

（1）取得长期债券投资，按照确定的投资成本，借记“长期债券投资”科目，按照支付的价款中包含的已到付息期但尚未领取的利息，借记本科目，按照实际支付的金额，贷记“银行存款”等科目。收到取得投资时实际支付价款中所包含的已到付息期但尚未领取的利息时，按照收到的金额，借记“银行存款”等科目，贷记本科目。

（2）按期计算确认长期债券投资利息收入时，对于分期付息、一次还本的长期债券投资，按照以票面金额和票面利率计算确定的应收未收利息金额，借记本科目，贷记“投资收益”科目。

（3）实际收到应收利息时，按照收到的金额，借记“银行存款”等科目，贷记本科目。

本科目期末借方余额，反映事业单位应收未收的长期债券投资利息。

六、“其他应收款”

本科目核算单位除财政应返还额度、应收票据、应收账款、预付账款、应收股利、应收利息以外的其他各项应收及暂付款项，如职工预借的差旅费、已经偿还银行尚未报销的本单位公务卡欠款、拨付给内部有关部门的备用金、应向职工收取的各种垫付款项、支付的可以收回的订金或押金、应收的上级补助和附属单位上缴款项等。本科目应当按照其他应收款的类别以及债务单位（或个人）进行明细核算。

其他应收款的主要账务处理如下：

（1）发生其他各种应收及暂付款项时，按照实际发生金额，借记本科目，贷记“零余额账户用款额度”“银行存款”“库存现金”“上级补助收入”“附属单位上缴收入”等科目。涉及增值税业务的，相关账务处理参见“应交增值税”科目。

（2）收回其他各种应收及暂付款项时，按照收回的金额，借记“库存现金”“银行存款”等科目，贷记本科目。

（3）单位内部实行备用金制度的，有关部门使用备用金以后应当及时到财务部门报销并补足备用金。财务部门核定并发放备用金时，按照实际发放金额，借记本科目，贷记“库存现金”等科目。根据报销金额用现金补足备用金定额时，借记“业务活动费用”“单位管理费用”等科目，贷记“库存现金”等科目，报销数和拨补数都不再通过本科目核算。

（4）偿还尚未报销的本单位公务卡欠款时，按照偿还的款项，借记本科目，贷记“零余额账户用款额度”“银行存款”等科目；持卡人报销时，按照报销金额，借记“业务活动费用”“单位管理费用”等科目，贷记本科目。

（5）将预付账款账面余额转入其他应收款时，借记本科目，贷记“预付账款”科目。

事业单位应当于每年年末，对其他应收款进行全面检查，如发生不能收回的迹象，应当计提坏账准备。对于账龄超过规定年限、确认无法收回的其他应收款，按照规定报经批准后予以核销。按照核销金额，借记“坏账准备”科目，贷记本科目。核销的其他应收款应当在备查簿中保留登记。已核销的其他应收款在以后期间又收回的，按照实际收回金额，借记本科目，贷记“坏账准备”科目；同时，借记“银行存款”等科目，贷记本科目。

行政单位应当于每年年末，对其他应收款进行全面检查。对于超过规定年限、确认无法收回的其他应收款，应当按照有关规定报经批准后予以核销。核销的其他应收款应在备查簿中保留登记。经批准核销其他应收款时，按照核销金额，借记“资产处置费用”科目，贷记本科目。已核销的其他应收款在以后期间又收回的，按照收回金额，借记“银行存款”等科目，贷记“其他收入”科目。

本科目期末借方余额，反映单位尚未收回的其他应收款。

七、“坏账准备”

本科目核算事业单位对收回后不需上缴财政的应收账款和其他应收款提取的坏账准备。本科目应当分别应收账款和其他应收款进行明细核算。事业单位应当于每年年末，对收回后不需上缴财政的应收账款和其他应收款进行全面检查，分析其可收回性，对预计可能产生的坏账损失计提坏账准备、确认坏账损失。事业单位可以采用应收款项余额百分比法、账龄分析法、个别认定法等方法计提坏账准备。坏账准备计提方法一经确定，不得随意变更。如需变更，应当按照规定报经批准，并在财务报表附注中予以说明。

当期应补提或冲减的坏账准备金额的计算公式如下：

$$\text{当期应补提或冲减的坏账准备} = \text{按照期末应收账款和其他应收款计算应计提的坏账准备金额} - \text{本科目期末贷方金额} + \text{本科目期末借方金额}$$

坏账准备的主要账务处理如下：

（1）提取坏账准备时，借记“其他费用”科目，贷记本科目；冲减坏账准备时，借记本科目，贷记“其他费用”科目。

（2）对于账龄超过规定年限并确认无法收回的应收账款、其他应收款，应当按照有关规定报经批准后，按照无法收回的金额，借记本科目，贷记“应收账款”“其他应收款”科目。

已核销的应收账款、其他应收款在以后期间又收回的，按照实际收回金额，借记“应收账款”“其他应收款”科目，贷记本科目；同时，借记“银行存款”等科目，贷记“应收账款”“其他应收款”科目。本科目期末贷方余额，反映事业单位提取的坏账准备金额。

八、需要特别关注的内容

1. 应收票据

此次政府会计改革，特别增加了附有追索权的商业汇票贴现的处理。贴现时：

借：银行存款（扣除贴现息）

　　经营费用（贴现息）

　　贷：短期借款

到期付款人无力支付票款，收到银行退回的商业承兑汇票，转入“应收账款”。

2. 应收账款

应收账款收回后不需上缴财政的，确认收入，计提坏账准备；收回后需上缴财政的，借记“应收账款”，贷记“应缴财政款”。

3. 预付账款

预付账款、逾期预付账款转入“其他应收款”。

4. 坏账准备

（1）坏账准备计提的主体——事业单位，计提对象——收回后不需上缴财政的应收账款和其他应收款，计提时点——每年年末，计提表现——有减值迹象。

（2）坏账准备计提的方法：年末余额百分比法、账龄分析法、个别认定法等。单位可以首先对单项金额重大的应收账款（其他应收款）采用个别认定法，在年末对其单独进行减值测试，按照预计的减值金额确定期末应计提的坏账准备金额。对未达到个别认定法标准的应收款项（其他应收款），可以按照账龄区间进行分组，对不同账龄区间设置相应的坏账准备计提比例，采用余额百分比法，按各分组应收账款（其他应收款）合计余额计算期末应计提的坏账准备金额。这一方式下，单位需要设置合理的单项金额重大的标准，并在附注中对其进行披露。

（3）坏账准备计提的账务处理：应当核算清楚当期应补提或冲减的坏账准备并进行相应的账务处理（见表3－6）。

表3－6　坏账准备计提的账务处理

计提坏账准备	借：其他费用 　贷：坏账准备
冲减坏账准备	借：坏账准备 　贷：其他费用
报批后予以核销	借：坏账准备 　贷：应收账款/其他应收款
已核销应收款项在以后期间收回	借：应收账款/其他应收款 　贷：坏账准备 借：银行存款 　贷：应收账款/其他应收款

【例3－1】某事业单位3月10日开展经营活动对外销售货物一批，价税合计为226 000元，增值税税率为13%。该事业单位为增值税一般纳税义务人，货款尚未收到，应收账款收回后不需上缴财政。4月6日收回该款项，存入银行。12月31日对收回后不需上缴财政的应收账款进行全面检查，发生不能收回的迹象，计提坏账准备50 000元。次年1月1日按照规定报经批准后予以核销坏账40 000元。次年2月26日已核销的应收账款又收回30 000元，存入银行。

①3月10日发生应收账款时：

• 财务会计：

借：应收账款　226 000
　贷：经营收入　200 000
　　应交增值税——应交税金（销项税额）　26 000

• 预算会计不需要核算。

②4月6日收回应收账款时：

• 财务会计：

借：银行存款　226 000
　　贷：应收账款　226 000

• 预算会计：

借：资金结存——货币资金　226 000
　　贷：经营预算收入　226 000

③ 12 月 31 日计提坏账准备时：

• 财务会计：

借：其他费用　50 000
　　贷：坏账准备　50 000

• 预算会计：不需要核算。

④次年 1 月 1 日按照规定报经批准后予以核销坏账时：

• 财务会计：

借：坏账准备　40 000
　　贷：应收账款　40 000

• 预算会计不需要核算。

⑤次年 2 月 26 日已核销的应收账款在以后期间又收回时：

• 财务会计：

借：应收账款　30 000
　　贷：坏账准备　30 000

同时：

借：银行存款　30 000
　　贷：应收账款　30 000

• 预算会计：

借：资金结存——货币资金　30 000
　　贷：非财政拨款结余　30 000

5. 应收股利

应收股利用于核算事业单位持有的长期股权投资应当收取的现金股利或应当分得的利润。

6. 应收利息

应收利息用于核算事业单位长期债券投资（分期付息、一次还本）应当收取的利息。

7. 其他应收款

其他应收款扩大了核算范围，增加了偿还尚未报销的公务卡欠款的处理，特别强调对事业单位而言，应该计提坏账准备。行政单位核销其他应收款时确认“资产处置费用”，核销后收回的确认为“其他收入”。

8. 单位公务卡相关核算

（1）偿还尚未报销的本单位公务卡欠款时：

• 财务会计：按照偿还的金额：

借：其他应收款
　　贷：零余额账户用款额度/银行存款
● 预算会计：不需要核算。
（2）持卡人报销时，按照报销金额：
● 财务会计：
借：业务活动费用/单位管理费用等
　　贷：其他应收款
● 预算会计：
借：行政支出/事业支出等
　　贷：资金结存
如果情形相反，先报销后偿还公务卡款项的，通过“其他应付款”进行核算。

第四节 存货的核算

一、存货的概念

存货，是指政府会计主体在开展业务活动及其他活动中为耗用或者出售而储存的资产，如材料、产品、包装物和低值易耗品等，以及未达到固定资产标准的用具、装具、动植物等。

二、存货的确认

存货同时满足下列条件的，应当予以确认：
（1）与该存货有关的服务潜力很可能实现或经济利益很可能流入政府会计主体。
（2）该存货的成本或者价值能够可靠地计量。

三、存货的初始计量

（1）存货在取得时应当按照成本进行初始计量。
（2）政府会计主体购入的存货，其成本包括购买价款、相关税费、运输费、装卸费、保险费以及使得存货达到目前场所和状态所发生的归属于存货成本的其他支出。
（3）政府会计主体自行加工的存货，其成本包括耗用的直接材料费用、发生的直接人工费用和按照一定方法分配的与存货加工有关的间接费用。
（4）政府会计主体委托加工的存货，其成本包括委托加工前存货成本、委托加工的成本（如委托加工费以及按规定应计入委托加工存货成本的相关税费等）以及使存货达到目前场所和状态所发生的归属于存货成本的其他支出。

(5) 下列各项应当在发生时确认为当期损益，不计入存货成本：

①非正常消耗的直接材料、直接人工和间接费用。

②仓储费用（不包括在加工过程中为达到下一个加工阶段所必需的费用）。

③不能归属于使存货达到目前场所和状态所发生的其他支出。

(6) 政府会计主体通过置换取得的存货，其成本按照换出资产的评估价值，加上支付的补价或减去收到的补价，加上为换入存货发生的其他相关支出确定。

(7) 政府会计主体接受捐赠的存货，其成本按照有关凭据注明的金额加上相关税费、运输费等确定；没有相关凭据可供取得，但按规定经过资产评估的，其成本按照评估价值加上相关税费、运输费等确定；没有相关凭据可供取得、也未经资产评估的，其成本比照同类或类似资产的市场价格加上相关税费、运输费等确定；没有相关凭据且未经资产评估、同类或类似资产的市场价格也无法可靠取得的，按照名义金额入账，相关税费、运输费等计入当期费用。

(8) 政府会计主体无偿调入的存货，其成本按照调出方账面价值加上相关税费、运输费等确定。

(9) 政府会计主体盘盈的存货，按规定经过资产评估的，其成本按照评估价值确定；未经资产评估的，其成本按照重置成本确定。

四、存货的后续计量

(1) 政府会计主体应当根据实际情况采用先进先出法、加权平均法或者个别计价法确定发出存货的实际成本。计价方法一经确定，不得随意变更。对于性质和用途相似的存货，应当采用相同的成本计价方法确定发出存货的成本。对于不能替代使用的存货、为特定项目专门购入或加工的存货，通常采用个别计价法确定发出存货的成本。

(2) 对于已发出的存货，应当将其成本结转为当期费用或者计入相关资产成本。按规定报经批准对外捐赠、无偿调出的存货，应当将其账面余额予以转销，对外捐赠、无偿调出中发生的归属于捐出方、调出方的相关费用应当计入当期费用。

(3) 政府会计主体应当采用一次转销法或者五五摊销法对低值易耗品、包装物进行摊销，将其成本计入当期费用或者相关资产成本。

(4) 对于发生的存货毁损，应当将存货账面余额转销计入当期费用，并将毁损存货处置收入扣除相关处置税费后的差额按规定作应缴款项处理（差额为净收益时）或计入当期费用（差额为净损失时）。

(5) 存货盘亏造成的损失，按规定报经批准后应当计入当期费用。

五、存货类科目介绍

存货类科目涉及“在途物品”“库存物品”和“加工物品”三个财务会计科目。

（一）“库存物品”

本科目核算单位在开展业务活动及其他活动中为耗用或出售而储存的各种材料、产品、包装物、低值易耗品，以及达不到固定资产标准的用具、装具、动植物等的成本。已完成的测绘、地质勘察、设计成果等的成本，也通过本科目核算。单位随买随用的零星办公用品，可以在购进时直接列作费用，不通过本科目核算。单位控制的政府储备物资，应当通过“政府储备物资”科目核算，不通过本科目核算。单位受托存储保管的物资和受托转赠的物资，应当通过“受托代理资产”科目核算，不通过本科目核算。单位为在建工程购买和使用的材料物资，应当通过“工程物资”科目核算，不通过本科目核算。本科目应当按照库存物品的种类、规格、保管地点等进行明细核算。单位储存的低值易耗品、包装物较多的，可以在本科目（低值易耗品、包装物）下按照“在库”“在用”和“摊销”等进行明细核算。

（二）“在途物品”

本科目核算单位采购材料等物资时货款已付或已开出商业汇票但尚未验收入库的在途物品的采购成本。本科目可按照供应单位和物品种类进行明细核算。

（三）“加工物品”

本科目核算单位自制或委托外单位加工的各种物品的实际成本。未完成的测绘、地质勘察、设计成果的实际成本，也通过本科目核算。本科目应当设置“自制物品”“委托加工物品”两个一级明细科目，并按照物品类别、品种、项目等设置明细账，进行明细核算。本科目“自制物品”一级明细科目下应当设置“直接材料”“直接人工”“其他直接费用”等二级明细科目，归集自制物品发生的直接材料、直接人工（专门从事物品制造人员的人工费）等直接费用；对于自制物品发生的间接费用，应当在本科目“自制物品”一级明细科目下单独设置“间接费用”二级明细科目予以归集，期末再按照一定的分配标准和方法，分配计入有关物品的成本。

【例 3－2】 8 月 25 日，乙单位自行购入一批价值 10 000 元的材料并验收入库，货款通过财政授权支付方式支付。购入过程中发生运杂费 800 元，以银行存款支付。9 月 12 日，乙单位为开展业务活动领用材料一批，经计算价值为 5 400 元。

• 财务会计：

①购入时：

借：库存物品	10 800	
贷：零余额账户用款额度		10 000
银行存款		800

②领用/发出时：

借：业务活动费用	5 400	
贷：库存物品		5 400

• 预算会计：

支付购买价款时：

借：行政支出/事业支出/经营支出等	10 800	
贷：资金结存——零余额账户用款额度		10 000
资金结存——货币资金		800

第五节
投资的核算

投资类涉及的财务会计科目主要有："短期投资""长期债券投资""长期股权投资""应收股利""应收利息""权益法调整""投资收益"；涉及的会计准则：《政府会计准则第2号——投资》；涉及单位：事业单位；涉及概念：这里所称的"投资"，是指政府会计主体按规定以货币资金、实物资产、无形资产等方式形成的债券或股权投资；涉及的分类：投资分为短期投资和长期投资。短期投资，是指政府会计主体取得的持有时间不超过1年（含1年）的投资；长期投资，是指政府会计主体取得的除短期投资以外的债权和股权性质的投资。

一、短期投资

短期投资在取得时，应当按照实际成本（包括购买价款和相关税费，下同）作为初始投资成本。实际支付价款中包含的已到付息期但尚未领取的利息，应当于收到时冲减短期投资成本。短期投资持有期间的利息，应当于实际收到时确认为投资收益。期末，短期投资应当按照账面余额计量。政府会计主体按规定出售或到期收回短期投资，应当将收到的价款扣除短期投资账面余额和相关税费后的差额计入投资损益。

事业单位应设置"短期投资"科目，核算事业单位按照规定取得的，持有时间不超过1年（含1年）的投资。本科目应当按照投资的种类等进行明细核算。

短期投资的主要账务处理如下：

（1）取得短期投资时，按照确定的投资成本，借记本科目，贷记"银行存款"等科目。

（2）收到取得投资时实际支付价款中包含的已到付息期但尚未领取的利息，按照实际收到的金额，借记"银行存款"科目，贷记本科目。

（3）收到短期投资持有期间的利息，按照实际收到的金额，借记"银行存款"科目，贷记"投资收益"科目。

（4）出售短期投资或到期收回短期投资本息，按照实际收到的金额，借记"银行存款"科目，按照出售或收回短期投资的账面余额，贷记本科目，按照其差额，借记或贷记"投资收益"科目。涉及增值税业务的，相关账务处理参见"应交增值税"科目。

（5）本科目期末借方余额，反映事业单位持有的短期投资的成本。

（6）**小结**：短期投资不确认应收利息/应收股利。

【例3-3】某事业单位本年发生如下业务：3月1日，该单位以银行存款购买50 000元的有价证券，准备9个月之内出售。6月1日，该单位收到持有该债券利息500元。12月1日，该单位出售该债券，收到50 500元，并收到持有期间的其他利息1 500元。

① 3 月 1 日购买债券时：

- 财务会计：

借：短期投资	50 000	
贷：银行存款		50 000

- 预算会计：

借：投资支出	50 000	
贷：资金结存——货币资金		50 000

② 6 月 1 日收到债券利息时：

- 财务会计：

借：银行存款	500	
贷：投资收益		500

- 预算会计：

借：资金结存——货币资金	500	
贷：投资预算收益		500

③ 12 月 1 日出售债券时：

- 财务会计：

借：银行存款	52 000	
贷：短期投资		50 000
投资收益		2 000

- 预算会计：

借：资金结存——货币资金	52 000	
贷：投资支出		50 000
投资预算收益		2 000

二、长期债券投资

（一）概念

长期债券投资，是指事业单位按照规定取得的，持有时间超过 1 年（不含 1 年）的债券投资。

（二）科目设置及核算方法

事业单位应设置“长期债券投资”总账科目，该科目下应当设置“成本”和“应计利息”明细科目，并按照债券投资的种类进行明细核算。

长期债券投资在取得时，应当按照实际成本作为初始投资成本。实际支付价款中包含的已到付息期但尚未领取的债券利息，应当单独确认为应收利息，不计入长期债券投资初始投资成本。长期债券投资持有期间，应当按期以票面金额与票面利率计算确认利息收入。对于分期付息、一次还本的长期债券投资，应当将计算确定的应收未收利息确认为应收利息，计入投资收益；对于一次还本付息的长期债券投资，应当将计算确定的应收未收利息计入投资收益，并增加长期债券投资的账面余额。政府会计主体按规定出售或到期收回长期债券投资，应当将实际收到的价款扣除长期债券投资账面余额和相关税费后的差额计入投资损益。政府会计主体进行除债券以外的其他债权投资，参照长期债券投资进行会计处理（见表3－7）。

表3－7　　长期债券投资的账务处理

取得长期债券投资	取得长期债券投资时	借：长期债券投资——成本 应收利息（实际支付价款中包含的已到付息期但尚未领取的利息） 贷：银行存款等（实际支付价款）
	收到支付价款中包含的利息时	借：银行存款 贷：应收利息
持有长期债券投资期间	按期以票面金额与票面利率计算确认利息收入时	借：应收利息（分期付息、到期还本）/长期债券投资——应计利息（到期一次还本付息） 贷：投资收益
	实际收到分期支付的利息时	借：银行存款 贷：应收利息
到期收回（对外出售）长期债券投资本息		借：银行存款等（实际收到的款项） 贷：长期债券投资（账面余额）/应收利息 投资收益（投资损失时记借方）

三、长期股权投资

（一）长期股权投资的取得

长期股权投资在取得时，应当按照实际成本作为初始投资成本。

（1）以支付现金取得的长期股权投资，按照实际支付的全部价款（包括购买价款和相关税费）作为实际成本。实际支付价款中包含的已宣告但尚未发放的现金股利，应当单独确认为应收股利，不计入长期股权投资初始投资成本。

（2）以现金以外的其他资产置换取得的长期股权投资，其成本按照换出资产的评估价值加上支付的补价或减去收到的补价，加上换入长期股权投资发生的其他相关支出确定。

（3）接受捐赠的长期股权投资，其成本按照有关凭据注明的金额加上相关税费确定；没有相关凭据可供取得，但按规定经过资产评估的，其成本按照评估价值加上相关税费确定；没有相关凭据可供取得、也未经资产评估的，其成本比照同类或类似资产的市场价格加上相关税费确定。

（4）无偿调入的长期股权投资，其成本按照调出方账面价值加上相关税费确定。

（5）长期股权投资在持有期间，通常应当采用权益法进行核算。政府会计主体无权决定被投资单位的财务和经营政策或无权参与被投资单位的财务和经营政策决策的，应当采用成本法进行核算。成本法，是指投资按照投资成本计量的方法。权益法，是指投资最初以投资成本计量，以后根据政府会计主体在被投资单位所享有的所有者权益份额的变动对投资的账面余额进行调整的方法。

（6）在成本法下，长期股权投资的账面余额通常保持不变，但追加或收回投资时，应当相应调整其账面余额。长期股权投资持有期间，被投资单位宣告分派的现金股利或利润，政府会计主体应当按照宣告分派的现金股利或利润中属于政府会计主体应享有的份额确认为投资收益。

（7）采用权益法的，按照如下原则进行会计处理：

①政府会计主体取得长期股权投资后，对于被投资单位所有者权益的变动，应当按照下列规定进行处理：

- 按照应享有或应分担的被投资单位实现的净损益的份额，确认为投资损益，同时调整长期股权投资的账面余额。
- 按照被投资单位宣告分派的现金股利或利润计算应享有的份额，确认为应收股利，同时减少长期股权投资的账面余额。
- 按照被投资单位除净损益和利润分配以外的所有者权益变动的份额，确认为净资产，同时调整长期股权投资的账面余额。

②政府会计主体确认被投资单位发生的净亏损，应当以长期股权投资的账面余额减记至零为限，政府会计主体负有承担额外损失义务的除外。被投资单位发生净亏损，但以后年度又实现净利润的，政府会计主体应当在其收益分享额弥补未确认的亏损分担额等后，恢复确认投资收益。

（8）政府会计主体因处置部分长期股权投资等原因无权再决定被投资单位的财务和经营政策或者参与被投资单位的财务和经营政策决策的，应当对处置后的剩余股权投资改按成本法核算，并以该剩余股权投资在权益法下的账面余额作为按照成本法核算的初始投资成本。其后，被投资单位宣告分派现金股利或利润时，属于已计入投资账面余额的部分，作为成本法下长期股权投资成本的收回，冲减长期股权投资的账面余额。政府会计主体因追加投资等原因对长期股权投资的核算从成本法改为权益法的，应当自有权决定被投资单位的财务和经营政策或者参与被投资单位的财务和经营政策决策时，按成本法下长期股权投资的账面余额加上追加投资的成本作为按照权益法核算的初始投资成本。

（9）政府会计主体按规定报经批准处置长期股权投资，应当冲减长期股权投资的账面余额，并按规定将处置价款扣除相关税费后的余额作应缴款项处理，或者按规定将处置价款扣除相关税费后的余额与长期股权投资账面余额的差额计入当期投资损益。采用权益法核算的长期股权投资，因被投资单位除净损益和利润分配以外的所有者权益变动而将应享有的份额计入净资产的，处置该项投资时，还应当将原计入净资产的相应部分转入当期投资损益。

（二）长期股权投资的科目设置及账务处理

设置“长期股权投资”科目，核算事业单位按照规定取得的，持有时间超过 1 年（不含 1 年）的股权性质的投资。本科目应当按照被投资单位和长期股权投资取得方式等进行明细核算。长期股权投资采用权益法核算的，还应当按照“成本”“损益调整”“其他权益变动”设置明细科目，进行明细核算。

长期股权投资的主要账务处理如下：

（1）长期股权投资在取得时，应当按照其实际成本作为初始投资成本。

①以现金取得的长期股权投资，按照确定的投资成本，借记本科目或本科目（成本），按照支付的价款中包含的已宣告但尚未发放的现金股利，借记“应收股利”科目，按照实际支付的全部价款，贷记“银行存款”等科目。

实际收到取得投资时所支付价款中包含的已宣告但尚未发放的现金股利时，借记“银行存款”科目，贷记“应收股利”科目。

②以现金以外的其他资产置换取得的长期股权投资，参照“库存物品”科目中置换取得库存物品的相关规定进行账务处理。

③以未入账的无形资产取得的长期股权投资，按照评估价值加相关税费作为投资成本，借记本科目，按照发生的相关税费，贷记“银行存款”“其他应交税费”等科目，按其差额，贷记“其他收入”科目。

④接受捐赠的长期股权投资，按照确定的投资成本，借记本科目或本科目（成本），按照发生的相关税费，贷记“银行存款”等科目，按照其差额，贷记“捐赠收入”科目。

⑤无偿调入的长期股权投资，按照确定的投资成本，借记本科目或本科目（成本），按照发生的相关税费，贷记“银行存款”等科目，按照其差额，贷记“无偿调拨净资产”科目。

（2）长期股权投资持有期间，应当按照规定采用成本法或权益法进行核算。

①采用成本法核算：被投资单位宣告发放现金股利或利润时，按照应收的金额，借记“应收股利”科目，贷记“投资收益”科目。收到现金股利或利润时，按照实际收到的金额，借记“银行存款”等科目，贷记“应收股利”科目。

②采用权益法核算：被投资单位实现净利润的，按照应享有的份额，借记本科目（损益调整），贷记“投资收益”科目。被投资单位发生净亏损的，按照应分担的份额，借记“投资收益”科目，贷记本科目（损益调整），但以本科目的账面余额减记至零为限。发生亏损的被投资单位以后年度又实现净利润的，按照收益分享额弥补未确认的亏损分担额等后的金额，借记本科目（损益调整），贷记“投资收益”科目。被投资单位宣告分派现金股利或利润的，按照应享有的份额，借记“应收股利”科目，贷记本科目（损益调整）。被投资单位发生除净损益和利润分配以外的所有者权益变动的，按照应享有或应分担的份额，借记或贷记“权益法调整”科目，贷记或借记本科目（其他权益变动）。

③成本法与权益法的转换：单位因处置部分长期股权投资等原因而对处置后的剩余股权投资由权益法改按成本法核算的，应当按照权益法下本科目账面余额作为成本法下本科目账面余额（成本）。其后，被投资单位宣告分派现金股利或利润时，属于单位已计入投资账面余额的部分，按照应分得的现金股利或利润份额，借记“应收股利”科目，贷记本科目。单位因追加投资等原因对长期股权投资的核算从成本法改为权益法的，应当按照成本法下本科目账面余额与追加投资成本的合计金额，借记本科目（成本），按照成本法下本科目账面余额，贷记本科目，按照追加投资的成本，贷记“银行存款”等科目。

（3）按照规定报经批准处置长期股权投资。按照规定报经批准出售（转让）长期股权投资时，应当区分长期股权投资的取得方式分别进行处理。

①处置以现金取得的长期股权投资，按照实际取得的价款，借记“银行存款”等科目，按照被处置长期股权投资的账面余额，贷记本科目，按照尚未领取的现金股利或利

润，贷记“应收股利”科目，按照发生的相关税费等支出，贷记“银行存款”等科目，按照借贷方差额，借记或贷记“投资收益”科目。

②处置以现金以外的其他资产取得的长期股权投资，按照被处置长期股权投资的账面余额，借记“资产处置费用”科目，贷记本科目；同时，按照实际取得的价款，借记“银行存款”等科目，按照尚未领取的现金股利或利润，贷记“应收股利”科目，按照发生的相关税费等支出，贷记“银行存款”等科目，按照贷方差额，贷记“应缴财政款”科目。按照规定将处置时取得的投资收益纳入本单位预算管理的，应当按照所取得价款大于被处置长期股权投资账面余额、应收股利账面余额和相关税费支出合计的差额，贷记“投资收益”科目。

③因被投资单位破产清算等原因，有确凿证据表明长期股权投资发生损失，按照规定报经批准后予以核销时，按照予以核销的长期股权投资的账面余额，借记“资产处置费用”科目，贷记本科目。

④报经批准置换转出长期股权投资时，参照“库存物品”科目中置换换入库存物品的规定进行账务处理。

⑤采用权益法核算的长期股权投资的处置，除进行上述账务处理外，还应结转原直接计入净资产的相关金额，借记或贷记“权益法调整”科目，贷记或借记“投资收益”科目。

（4）本科目期末借方余额，反映事业单位持有的长期股权投资的价值。

小结：长期股权投资取得时，以现金取得的，参照“长期债券投资”；以非现金取得的，参照置换取得库存物品；以未入账的无形资产取得的，按照评估价值加相关税费作为投资成本。

借：长期股权投资
　　贷：银行存款/其他应交税费等
　　　　其他收入

接受捐赠、无偿调入的，同其他资产的处理（见表3-8）。

表3-8　　长期股权投资成本法核算的账务处理

被投资单位实现净利润的，按照其份额	借：长期股权投资——损益调整 　贷：投资收益
被投资单位发生净亏损的，按照其份额	借：投资收益 　贷：长期股权投资——损益调整
被投资单位发生净亏损，但以后实现净利润的，按规定恢复确认投资收益的	借：长期股权投资——损益调整 　贷：投资收益
被投资单位宣告发放现金股利或利润的，按照其份额	借：应收股利 　贷：长期股权投资——损益调整
被投资单位除净损益和利润分配以外的所有者权益变动时，按照其份额	借：长期股权投资——其他权益变动 　贷：权益法调整（或相反分录）

续表

处置以现金取得的长期股权投资	借：银行存款［实际取得价款］ 投资收益［借差］ 贷：长期股权投资［账面余额］ 应收股利［尚未领取的现金股利或利润］ 银行存款等［支付的相关税费］ 投资收益［贷差］	
处置以现金以外的其他资产取得的长期股权投资	转销长期股权投资账面余额	借：资产处置费用 贷：长期股权投资［账面余额］
	处置净收入上缴财政的	借：银行存款［实际取得价款］ 贷：应收股利［尚未领取的现金股利或利润］ 银行存款等［支付的相关税费］ 应缴财政款
	按照规定投资收益纳入单位预算管理的	借：银行存款［实际取得价款］ 贷：应收股利［尚未领取的现金股利或利润］ 银行存款等［支付的相关税费］ 投资收益［取得价款扣减投资账面余额、应收股利和相关税费后的差额］ 应缴财政款［贷差］

长期股权投资核销时，借记“资产处置费用”科目，贷记“长期股权投资”科目。报经批准置换转出长期股权投资时，参照“库存物品”科目。

采用权益法核算的长期股权投资的处置，还应结转原直接计入净资产的相关金额，借记或贷记“权益法调整”科目，贷记或借记“投资收益”科目。

四、权益法调整

（一）科目设置

事业单位应设置“权益法调整”科目，用于核算事业单位持有的长期股权投资采用权益法核算时，按照被投资单位除净损益和利润分配以外的所有者权益变动份额调整长期股权投资账面余额而计入净资产的金额。本科目应当按照被投资单位进行明细核算。

（二）权益法调整的主要账务处理

（1）年末，按照被投资单位除净损益和利润分配以外的所有者权益变动应享有（或应分担）的份额，借记或贷记“长期股权投资—— 其他权益变动”科目，贷记或借记本科目。

（2）采用权益法核算的长期股权投资，因被投资单位除净损益和利润分配以外的所有者权益变动而将应享有（或应分担）的份额计入单位净资产的，处置该项投资时，按照原计入净资产的相应部分金额，借记或贷记本科目，贷记或借记“投资收益”科目。

（3）本科目期末余额，反映事业单位在被投资单位除净损益和利润分配以外的所有者权益变动中累积享有（或分担）的份额。

【例3-4】某事业单位202×年7月12日将一台使用过的机器设备用于对外投资，双方协商作价900 000元，购入被投资单位70%的股权。该机器设备202×年7月购入，原始价值为1 000 000元，预计使用年限为5年。同时，该机器设备的运费20 000元由该事业单位承担，用银行存款支付。202×年12月31日，被投资单位实现利润300 000元，除净损益和利润分配以外的所有者权益变动金额为100 000元。

次年2月1日，被投资单位宣告发放现金股利100 000元。2月5日对外出售被投资单位35%的股权，获得收入720 000元。其中包括被投资单位已宣告未发放的上年现金股利35 000元。按照规定该投资收益纳入本单位预算管理，不考虑相关税费。该单位次年2月5日对外出售被投资单位35%的股权后，剩余部分长期股权投资按转为成本法核算。

①202×年7月12日：

• 财务会计：

	借方	贷方
借：长期股权投资——成本	920 000	
固定资产累计折旧	200 000	
贷：固定资产		1 000 000
银行存款		20 000
其他收入		100 000

• 预算会计：

	借方	贷方
借：其他支出	20 000	
贷：资金结存——货币资金		20 000

②202×年12月31日：

按照对被投资单位实现净利润享有的份额=300 000×70% =210 000元：

• 财务会计：

	借方	贷方
借：长期股权投资——损益调整	210 000	
贷：投资收益		210 000

按照对被投资单位除净损益和利润分配以外的所有者权益变动享有的份额 = 100 000 × 70% = 70 000 元：

借：长期股权投资——其他权益变动　　70 000
　　贷：权益法调整　　70 000

- 预算会计无需做账。

③次年 2 月 1 日，按照对被投资单位分配股利享有的份额：

100 000 × 70% = 70 000（元）

借：应收股利　　70 000
　　贷：长期股权投资——损益调整　　70 000

④次年 2 月 5 日，出售的被投资单位 35% 占购入 70% 股权的一半：

被处置长期股权投资——成本的账面余额 = 920 000 ÷ 2 = 460 000（元）

被处置长期股权投资——损益调整的账面余额 = (210 000 − 70 000) ÷ 2 = 70 000（元）

被处置长期股权投资——其他权益变动的账面余额 = 70 000 ÷ 2 = 35 000（元）

借：资产处置费用　　565 000
　　贷：长期股权投资——成本　　460 000
　　　　长期股权投资——损益调整　　70 000
　　　　长期股权投资——其他权益变动　　35 000

借：银行存款　　720 000
　　贷：应收股利　　35 000
　　　　投资收益　　120 000
　　　　应缴财政款　　565 000

借：资金结存——货币资金　　155 000
　　贷：投资预算收益　　155 000

- 权益法转成本法

借：长期股权投资　　565 000
　　贷：长期股权投资——成本　　460 000
　　　　长期股权投资——损益调整　　70 000
　　　　长期股权投资——其他权益变动　　35 000

第六节 固定资产的核算

一、固定资产的概念

固定资产，是指政府会计主体为满足自身开展业务活动或其他活动需要而控制的，使用年限超过 1 年（不含 1 年）、单位价值在规定标准以上，并在使用过程中基本保持原有物质形态的资产，一般包括房屋及构筑物、专用设备、通用设备等。单位价值虽未达到规定标准，但是使用年限超过 1 年（不含 1 年）的大批同类物资，如图书、家具、用具、装具等，应当确认为固定资产。

二、固定资产的确认

（一）固定资产的确认条件

固定资产同时满足下列条件的，应当予以确认：

（1）与该固定资产相关的服务潜力很可能实现或者经济利益很可能流入政府会计主体。

（2）该固定资产的成本或者价值能够可靠地计量。

（二）固定资产的确认时点

（1）通常情况下，购入、换入、接受捐赠、无偿调入不需安装的固定资产，在固定资产验收合格时确认。

（2）购入、换入、接受捐赠、无偿调入需要安装的固定资产，在固定资产安装完成交付使用时确认。

（3）自行建造、改建、扩建的固定资产，在建造完成交付使用时确认。

（三）确认固定资产时的注意事项

（1）固定资产的各组成部分具有不同使用年限或者以不同方式为政府会计主体实现服务潜力或提供经济利益，适用不同折旧率或折旧方法且可以分别确定各自原价的，应当分别将各组成部分确认为单项固定资产。

（2）应用软件构成相关硬件不可缺少的组成部分的，应当将该软件的价值包括在所属的硬件价值中，一并确认为固定资产；不构成相关硬件不可缺少的组成部分的，应当将该软件确认为无形资产。

（3）购建房屋及构筑物时，不能分清购建成本中的房屋及构筑物部分与土地使用权部分的，应当全部确认为固定资产；能够分清购建成本中的房屋及构筑物部分与土地使用权部分的，应当将其中的房屋及构筑物部分确认为固定资产，将其中的土地使用权部分确认为无形资产。

（四）固定资产在使用过程中发生后续支出的确认

（1）符合固定资产确认条件的，应当计入固定资产成本。

（2）不符合固定资产确认条件的，应当在发生时计入当期费用或者相关资产成本。

（3）将发生的固定资产后续支出计入固定资产成本的，应当同时从固定资产账面价值中扣除被替换部分的账面价值。

三、固定资产的初始计量

固定资产在取得时应当按照成本进行初始计量。由于取得方式不同，故固定资产的初始计量也不尽相同。以下按取得方式分述固定资产的初始计量。

（1）政府会计主体外购的固定资产，其成本包括购买价款、相关税费以及固定资产交付使用前所发生的可归属于该项资产的运输费、装卸费、安装费和专业人员服务费等。以一笔款项购入多项没有单独标价的固定资产，应当按照各项固定资产同类或类似资产市场价格的比例对总成本进行分配，分别确定各项固定资产的成本。

（2）政府会计主体自行建造的固定资产，其成本包括该项资产至交付使用前所发生的全部必要支出。在原有固定资产基础上进行改建、扩建、修缮后的固定资产，其成本按照原固定资产账面价值加上改建、扩建、修缮发生的支出，再扣除固定资产被替换部分的账面价值后的金额确定。为建造固定资产借入的专门借款的利息，属于建设期间发生的，计入在建工程成本；不属于建设期间发生的，计入当期费用。已交付使用但尚未办理竣工决算手续的固定资产，应当按照估计价值入账，待办理竣工决算后再按实际成本调整原来的暂估价值。

（3）政府会计主体通过置换取得的固定资产，其成本按照换出资产的评估价值加上支付的补价或减去收到的补价，加上换入固定资产发生的其他相关支出确定。

（4）政府会计主体接受捐赠的固定资产，其成本按照有关凭据注明的金额加上相关税费、运输费等确定；没有相关凭据可供取得，但按规定经过资产评估的，其成本按照评估价值加上相关税费、运输费等确定；没有相关凭据可供取得、也未经资产评估的，其成本比照同类或类似资产的市场价格加上相关税费、运输费等确定；没有相关凭据且未经资产评估、同类或类似资产的市场价格也无法可靠取得的，按照名义金额入账，相关税费、运输费等计入当期费用。如受赠的系旧的固定资产，在确定其初始入账成本时应当考虑该项资产的新旧程度。

（5）政府会计主体无偿调入的固定资产，其成本按照调出方账面价值加上相关税费、运输费等确定。

（6）政府会计主体盘盈的固定资产，按规定经过资产评估的，其成本按照评估价值确定；未经资产评估的，其成本按照重置成本确定。

（7）政府会计主体融资租赁取得的固定资产，其成本按照其他相关政府会计准则确定。

四、固定资产的折旧

（一）固定资产折旧的概念

政府会计主体应当对固定资产计提折旧。折旧，是指在固定资产的预计使用年限内，按照确定的方法对应计的折旧额进行系统分摊。固定资产应计的折旧额为其成本，计提固定资产折旧时不考虑预计净残值。政府会计主体应当对暂估入账的固定资产计提折旧，实际成本确定后不需调整原已计提的折旧额。

（二）不计提折旧的固定资产

（1）文物和陈列品；

（2）动植物；

（3）图书、档案；

（4）单独计价入账的土地；

（5）以名义金额计量的固定资产。

（三）固定资产折旧年限的确定、折旧方法的选择及需要考虑的因素

政府会计主体应当根据相关规定以及固定资产的性质和使用情况，合理确定固定资产的使用年限。固定资产的使用年限一经确定，不得随意变更。政府会计主体确定固定资产使用年限，应当考虑下列因素：预计实现服务潜力或提供经济利益的期限；预计有形损耗和无形损耗；法律或者类似规定对资产使用的限制。

通常情况下，政府会计主体应当按照表3－9中的规定确定各类应计提折旧的固定资产的折旧年限。

表3－9　　政府固定资产折旧年限表

固定资产类别	内容		折旧年限（年）
房屋及构筑物	业务及管理用房	钢结构	不低于50
		钢筋混凝土结构	不低于50
		砖混结构	不低于30
		砖木结构	不低于30
	简易房		不低于8
	房屋附属设施		不低于8
	构筑物		不低于8
通用设备	计算机设备		不低于6
	办公设备		不低于6
	车辆		不低于8
	图书档案设备		不低于5
	机械设备		不低于10
	电气设备		不低于5
	雷达、无线电和卫星导航设备		不低于10
	通信设备		不低于5
	广播、电视、电影设备		不低于5
	仪器仪表		不低于5
	电子和通信测量设备		不低于5
	计量标准器具及量具、衡器		不低于5
专用设备	探矿、采矿、选矿和造块设备		10～15
	石油天然气开采专用设备		10～15
	石油和化学工业专用设备		10～15
	炼焦和金属冶炼轧制设备		10～15
	电力工业专用设备		20～30
	非金属矿物制品工业专用设备		10～20
	核工业专用设备		20～30
	航空航天工业专用设备		20～30
	工程机械		10～15

续表

固定资产类别	内容	折旧年限（年）
专用设备	农业和林业机械	10 ~ 15
	木材采集和加工设备	10 ~ 15
	食品加工专用设备	10 ~ 15
	饮料加工设备	10 ~ 15
	烟草加工设备	10 ~ 15
	粮油作物和饲料加工设备	10 ~ 15
	纺织设备	10 ~ 15
	缝纫、服饰、制革和毛皮加工设备	10 ~ 15
	造纸和印刷机械	10 ~ 20
	化学药品和中药专用设备	5 ~ 10
	医疗设备	5 ~ 10
	电工、电子专用生产设备	5 ~ 10
	安全生产设备	10 ~ 20
	邮政专用设备	10 ~ 15
	环境污染防治设备	10 ~ 20
	公安专用设备	3 ~ 10
	水工机械	10 ~ 20
	殡葬设备及用品	5 ~ 10
	铁路运输设备	10 ~ 20
	水上交通运输设备	10 ~ 20
	航空器及其配套设备	10 ~ 20
	专用仪器仪表	5 ~ 10
	文艺设备	5 ~ 15
	体育设备	5 ~ 15
	娱乐设备	5 ~ 15
家具、用具及装具	家具	不低于 15
	用具、装具	不低于 5

国务院有关部门在遵循所规定的固定资产折旧年限的情况下，可以根据实际需要进一步细化本行业固定资产的类别，具体确定各类固定资产的折旧年限，并报财政部审核批准。

政府会计主体应当在遵循政府固定资产折旧年限以及主管部门有关折旧年限规定的情况下，根据固定资产的性质和实际使用情况，合理确定其折旧年限。具体确定固定资产的折旧年限时，应当考虑下列因素：固定资产预计实现服务潜力或提供经济利益的期限；固定资产预计有形损耗和无形损耗；法律或者类似规定对固定资产使用的限制。

固定资产的折旧年限一经确定，不得随意变更。因改建、扩建等原因而延长固定资产使用年限的，应当重新确定固定资产的折旧年限。政府会计主体盘盈、无偿调入、接受捐赠以及置换的固定资产，应当考虑该项资产的新旧程度，按照其尚可使用的年限计提折旧。

固定资产应当按月计提折旧，当月增加的固定资产，当月开始计提折旧；当月减少的固定资产，当月不再计提折旧。固定资产提足折旧后，无论能否继续使用，均不再计提折旧；提前报废的固定资产，也不再补提折旧。已提足折旧的固定资产，可以继续使用的，应当继续使用，规范实物管理。

政府会计主体一般应当采用年限平均法或者工作量法计提固定资产折旧。在确定固定资产的折旧方法时，应当考虑与固定资产相关的服务潜力或经济利益的预期实现方式。固定资产折旧方法一经确定，不得随意变更。固定资产应当按月计提折旧，并根据用途计入当期费用或者相关资产成本。固定资产提足折旧后，无论能否继续使用，均不再计提折旧；提前报废的固定资产，也不再补提折旧。已提足折旧的固定资产，可以继续使用的，应当继续使用，规范实物管理。固定资产因改建、扩建或修缮等原因而延长其使用年限的，应当按照重新确定的固定资产的成本以及重新确定的折旧年限计算折旧额。

五、固定资产的处置

政府会计主体按规定报经批准出售、转让固定资产或固定资产报废、毁损的，应当将固定资产账面价值转销计入当期费用，并将处置收入扣除相关处置税费后的差额按规定作应缴款项处理（差额为净收益时）或计入当期费用（差额为净损失时）。政府会计主体按规定报经批准对外捐赠、无偿调出固定资产的，应当将固定资产的账面价值予以转销，对外捐赠、无偿调出中发生的归属于捐出方、调出方的相关费用应当计入当期费用。政府会计主体按规定报经批准以固定资产对外投资的，应当将该固定资产的账面价值予以转销，并将固定资产在对外投资时的评估价值与其账面价值的差额计入当期收入或费用。固定资产盘亏造成的损失，按规定报经批准后应当计入当期费用。

六、固定资产的披露

政府会计主体应当在附注中披露与固定资产有关的下列信息：

（1）固定资产的分类和折旧方法。

（2）各类固定资产的使用年限、折旧率。

（3）各类固定资产账面余额、累计折旧额、账面价值的期初、期末数及其本期变动情况。

（4）以名义金额计量的固定资产名称、数量，以及以名义金额计量的理由。

（5）已提足折旧的固定资产名称、数量等情况。

（6）接受捐赠、无偿调入的固定资产名称、数量等情况。

（7）出租、出借固定资产以及以固定资产投资的情况。

（8）固定资产对外捐赠、无偿调出、毁损等重要资产处置的情况。

（9）暂估入账的固定资产账面价值变动情况。

【例 3-5】 某事业单位通过授权支付方式购买一项不需要安装的固定资产 120 000

元，使用年限10年，按照直线法每月计提1 000元的折旧。

①当事业单位购入12万元的固定资产并授权支付时：

• 财务会计：

借：固定资产　　120 000

　　贷：零余额账户用款额度　　120 000

• 预算会计：

借：事业支出　　120 000

　　贷：资金结存——零余额账户用款额度　　120 000

②当事业单位按月计提固定资产折旧1 000元时，

• 财务会计：

借：业务活动费用等　　1 000

　　贷：固定资产累计折旧　　1 000

• 预算会计：不做会计处理。

【**例3-6**】甲单位以实验设备置换乙高校的教学仪器，双方均按固定资产核算，均是非经营自用。有关资料如下：甲单位换出固定资产，账面原值为800 000元，固定资产累计折旧额为150 000元，评估价值为600 000元；乙高校换出固定资产，账面原值为680 000元，固定资产累计折旧额为140 000元，评估价值为580 000元。收到和支付的补价为20 000元。另外，甲单位发生其他相关费用4 000元，乙高校发生相关费用3 000元，已通过银行存款支付。

①甲单位的会计处理（收到补价方）：

甲单位取得固定资产的入账价值=600 000+4 000-20 000=584 000（元）

• 财务会计：

借：固定资产　　584 000

　　银行存款（补价）　　20 000

　　固定资产累计折旧　　150 000

　　资产处置费用（借差）　　66 000

　　贷：固定资产　　800 000

　　　　银行存款（其他相关支出）　　4 000

　　　　应缴财政款（补价——相关支出）　　16 000

• 预算会计：按照收到的补价大于其他相关支出的差额16 000元上缴财政，故无需做账。

②乙高校的会计处理（支付补价方）：

乙高校取得固定资产的入账价值=580 000+20 000+3 000=603 000（元）

• 财务会计：

借：固定资产　　603 000

　　固定资产累计折旧　　140 000

　　贷：固定资产　　680 000

　　　　银行存款　　23 000

其他收入　　40 000

- 预算会计：按照支付的相关费用：

借：其他支出　　23 000
　　贷：资金结存　　23 000

第七节 无形资产的核算

一、无形资产的概念

无形资产，是指政府会计主体控制的、没有实物形态的可辨认非货币性资产，如专利权、商标权、著作权、土地使用权、非专利技术等。

资产满足下列条件之一的，符合无形资产定义中的可辨认性标准：

（1）能够从政府会计主体中分离或者划分出来，并能单独或者与相关合同、资产或负债一起，用于出售、转移、授予许可、租赁或者交换。

（2）源自合同性权利或其他法定权利，无论这些权利是否可以从政府会计主体或其他权利和义务中转移或者分离。

二、无形资产的确认

无形资产同时满足下列条件的，应当予以确认：

（1）与该无形资产相关的服务潜力很可能实现或者经济利益很可能流入政府会计主体。

（2）该无形资产的成本或者价值能够可靠地计量。

政府会计主体在判断无形资产的服务潜力或经济利益是否很可能实现或流入时，应当对无形资产在预计使用年限内可能存在的各种社会、经济、科技因素做出合理估计，并且应当有确凿的证据支持。

政府会计主体购入的不构成相关硬件不可缺少组成部分的软件，应当确认为无形资产。政府会计主体自行研究开发项目的支出，应当区分研究阶段支出与开发阶段支出。**研究**是指为获取并理解新的科学或技术知识而进行的独创性的有计划调查；**开发**是指在进行生产或使用前，将研究成果或其他知识应用于某项计划或设计，以生产出新的或具有实质性改进的材料、装置、产品等。政府会计主体自行研究开发项目研究阶段的支出，应当于发生时计入当期费用。政府会计主体自行研究开发项目开发阶段的支出，先按合理方法进行归集，如果最终形成无形资产的，应当确认为无形资产；如果最终未形成无形资产的，应当计入当期费用。政府会计主体自行研究开发项目尚未进入开发阶段，或者确实无法区分研究阶段支出和开发阶段支出，但按法律程序已申请取得无形资产的，应当将依法取得时发生的注册费、聘请律师费等费用确认为无形资产。政府会计主体自创商誉及内部产生的品牌、报刊名等，不应确认为无形资产。与无形资产有关的后续支出，符合无形资产确认条件的，应当计入无形资产成本；不符合无形资产确认条件的，应当在发生时计入当期费用或者相关资产成本。

三、无形资产的计量

（一）无形资产的初始计量

无形资产在取得时应当按照成本进行初始计量。不同来源取得的无形资产，其初始计量各不相同。

（1）政府会计主体外购的无形资产，其成本包括购买价款、相关税费以及可归属于该项资产达到预定用途前所发生的其他支出。政府会计主体委托软件公司开发的软件，视同外购无形资产确定其成本。

（2）政府会计主体自行开发的无形资产，其成本包括自该项目进入开发阶段后至达到预定用途前所发生的支出总额。

（3）政府会计主体通过置换取得的无形资产，其成本按照换出资产的评估价值加上支付的补价或减去收到的补价，加上换入无形资产发生的其他相关支出确定。

（4）政府会计主体接受捐赠的无形资产，其成本按照有关凭据注明的金额加上相关税费确定；没有相关凭据可供取得，但按规定经过资产评估的，其成本按照评估价值加上相关税费确定；没有相关凭据可供取得、也未经资产评估的，其成本比照同类或类似资产的市场价格加上相关税费确定；没有相关凭据且未经资产评估、同类或类似资产的市场价格也无法可靠取得的，按照名义金额入账，相关税费计入当期费用。确定接受捐赠无形资产的初始入账成本时，应当考虑该项资产尚可为政府会计主体带来服务潜力或经济利益的能力。

（5）政府会计主体无偿调入的无形资产，其成本按照调出方账面价值加上相关税费确定。

（二）无形资产的后续计量

（1）无形资产的摊销。政府会计主体应当于取得或形成无形资产时合理确定其使用年限。无形资产的使用年限为有限的，应当估计该使用年限。无法预见无形资产为政府会计主体提供服务潜力或者带来经济利益期限的，应当视为使用年限不确定的无形资产。

（2）政府会计主体应当对使用年限有限的无形资产进行摊销，但已摊销完毕仍继续使用的无形资产和以名义金额计量的无形资产除外。摊销是指在无形资产使用年限内，按照确定的方法对应摊销金额进行系统分摊。

（3）对于使用年限有限的无形资产，政府会计主体应当按照以下原则确定无形资产的摊销年限：

①法律规定了有效年限的，按照法律规定的有效年限作为摊销年限；

②法律没有规定有效年限的，按照相关合同或单位申请书中的受益年限作为摊销年限；

③法律没有规定有效年限、相关合同或单位申请书也没有规定受益年限的，应当根据无形资产为政府会计主体带来服务潜力或经济利益的实际情况，预计其使用年限；

④非大批量购入、单价小于1 000元的无形资产，可以于购买的当期将其成本一次性全部转销。

（4）政府会计主体应当按月对使用年限有限的无形资产进行摊销，并根据用途计入当期费用或者相关资产成本。政府会计主体应当采用年限平均法或者工作量法对无形资产进行摊销，应摊销金额为其成本，不考虑预计残值。

（5）因发生后续支出而增加无形资产成本的，对于使用年限有限的无形资产，应当按照重新确定的无形资产成本以及重新确定的摊销年限计算摊销额。

（6）使用年限不确定的无形资产不应摊销。

四、无形资产的处置

政府会计主体按规定报经批准出售无形资产，应当将无形资产账面价值转销计入当期费用，并将处置收入大于相关处置税费后的差额按规定计入当期收入或者做应缴款项处理，将处置收入小于相关处置税费后的差额计入当期费用。

政府会计主体按规定报经批准对外捐赠、无偿调出无形资产的，应当将无形资产的账面价值予以转销，对外捐赠、无偿调出中发生的归属于捐出方、调出方的相关费用应当计入当期费用。

政府会计主体按规定报经批准以无形资产对外投资的，应当将该无形资产的账面价值予以转销，并将无形资产在对外投资时的评估价值与其账面价值的差额计入当期收入或费用。

无形资产预期不能为政府会计主体带来服务潜力或者经济利益的，应当在报经批准后将该无形资产的账面价值予以转销。

五、无形资产的披露

政府会计主体应当按照无形资产的类别在附注中披露与无形资产有关的下列信息：

（1）无形资产账面余额、累计摊销额、账面价值的期初期末数及其本期变动情况。

（2）自行开发无形资产的名称、数量，以及账面余额和累计摊销额的变动情况。

（3）以名义金额计量的无形资产名称、数量，以及以名义金额计量的理由。

（4）接受捐赠、无偿调入无形资产的名称、数量等情况。

（5）使用年限有限的无形资产，其使用年限的估计情况；使用年限不确定的无形资产，其使用年限不确定的确定依据。

（6）无形资产出售、对外投资等重要资产处置的情况。

六、无形资产的核算——“研发支出”科目

“研发支出”科目核算单位自行研究开发项目研究阶段和开发阶段发生的各项支出，不包括建设项目中的软件研发支出。设“研究支出”和“开发支出”明细科目（见表3－10）。

表 3-10　　研发支出的核算程序

研究阶段的支出	应当按照合理的方法先归集	借：研发支出——研究支出 　贷：应付职工薪酬/库存物品/财政拨款收入/零余额账户用款额度/银行存款等
	期（月）末转入当期费用	借：业务活动费用等 　贷：研发支出——研究支出
开发阶段的支出		借：研发支出——开发支出 　贷：应付职工薪酬/库存物品/财政拨款收入/零余额账户用款额度/银行存款等
开发项目完成，达到预定用途形成无形资产		借：无形资产 　贷：研发支出——开发支出
年末经评估，研发项目预计不能达到预定用途		借：业务活动费用等 　贷：研发支出——开发支出

【例 3-7】甲事业单位经批准自行研究开发某项新产品专利技术，甲单位认为，该研究项目具有可靠的技术和财务等资源的支持，并且一旦研发成功将大幅降低该事业单位的业务活动费用。

第一年该项目处于研究阶段，发生材料费用 300 000 元，研发人员工资 500 000 元（财政直接支付），其他费用 120 000 元（银行存款支付），总计发生研发支出 920 000 元。

• 财务会计：

借：研发支出——研究支出　　920 000
　贷：银行存款　　120 000
　　库存物品　　300 000
　　应付职工薪酬　　500 000
借：应付职工薪酬　　500 000
　贷：财政拨款收入　　500 000

• 预算会计：

借：事业支出　　620 000
　贷：财政拨款预算收入　　500 000
　　资金结存——货币资金　　120 000

• 财务会计：

借：业务活动费用　　920 000
　贷：研发支出——研究支出　　920 000

• 预算会计：不做会计处理。

第二年该项目进入开发阶段，发生材料费用 800 000 元，研发人员工资 1 000 000 元（财政直接支付），其他费用 600 000 元（银行存款支付），总计发生研发支出 2 400 000元。

• 财务会计：

借：研发支出——开发支出　2 400 000

　　贷：银行存款　600 000

　　　　库存物品　800 000

　　　　应付职工薪酬　1 000 000

借：应付职工薪酬　1 000 000

　　贷：财政拨款收入　1 000 000

• 预算会计：

借：事业支出　1 600 000

　　贷：财政拨款预算收入　1 000 000

　　　　资金结存——货币资金　600 000

第二年末经评估，该研发项目不能达到预定用途的部分 400 000 元。

……

第 N 年，该研发项目完成，达到预定用途形成无形资产 5 000 000 元。

• 第二年末财务会计：

借：业务活动费用　400 000

　　贷：研发支出——开发支出　400 000

• 第二年末预算会计：不做会计处理。

• 第 N 年财务会计：

借：无形资产　5 000 000

　　贷：研发支出——开发支出　5 000 000

• 第 N 年预算会计：不做会计处理。

第八节
经管类资产的核算

一、经管类资产概述

经管类资产，特指公共基础设施、政府储备物资、文物文化资产、保障性住房和受托代理资产。这些资产的核算与自用资产有相同点，同时又有不同的地方。它们不像自有资产那样为政府会计主体所拥有，通常按照“谁负责管理维护、谁入账”的原则加以核算，尚未入账的根据“原始凭证注明的金额”或“评估价值”或“重置成本”的顺序依次入账。

二、公共基础设施

（一）公共基础设施的概念

公共基础设施，是指政府会计主体为满足社会公共需求而控制的，同时具有以下特征的有形资产：是一个有形资产系统或网络的组成部分；具有特定用途；一般不可移动。公共基础设施主要包括市政基础设施（如城市道路、桥梁、隧道、公交场站、路灯、广场、公园绿地、室外公共健身器材，以及环卫、排水、供水、供电、供气、供热、污水处理、垃圾处理系统等）、交通基础设施（如公路、航道、港口等）、水利基础设施（如大坝、堤防、水闸、泵站、渠道等）和其他公共基础设施。

（二）公共基础设施的确认

通常情况下，符合公共基础设施确认条件的公共基础设施，应当由按规定对其负有管理维护职责的政府会计主体予以确认。多个政府会计主体共同管理维护的公共基础设施，应当由对该资产负有主要管理维护职责或者承担后续主要支出责任的政府会计主体予以确认。分为多个组成部分由不同政府会计主体分别管理维护的公共基础设施，应当由各个政府会计主体分别对其负责管理维护的公共基础设施的相应部分予以确认。负有管理维护公共基础设施职责的政府会计主体通过政府购买服务方式委托企业或其他会计主体代为管理维护公共基础设施的，该公共基础设施应当由委托方予以确认。

公共基础设施同时满足下列条件的，应当予以确认：

（1）与该公共基础设施相关的服务潜力很可能实现或者经济利益很可能流入政府会计主体。

（2）该公共基础设施的成本或者价值能够可靠地计量。

通常情况下，对于自建或外购的公共基础设施，政府会计主体应当在该项公共基础设施验收合格并交付使用时确认；对于无偿调入、接受捐赠的公共基础设施，政府会计主体应当在开始承担该项公共基础设施管理维护职责时确认。

政府会计主体应当根据公共基础设施提供公共产品或服务的性质或功能特征对其进行分类确认。公共基础设施的各组成部分具有不同使用年限或者以不同方式提供公共产品或服务，适用不同折旧率或折旧方法且可以分别确定各自原价的，应当分别将各组成部分确认为该类公共基础设施的一个单项公共基础设施。

政府会计主体在购建公共基础设施时，能够分清购建成本中的构筑物部分与土地使用权部分的，应当将其中的构筑物部分和土地使用权部分分别确认为公共基础设施；不能分清购建成本中的构筑物部分与土地使用权部分的，应当整体确认为公共基础设施。

公共基础设施在使用过程中发生的后续支出，符合公共基础设施确认条件的，应当计入公共基础设施成本；不符合公共基础设施确认条件的，应当在发生时计入当期费用。

通常情况下，为增加公共基础设施使用效能或延长其使用年限而发生的改建、扩建等后续支出，应当计入公共基础设施成本；为维护公共基础设施的正常使用而发生的日常维修、养护等后续支出，应当计入当期费用。

（三）公共基础设施的计量

1. 初始计量

公共基础设施在取得时应当按照成本进行初始计量。

（1）政府会计主体自行建造的公共基础设施，其成本包括完成批准的建设内容所发生的全部必要支出，包括建筑安装工程投资支出、设备投资支出、待摊投资支出和其他投资支出。

（2）在原有公共基础设施基础上进行改建、扩建等建造活动后的公共基础设施，其成本按照原公共基础设施账面价值加上改建、扩建等建造活动发生的支出，再扣除公共基础设施被替换部分的账面价值后的金额确定。

（3）为建造公共基础设施借入的专门借款的利息，属于建设期间发生的，计入该公共基础设施在建工程成本；不属于建设期间发生的，计入当期费用。

（4）已交付使用但尚未办理竣工决算手续的公共基础设施，应当按照估计价值入账，待办理竣工决算后再按照实际成本调整原来的暂估价值。

（5）政府会计主体接受其他会计主体无偿调入的公共基础设施，其成本按照该项公共基础设施在调出方的账面价值加上归属于调入方的相关费用确定。

（6）政府会计主体接受捐赠的公共基础设施，其成本按照有关凭据注明的金额加上相关费用确定；没有相关凭据可供取得，但按规定经过资产评估的，其成本按照评估价值加上相关费用确定；没有相关凭据可供取得、也未经资产评估的，其成本比照同类或类似资产的市场价格加上相关费用确定。如受赠的系旧的公共基础设施，在确定其初始入账成本时应当考虑该项资产的新旧程度。

（7）政府会计主体外购的公共基础设施，其成本包括购买价款、相关税费以及公共基础设施交付使用前所发生的可归属于该项资产的运输费、装卸费、安装费和专业人员服务费等。

（8）对于包括不同组成部分的公共基础设施，其只有总成本、没有单项组成部分成本的，政府会计主体可以按照各单项组成部分同类或类似资产的成本或市场价格比例对总成本进行分配，分别确定公共基础设施中各单项组成部分的成本。

2. 后续计量

政府会计主体应当对公共基础设施计提折旧，但政府会计主体持续进行良好的维护使得其性能得到永久维持的公共基础设施和确认为公共基础设施的单独计价入账的土地使用权除外。公共基础设施应计提的折旧总额为其成本，计提公共基础设施折旧时不考虑预计净残值。政府会计主体应当对暂估入账的公共基础设施计提折旧，实际成本确定后不需调整原已计提的折旧额。政府会计主体应当根据公共基础设施的性质和使用情况，合理确定公共基础设施的折旧年限。

政府会计主体确定公共基础设施折旧年限，应当考虑下列因素：

（1）设计使用年限或设计基准期；

（2）预计实现服务潜力或提供经济利益的期限；

（3）预计有形损耗和无形损耗；

（4）法律或者类似规定对资产使用的限制。

公共基础设施的折旧年限一经确定，不得随意变更，但处于改建、扩建等建造活动期间的公共基础设施除外。

对于政府会计主体接受无偿调入、捐赠的公共基础设施，应当考虑该项资产的新旧程度，按照其尚可使用的年限计提折旧。政府会计主体一般应当采用年限平均法或者工作量法计提公共基础设施折旧。在确定公共基础设施的折旧方法时，应当考虑与公共基础设施相关的服务潜力或经济利益的预期实现方式。公共基础设施折旧方法一经确定，不得随意变更。公共基础设施应当按月计提折旧，并计入当期费用。当月增加的公共基础设施，当月开始计提折旧；当月减少的公共基础设施，当月不再计提折旧。处于改建、扩建等建造活动期间的公共基础设施，应当暂停计提折旧。因改建、扩建等原因而延长公共基础设施使用年限的，应当按照重新确定的公共基础设施的成本和重新确定的折旧年限计算折旧额，不需调整原已计提的折旧额。公共基础设施提足折旧后，无论能否继续使用，均不再计提折旧；已提足折旧的公共基础设施，可以继续使用的，应当继续使用，并规范实物管理。提前报废的公共基础设施，不再补提折旧。对于确认为公共基础设施的单独计价入账的土地使用权，政府会计主体应当按照《政府会计准则第 49 号——无形资产》的相关规定进行摊销。

（四）公共基础设施的处置

政府会计主体按规定报经批准无偿调出、对外捐赠公共基础设施的，应当将公共基础设施的账面价值予以转销，无偿调出、对外捐赠中发生的归属于调出方、捐出方的相关费用应当计入当期费用。公共基础设施报废或遭受重大毁损的，政府会计主体应当在报经批准后将公共基础设施账面价值予以转销，并将报废、毁损过程中取得的残值变价收入扣除相关费用后的差额按规定做应缴款项处理（差额为净收益时）或计入当期费用（差额为净损失时）。

（五）公共基础设施的披露

政府会计主体应当在附注中披露与公共基础设施有关的下列信息：

（1）公共基础设施的分类和折旧方法。

（2）各类公共基础设施的折旧年限及其确定依据。

（3）各类公共基础设施账面余额、累计折旧额（或摊销额）、账面价值的期初、期末数及其本期变动情况。

（4）各类公共基础设施的实物量。

（5）公共基础设施在建工程的期初、期末金额及其增减变动情况。

（6）确认为公共基础设施的单独计价入账的土地使用权的账面余额、累计摊销额及其变动情况。

（7）已提足折旧继续使用的公共基础设施的名称、数量等情况。

（8）暂估入账的公共基础设施账面价值变动情况。

（9）无偿调入、接受捐赠的公共基础设施名称、数量等情况（包括未按照《政府会计准则第 5 号——公共基础设施》第十二条和第十三条规定计量并确认入账的公共基础设施的具体情况）。

（10）公共基础设施对外捐赠、无偿调出、报废、重大毁损等处置情况。

（11）公共基础设施年度维护费用和其他后续支出情况。

（六）其他内容

对于应当确认为公共基础设施、但已确认为固定资产的资产，政府会计主体应当在本准则首次执行日将该资产按其账面价值重分类为公共基础设施。

对于应当确认但尚未入账的存量公共基础设施，政府会计主体应当在《政府会计准则第 5 号——公共基础设施》首次执行日按照以下原则确定其初始入账成本：

（1）可以取得相关原始凭据的，其成本按照有关原始凭据注明的金额减去应计提的累计折旧后的金额确定。

（2）没有相关凭据可供取得，但按规定经过资产评估的，其成本按照评估价值确定。

（3）没有相关凭据可供取得、也未经资产评估的，其成本按照重置成本确定。

《政府会计准则第5号——公共基础设施》首次执行日以后，政府会计主体应当对存量公共基础设施按其在首次执行日确定的成本和剩余折旧年限计提折旧。

三、政府储备物资

（一）政府储备物资的概念

政府储备物资，是指政府会计主体为满足实施国家安全与发展战略、进行抗灾救灾、应对公共突发事件等特定公共需求而控制的，同时具有下列特征的有形资产：（1）在应对可能发生的特定事件或情形时动用；（2）其购入、存储保管、更新（轮换）、动用等由政府及相关部门发布的专门管理制度规范。政府储备物资包括战略及能源物资、抢险抗灾救灾物资、农产品、医药物资和其他重要商品物资，通常情况下由政府会计主体委托承储单位存储。企业以及纳入企业财务管理体系的事业单位接受政府委托收储并按企业会计准则核算的储备物资，不适用本准则。

（二）政府储备物资的确认

通常情况下，符合相关确认条件的政府储备物资，应当由按规定对其负有行政管理职责的政府会计主体予以确认。行政管理职责主要指提出或拟定收储计划、更新（轮换）计划、动用方案等。相关行政管理职责由不同政府会计主体行使的政府储备物资，由负责提出收储计划的政府会计主体予以确认。对政府储备物资不负有行政管理职责但接受委托具体负责执行其存储保管等工作的政府会计主体，应当将受托代储的政府储备物资作为受托代理资产核算。

政府储备物资同时满足下列条件的，应当予以确认：

（1）与该政府储备物资相关的服务潜力很可能实现或者经济利益很可能流入政府会计主体。

（2）该政府储备物资的成本或者价值能够可靠地计量。

（三）政府储备物资的计量

1. 初始计量

政府储备物资在取得时应当按照成本进行初始计量。政府会计主体购入的政府储备物资，其成本包括购买价款和政府会计主体承担的相关税费、运输费、装卸费、保险费、检测费以及使政府储备物资达到目前场所和状态所发生的归属于政府储备物资成本的其他支出。政府会计主体委托加工的政府储备物资，其成本包括委托加工前物料成本、委托加工的成本（如委托加工费以及按规定应计入委托加工政府储备物资成本的相关税费等）以及政府会计主体承担的使政府储备物资达到目前场所和状态所发生的归属于政府储备物资成本的其他支出。政府会计主体接受捐赠的政府储备物资，其成本按照有关凭据注明的金额加上政府会计主体承担的相关税费、运输费等确定；没有相关凭据可供取得，但按规定经过资产评估的，其成本按照评估价值加上政府会计主体承担的相关税费、运输费等确定；没有相关凭据可供取得、也未经资产评估的，其成本比照同类或类似资产的市场价格加上政府会计主体承担的相关税费、运输费等确定。政府会计主体接受无偿调入的政府储备物资，其成本按照调出方账面价值加上归属于政府会计主体的相关税费、运输费等确定。

下列各项不计入政府储备物资成本：

（1）仓储费用；

（2）日常维护费用；

（3）不能归属于使政府储备物资达到目前场所和状态所发生的其他支出。

政府会计主体盘盈的政府储备物资，其成本按照有关凭据注明的金额确定；没有相关凭据，但按规定经过资产评估的，其成本按照评估价值确定；没有相关凭据、也未经资产评估的，其成本按照重置成本确定。

2. 后续计量

政府会计主体应当根据实际情况采用先进先出法、加权平均法或者个别计价法确定政府储备物资发出的成本。计价方法一经确定，不得随意变更。对于性质和用途相似的政府储备物资，政府会计主体应当采用相同的成本计价方法确定发出物资的成本。对于不能替代使用的政府储备物资、为特定项目专门购入或加工的政府储备物资，政府会计主体通常应采用个别计价法确定发出物资的成本。因动用而发出无需收回的政府储备物资的，政府会计主体应当在发出物资时将其账面余额予以转销，计入当期费用。因动用而发出需要收回或者预期可能收回的政府储备物资的，政府会计主体应当在按规定的质量验收标准收回物资时，将未收回物资的账面余额予以转销，计入当期费用。因行政管理主体变动等原因而将政府储备物资调拨给其他主体的，政府会计主体应当在发出物资时将其账面余额予以转销。政府会计主体对外销售政府储备物资的，应当在发出物资时将其账面余额转销计入当期费用，并按规定确认相关销售收入或将销售取得的价款大于所承担的相关税费后的差额做应缴款项处理。

政府会计主体采取销售采购方式对政府储备物资进行更新（轮换）的，应当将物资轮出视为物资销售，将物资轮入视为物资采购，并进行相应的账务处理。政府储备物资报废、毁损的，政府会计主体应当按规定报经批准后将报废、毁损的政府储备物资的账面余额予以转销，确认应收款项（确定追究相关赔偿责任的）或计入当期费用（因储存年限到期报废或非人为因素致使报废、毁损的）；同时，将报废、毁损过程中取得的残值变价收入扣除政府会计主体承担的相关费用后的差额按规定作应缴款项处理（差额为净收益时）或计入当期费用（差额为净损失时）。政府储备物资盘亏的，政府会计主体应当按规定报经批准后将盘亏的政府储备物资的账面余额予以转销，确定追究相关赔偿责任的，确认应收款项；属于正常耗费或不可抗力因素造成的，计入当期费用。

（四）政府储备物资的披露

政府会计主体应当在附注中披露与政府储备物资有关的下列信息：

（1）各类政府储备物资的期初和期末账面余额。

（2）因动用而发出需要收回或者预期可能收回，但期末尚未收回的政府储备物资的账面余额。

（3）确定发出政府储备物资成本所采用的方法。

（4）其他有关政府储备物资变动的重要信息。

（五）其他内容

对于应当确认为政府储备物资，但已确认为存货、固定资产等其他资产的，政府会计主体应当在《政府会计准则第 6 号——政府储备物资》首次执行日将该资产按其账面余额重分类为政府储备物资。

对于应当确认但尚未入账的存量政府储备物资，政府会计主体应当在《政府会计准则第 6 号——政府储备物资》首次执行日按照下列原则确定其初始入账成本：

（1）可以取得相关原始凭据的，其成本按照有关原始凭据注明的金额确定。

（2）没有相关凭据可供取得，但按规定经过资产评估的，其成本按照评估价值确定。

（3）没有相关凭据可供取得、也未经资产评估的，其成本按照重置成本确定。

四、保障性住房

单位应设置“保障性住房”和“保障性住房累计折旧”科目，来核算单位保障性住房的相关情况。“保障性住房”科目核算单位为满足社会公共需求而控制的保障性住房的原值。本科目应当按照保障性住房的类别、项目等进行明细核算。

（一）保障性住房的初始确认

保障性住房在取得时，应当按其成本入账。

（1）外购的保障性住房，其成本包括购买价款、相关税费以及可归属于该项资产达到预定用途前所发生的其他支出。

外购的保障性住房，按照确定的成本，借记“保障性住房”科目，贷记“财政拨款收入”“零余额账户用款额度”“银行存款”等科目。

（2）自行建造的保障性住房交付使用时，按照在建工程成本，借记“保障性住房”科目，贷记“在建工程”科目。

已交付使用但尚未办理竣工决算手续的保障性住房，按照估计价值入账，待办理竣工决算后再按照实际成本调整原来的暂估价值。

（3）接受其他单位无偿调入的保障性住房，其成本按照该项资产在调出方的账面价值加上归属于调入方的相关费用确定。

无偿调入的保障性住房，按照确定的成本，借记“保障性住房”科目，按照发生的归属于调入方的相关费用，贷记“零余额账户用款额度”“银行存款”等科目，按照其差额，贷记“无偿调拨净资产”科目。

（4）接受捐赠、融资租赁取得的保障性住房，参照“固定资产”科目相关规定进行处理。

（二）保障性住房的后续支出

与保障性住房有关的后续支出，参照“固定资产”科目相关规定进行处理。按照规定出租保障性住房并将出租收入上缴同级财政，按照收取的租金金额，借“银行存款”等科目，贷记“应缴财政款”科目。

（三）保障性住房的处置

按照规定报经批准处置保障性住房，应当分别以下情况处理：

（1）报经批准无偿调出保障性住房，按照保障性住房已计提的折旧，借记“保障性住房累计折旧”科目，按照被处置保障性住房账面余额，贷记“保障性住房”科目，按照其差额，借记“无偿调拨净资产”科目；同时，按照无偿调出过程中发生的归属于调出方的相关费用，借记“资产处置费用”科目，贷记“银行存款”等科目。

（2）报经批准出售保障性住房，按照被出售保障性住房的账面价值，借记“资产处置费用”科目，按照保障性住房已计提的折旧，借记“保障性住房累计折旧”科目，按照保障性住房账面余额，贷记“保障性住房”科目；同时，按照收到的价款，借记“银行存款”等科目，按照出售过程中发生的相关费用，贷记“银行存款”等科目，按照其差额，贷记“应缴财政款”科目。

单位应当定期对保障性住房进行清查盘点。对于发生的保障性住房盘盈、盘亏、毁损或报废等，参照“固定资产”科目相关规定进行账务处理。

“保障性住房”科目期末借方余额，反映保障性住房的原值。

“保障性住房累计折旧”科目用来核算单位计提的保障性住房的累计折旧。本科目应当按照所对应保障性住房的类别进行明细核算。单位应当参照《企业会计准则第3号——固定资产》及其应用指南的相关规定，按月对其控制的保障性住房计提折旧。

保障性住房累计折旧的主要账务处理如下：

按月计提保障性住房折旧时，按照应计提的折旧额，借记“业务活动费用”科目，贷记本科目。报经批准处置保障性住房时，按照所处置保障性住房的账面价值，借记“资产处置费用”“无偿调拨净资产”“待处理财产损溢”等科目，按照已计提折旧，借记本科目，按照保障性住房的账面余额，贷记“保障性住房”科目。

本科目期末贷方余额，反映单位计提的保障性住房折旧累计数。

五、受托代理资产

（一）“受托代理资产”科目

本科目用于核算单位接受委托方（单位外部主体）委托管理的各项资产，包括受托指定转赠的物资、受托存储保管的物资和单位管理的罚没物资。受托代理资产为现金和银行存款的，通过“库存现金”“银行存款”科目核算。

（二）受托代理资产入账成本的确定

（1）依据有关凭据注明的金额。

（2）罚没物资成本无法可靠确定的，在备查簿中登记。

（三）受托代理资产的主要账务处理

1. 受托转赠物资

（1）接受委托人委托需要转赠给受赠人的物资，其成本按照有关凭据注明的金额确定。接受委托转赠的物资验收入库，按照确定的成本，借记本科目，贷记“受托代理负债”科目。受托协议约定由受托方承担相关税费、运输费等的，还应当按照实际支付的相关税费、运输费等金额，借记“其他费用”科目，贷记“银行存款”等科目。

（2）将受托转赠物资交付受赠人时，按照转赠物资的成本，借记“受托代理负债”科目，贷记本科目。

（3）转赠物资的委托人取消了对捐赠物资的转赠要求，且不再收回捐赠物资的，应当将转赠物资转为单位的存货、固定资产等。按照转赠物资的成本，借记“受托代理负债”科目，贷记本科目；同时，借记“库存物品”“固定资产”等科目，贷记“其他收入”科目。

2. 受托存储保管物资

（1）接受委托人委托存储保管的物资，其成本按照有关凭据注明的金额确定。接受委托储存的物资验收入库，按照确定的成本，借记本科目，贷记“受托代理负债”科目。

（2）发生由受托单位承担的与受托存储保管的物资相关的运输费、保管费等费用时，按照实际发生的费用金额，借记“其他费用”等科目，贷记“银行存款”等科目。

（3）根据委托人要求交付或发出受托存储保管的物资时，按照发出物资的成本，借记“受托代理负债”科目，贷记本科目。

3. 罚没物资

（1）取得罚没物资时，其成本按照有关凭据注明的金额确定。罚没物资验收（入库），按照确定的成本，借记本科目，贷记“受托代理负债”科目。罚没物资成本无法可靠确定的，单位应当设置备查簿进行登记。

（2）按照规定处置或移交罚没物资时，按照罚没物资的成本，借记“受托代理负债”科目，贷记本科目。处置时取得款项的，按照实际取得的款项金额，借记“银行存款”等科目，贷记“应缴财政款”等科目。

单位受托代理的其他实物资产，参照本科目有关受托转赠物资、受托存储保管物资的规定进行账务处理。

“受托代理资产”科目期末借方余额，反映单位受托代理实物资产的成本（见表3－11）。

表3－11

接受委托人委托管理的物资	借：受托代理资产 　　贷：受托代理负债
支付由受托单位承担的相关费用	借：其他费用等 　　贷：财政拨款收入/零余额账户用款额度/银行存款等
根据委托人要求交付受托物资时	借：受托代理负债 　　贷：受托代理资产
转赠物资的委托人取消了对捐赠物资的转赠要求，且不再收回捐赠物资的	借：受托代理负债 　　贷：受托代理资产 借：库存物品/固定资产等 　　贷：其他收入
按照规定处置罚没物资时	借：受托代理负债 　　贷：受托代理资产 处置时取得款项的： 借：银行存款等 　　贷：应缴财政款

【例 3-8】某事业单位收到某社会团体委托代管的实物资产一批，价值 1 000 000 元，根据代管协议，该物资次年用于扶贫项目。平行记账账务处理为：

- 财务会计：

借：受托代理资产　　1 000 000
　　贷：受托代理负债　　1 000 000

- 预算会计不记账。

【例 3-9】接上例，该事业单位将委托代管的物资发往扶贫单位时，发生运输等相关费用 20 000 元，已将物资交付当地组织。平行记账账务处理为：

- 财务会计：

借：其他费用　　20 000
　　贷：银行存款　　20 000
借：受托代理负债　　1 000 000
　　贷：受托代理资产　　1 000 000

- 预算会计：

借：其他支出　　20 000
　　贷：资金结存——货币资金　　20 000

第九节
其他类资产的核算

其他类资产包含长期待摊费用和待处理财产损溢两大类。

一、长期待摊费用

（一）长期待摊费用的概念及明细核算

长期待摊费用，是指单位已经支出，但应由本期和以后各期负担的分摊期限在 1 年以上（不含 1 年）的各项费用，如以经营租赁方式租入的固定资产发生的改良支出等。长期待摊费用应当按照费用项目进行明细核算。

（二）长期待摊费用的主要账务处理

（1）发生长期待摊费用时，按照支出金额，借记“长期待摊费用”科目，贷记“财政拨款收入”“零余额账户用款额度”“银行存款”等科目。

（2）按照受益期间摊销长期待摊费用时，按照摊销金额，借记“业务活动费用”“单位管理费用”“经营费用”等科目，贷记“长期待摊费用”科目。

（3）如果某项长期待摊费用已经不能使单位受益，应当将其摊余金额一次全部转入当期费用。按照摊销金额，借记“业务活动费用”“单位管理费用”“经营费用”等科目，贷记“长期待摊费用”科目。

（4）本科目期末借方余额，反映单位尚未摊销完毕的长期待摊费用。

二、待处理财产损溢

（一）概念及明细核算

待处理财产损溢，用于核算单位在资产清查过程中查明的各种资产盘盈、盘亏和报废、毁损的价值。"待处理财产损溢"应当按照待处理的资产项目进行明细核算；对于在资产处理过程中取得收入或发生相关费用的项目，还应当设置"待处理财产价值""处理净收入"明细科目，进行明细核算。单位资产清查中查明的资产盘盈、盘亏、报废和毁损，一般应当先记入"待处理财产损溢"科目，按照规定报经批准后及时进行账务处理。年末结账前一般应处理完毕。

（二）主要账务处理

1. 账款核对时发现库存现金短缺或溢余

（1）每日账款核对中发现现金短缺或溢余，属于现金短缺的，按照实际短缺的金额，借记"待处理财产损溢"科目，贷记"库存现金"科目；属于现金溢余的，按照实际溢余的金额，借记"库存现金"科目，贷记"待处理财产损溢"科目。

（2）如为现金短缺，属于应由责任人赔偿或向有关人员追回的，借记"其他应收款"科目，贷记"待处理财产损溢"科目；属于无法查明原因的，报经批准核销时，借记"资产处置费用"科目，贷记"待处理财产损溢"科目。

（3）如为现金溢余，属于应支付给有关人员或单位的，借记"待处理财产损溢"科目，贷记"其他应付款"科目；属于无法查明原因的，报经批准后，借记"待处理财产损溢"科目，贷记"其他收入"科目。

2. 资产清查过程中发现的存货、固定资产、无形资产、公共基础设施、政府储备物资、文物文化资产、保障性住房等各种资产盘盈、盘亏或报废、毁损

（1）盘盈的各类资产。

①转入待处理资产时，按照确定的成本，借记"库存物品""固定资产""无形资产""公共基础设施""政府储备物资""文物文化资产""保障性住房"等科目，贷记"待处理财产损溢"科目。

②按照规定报经批准后处理时，对于盘盈的流动资产，借记"待处理财产损溢"科目，贷记"单位管理费用"（事业单位）或"业务活动费用"（行政单位）科目。对于盘盈的非流动资产，如属于本年度取得的，按照当年新取得相关资产进行账务处理；如属于以前年度取得的，按照前期差错处理，借记"待处理财产损溢"科目，贷记"以前年度盈余调整"科目。

（2）盘亏或者毁损、报废的各类资产。

①转入待处理资产时，借记"待处理财产损溢"科目（待处理财产价值，盘亏、毁损、报废固定资产、无形资产、公共基础设施、保障性住房的，还应借记"固定资产累计折旧""无形资产累计摊销""公共基础设施累计折旧（摊销）""保障性住房累计折旧"科目），贷记"库存物品""固定资产""无形资产""公共基础设施""政府储备物资""文物文化资产""保障性住房""在建工程"等科目。涉及增值税业务的，相关账

务处理参见“应交增值税”科目。

②报经批准处理时，借记“资产处置费用”科目，贷记“待处理财产损溢”科目（待处理财产价值）。

③处理毁损、报废实物资产过程中取得的残值或残值变价收入、保险理赔和过失人赔偿等，借记“库存现金”“银行存款”“库存物品”“其他应收款”等科目，贷记“待处理财产损溢”科目（处理净收入）；处理毁损、报废实物资产过程中发生的相关费用，借记“待处理财产损溢”科目（处理净收入），贷记“库存现金”“银行存款”等科目。

处理收支结清，如果处理收入大于相关费用的，按照处理收入减去相关费用后的净收入，借记“待处理财产损溢”科目（处理净收入），贷记“应缴财政款”等科目；如果处理收入小于相关费用的，按照相关费用减去处理收入后的净支出，借记“资产处置费用”科目，贷记“待处理财产损溢”科目（处理净收入）。

“待处理财产损溢”科目期末如为借方余额，反映尚未处理完毕的各种资产的净损失；期末如为贷方余额，反映尚未处理完毕的各种资产净溢余。年末，经批准处理后，“待处理财产损溢”科目一般应无余额。

第四章
负债

第一节
负债概述

一、负债的概念

负债，是指政府会计主体过去的经济业务或者事项形成的，预期会导致经济资源流出政府会计主体的现时义务。**现时义务**，是指政府会计主体在现行条件下已承担的义务。未来发生的经济业务或者事项形成的义务不属于现时义务，不应当确认为负债。

二、负债的确认

符合负债概念的义务，在同时满足以下条件时，确认为负债：

（1）履行该义务很可能导致含有服务潜力或者经济利益的经济资源流出政府会计主体。

（2）该义务的金额能够可靠地计量。

三、负债的分类

政府会计主体的负债按照流动性，分为流动负债和非流动负债。

流动负债，是指预计在1年内（含1年）偿还的负债，包括短期借款、应付短期政府债券、应付及预收款项、应缴款项等。

非流动负债，是指流动负债以外的负债，包括长期借款、长期应付款、应付长期政府债券等。

政府会计主体的负债包括偿还时间与金额基本确定的负债和由或有事项形成的预计负债。

偿还时间与金额基本确定的负债，按政府会计主体的业务性质及风险程度，分为融资活动形成的举借债务及其应付利息、运营活动形成的应付及预收款项和暂收性负债。

四、举借债务

（一）举借债务的概念

举借债务，是指政府会计主体通过融资活动借入的债务，包括政府举借的债务以及其他政府会计主体借入的款项。

（二）举借债务的分类

政府举借的债务包括政府发行的政府债券，向外国政府、国际经济组织等借入的款项，以及向上级政府借入转贷资金形成的借入转贷款。

其他政府会计主体借入的款项是指除政府以外的其他政府会计主体从银行或其他金融机构等借入的款项。

（三）举借债务的确认

对于举借债务，政府会计主体应当在与债权人签订借款合同或协议并取得举借资金时确认为负债。举借债务初始确认为负债时，应当按照实际发生额计量。对于借入款项，初始确认为负债时应当按照借款本金计量；借款本金与取得的借款资金的差额应当计入当期费用。对于发行的政府债券，初始确认为负债时应当按照债券本金计量；债券本金与发行价款的差额应当计入当期费用。

（四）举借债务利息的核算

政府会计主体应当按照借款本金（或债券本金）和合同或协议约定的利率（或债券票面利率）按期计提举借债务的利息。

对于属于流动负债的举借债务以及属于非流动负债的分期付息、一次还本的举借债务，应当将计算确定的应付未付利息确认为流动负债，计入应付利息；对于其他举借债务，应当将计算确定的应付未付利息确认为非流动负债，计入相关非流动负债的账面余额。

（五）举借债务借款费用的处理

政府会计主体应当根据举借债务使用的目的不同，将因举借债务发生的借款费用分别资本化或费用化，即计入工程成本或当期费用。

借款费用，是指政府会计主体因举借债务而发生的利息及其他相关费用，包括借款利息、辅助费用以及因外币借款而发生的汇兑差额等。其中，辅助费用是指政府会计主体在举借债务过程中发生的手续费、佣金等费用。

政府以外的其他政府会计主体为购建固定资产等工程项目借入专门借款的，对于发生的专门借款费用，应当按照借款费用减去尚未动用的借款资金产生的利息收入后的金额，属于工程项目建设期间发生的，计入工程成本；不属于工程项目建设期间发生的，计入当期费用。

工程项目建设期间，是指自工程项目开始建造起至交付使用时止的期间。

工程项目建设期间发生非正常中断且中断时间连续超过 3 个月（含 3 个月）的，政府会计主体应当将非正常中断期间的借款费用计入当期费用。如果中断是使工程项目达到交付使用所必需的程序，则中断期间所发生的借款费用仍应计入工程成本。

政府会计主体因举借债务所发生的除上述规定外的借款费用（包括政府举借的债务和其他政府会计主体的非专门借款所发生的借款费用），应当计入当期费用。

政府会计主体应当在偿还举借债务本息时，冲减相关负债的账面余额。

五、负债的核算

（一）应付及预收款项

1. 基本概念

应付及预收款项，是指政府会计主体在运营活动中形成的应当支付而尚未支付的款项及预先收到但尚未实现收入的款项，包括应付职工薪酬、应付账款、预收款项、应交税费、应付国库集中支付结余和其他应付未付款项。

应付职工薪酬，是指政府会计主体为获得职工（含长期聘用人员）提供的服务而给予各种形式的报酬或因辞退等原因而给予职工补偿所形成的负债。职工薪酬包括工资、津贴补贴、奖金、社会保险费等。

应付账款，是指政府会计主体因取得资产、接受劳务、开展工程建设等而形成的负债。

预收款项，是指政府会计主体按照货物、服务合同或协议或者相关规定，向接受货物或服务的主体预先收款而形成的负债。

应交税费，是指政府会计主体因发生应税事项导致承担纳税义务而形成的负债。

应付国库集中支付结余，是指国库集中支付中，按照财政部门批复的部门预算，政府会计主体（政府财政）当年未支而需结转下一年度支付款项而形成的负债。

其他应付未付款项，是指政府会计主体因有关政策明确要求其承担支出责任等而形成的应付未付款项。

除因辞退等原因给予职工的补偿外，政府会计主体应当在职工为其提供服务的会计期间，将应支付的职工薪酬确认为负债，除应由工程项目负担的职工薪酬外，其余的职工薪酬计入当期费用。

2. 会计核算应注意事项

（1）应付职工薪酬。政府会计主体应当根据职工提供服务的受益对象，将下列职工薪酬分情况处理：

①应由自制物品负担的职工薪酬，计入自制物品成本。

②应由工程项目负担的职工薪酬，比照有关借款费用的处理原则计入工程成本或当期费用。

③应由自行研发项目负担的职工薪酬，在研究阶段发生的，计入当期费用；在开发阶段发生并且最终形成无形资产的，计入无形资产成本。

政府会计主体按照有关规定为职工缴纳的医疗保险费、养老保险费、职业年金等社会保险费和住房公积金，应当在职工为其提供服务的会计期间，根据有关规定加以计算并确认为负债，具体参照前述的应付职工薪酬处理。

政府会计主体因辞退等原因给予职工的补偿，应当于相关补偿金额报经批准时确认为负债，并计入当期费用。

（2）应付账款。对于应付账款，政府会计主体应当在取得资产、接受劳务或外包工程完成规定进度时，按照应付未付款项的金额予以确认。

（3）预收款项。对于预收款项，政府会计主体应当在收到预收款项时，按照实际收到款项的金额予以确认。

（4）应交税费。对于应交税费，政府会计主体应当在发生应税事项导致承担纳税义务时，按照税法等规定计算的应交税费金额予以确认。

（5）应付国库集中支付结余。对于应付国库集中支付结余，政府会计主体（政府财政）应当在年末，按照国库集中支付预算指标数大于国库资金实际支付数的差额予以确认。

（6）其他应付未付款项。对于其他应付未付款项，政府会计主体应当在有关政策已明确其承担支出责任，或者其他情况下相关义务满足负债的定义和确认条件时，按照确定应承担的负债金额予以确认。

政府会计主体应当在支付应付款项或将预收款项确认为收入时，冲减相关负债的账面余额。

（二）暂收性负债

1. 暂收性负债的概念

暂收性负债，是指政府会计主体暂时收取，随后应做上缴、退回、转拨等处理的款项。暂收性负债主要包括应缴财政款和其他暂收款项。

应缴财政款，是指政府会计主体暂时收取、按规定应当上缴国库或财政专户的款项而形成的负债。

其他暂收款项，是指除应缴财政款以外的其他暂收性负债，包括政府会计主体暂时收取，随后应退还给其他方的押金或保证金、随后应转付给其他方的转拨款等款项。

2. 暂收性负债的确认

对于应缴财政款，政府会计主体通常应当在实际收到相关款项时，按照相关规定计算确定的上缴金额予以确认。对于其他暂收款项，政府会计主体应当在实际收到相关款项时，按照实际收到的金额予以确认。政府会计主体应当在上缴应缴财政款、退还、转付其他暂收款项等时，冲减相关负债的账面余额。

（三）预计负债

1. 预计负债的确认

政府会计主体应当将与或有事项相关且满足负债确认条件的现时义务确认为预计负债。**或有事项**，是指由过去的经济业务或者事项形成的，其结果须由某些未来事项的发生或不发生才能决定的不确定事项。未来事项是否发生不在政府会计主体控制范围内。政府会计主体常见的或有事项主要包括：未决诉讼或未决仲裁、对外国政府或国际经济组织的贷款担保、承诺（补贴、代偿）、自然灾害或公共事件的救助等。

2. 预计负债的计量

预计负债应当按照履行相关现时义务所需支出的最佳估计数进行初始计量。所需支出存在一个连续范围，且该范围内各种结果发生的可能性相同的，最佳估计数应当按照该范围内的中间值确定。

在其他情形下，最佳估计数应当分别下列情况确定：

（1）或有事项涉及单个项目的，按照最可能发生金额确定。

（2）或有事项涉及多个项目的，按照各种可能结果及相关概率计算确定。

政府会计主体在确定最佳估计数时，一般应当综合考虑与或有事项有关的风险、不确定性等因素。

政府会计主体清偿预计负债所需支出预期全部或部分由第三方补偿的，补偿金额只有在基本确定能够收到时才能作为资产单独确认。确认的补偿金额不应当超过预计负债的账面余额。

政府会计主体应当在报告日对预计负债的账面余额进行复核。有确凿证据表明该账面余额不能真实反映当前最佳估计数的，应当按照当前最佳估计数对该账面余额进行调整。履行该预计负债的相关义务不是很可能导致经济资源流出政府会计主体时，应当将该预计负债的账面余额予以转销。

政府会计主体不应当将下列与或有事项相关的义务确认为负债，但应当对该类义务进行披露：过去的经济业务或者事项形成的潜在义务，其存在须通过未来不确定事项的发生或不发生予以证实，未来事项是否能发生不在政府会计主体控制范围内；过去的经济业务或者事项形成的现时义务，履行该义务不是很可能导致经济资源流出政府会计主体或者该义务的金额不能可靠地计量。

（四）负债的披露

1. 政府会计主体应当在附注中披露与举借债务、应付及预收款项、暂收性负债和预计负债有关的信息

（1）各类负债的债权人、偿还期限、期初余额和期末余额。

（2）逾期借款或者违约政府债券的债权人、借款（债券）金额、逾期时间、利率、逾期未偿还（违约）原因和预计还款时间等。

（3）借款的担保方、担保方式、抵押物等。

（4）预计负债的形成原因以及经济资源可能流出的时间、经济资源流出的时间和金额不确定的说明，预计负债有关的预期补偿金额和本期已确认的补偿金额。

2. 政府会计主体应当在附注中披露或有事项相关义务的信息

（1）或有事项相关义务的种类及其形成原因。

（2）经济资源流出时间和金额不确定的说明。

（3）或有事项相关义务预计产生的财务影响，以及获得补偿的可能性；无法预计的，应当说明原因。

（五）负债类科目

负债类科目如表4－1所示。

表4－1　负债类科目

1	短期借款	事业单位
2	应交增值税	
3	其他应交税费	

续表

1	短期借款	事业单位
4	应缴财政款	
5	应付职工薪酬	
6	应付票据	事业单位
7	应付账款	
8	应付政府补贴款	行政单位
9	应付利息	事业单位
10	预收账款	事业单位
11	其他应付款	
12	预提费用	
13	长期借款	事业单位
14	长期应付款	
15	预计负债	
16	受托代理负债	

第二节 流动负债的核算

一、短期借款

(一)“短期借款”科目的核算内容

核算内容:“短期借款”科目用于核算事业单位经批准向银行或其他金融机构等借入的期限在1年内(含1年)的各种借款。

明细核算:短期借款应当按照债权人和借款种类进行明细核算。

(二)短期借款的主要账务处理

(1)借入各种短期借款时,按照实际借入的金额,借记“银行存款”科目,贷记“短期借款”科目。

(2)银行承兑汇票到期,本单位无力支付票款的,按照应付票据的账面余额,借记“应付票据”科目,贷记“短期借款”科目。

(3)归还短期借款时,借记“短期借款”科目,贷记“银行存款”科目。

“短期借款”科目期末贷方余额,反映事业单位尚未偿还的短期借款本金。

【例4-1】某事业单位3月1日从银行借入3个月的短期借款200 000元,年利率为4.86%,到期一次还本付息。借款用于事业单位专业活动。

①3月1日借入款项时：

• 财务会计：

借：银行存款	200 000	
贷：短期借款		200 000

• 预算会计：

借：资金结存——货币资金	200 000	
贷：债务预算收入		200 000

②6月1日归还借入本金，并支付3个月的利息2 430元。

• 财务会计：

借：短期借款	200 000	
其他费用	2 430	
贷：银行存款		202 430

• 预算会计：

借：债务还本支出	200 000	
其他支出	2 430	
贷：资金结存——货币资金		202 430

【例4-2】某事业单位1月1日向银行借入期限为1年的借款400 000元，利率为5.4%，在每季季末支付利息。借款用于该事业单位从事产品生产。

①1月1日取得借款时，

• 财务会计：

借：银行存款	400 000	
贷：短期借款		400 000

• 预算会计：

借：资金结存——货币资金	400 000	
贷：债务预算收入		400 000

②每月计提利息时，财务会计：

借：其他费用	1 800	
贷：应付利息		1 800

每季季末支付利息时：

借：其他费用	1 800	
应付利息	3 600	
贷：银行存款		5 400

• 预算会计：

借：其他支出	5 400	
贷：资金结存——货币资金		5 400

③到期归还本金和最后一个季度的利息时，

• 财务会计：

借：短期借款	400 000	

其他费用　　1 800
应付利息　　3 600
贷：银行存款　　405 400

- 预算会计：

借：债务还本支出　　400 000
其他支出　　5 400
贷：资金结存——货币资金　　405 400

二、应交增值税

（一）“应交增值税”科目核算内容

核算内容：应交增值税科目用于核算单位按照税法规定计算应交纳的增值税。

明细核算：属于增值税一般纳税人的单位，应当在“应交增值税”科目下设置“应交税金”“未交税金”“预交税金”“待抵扣进项税额”“待认证进项税额”“待转销项税额”“简易计税”“转让金融商品应交增值税”“代扣代交增值税”等明细科目。

（1）“应交税金”明细账内应当设置“进项税额”“已交税金”“转出未交增值税”“减免税款”“销项税额”“进项税额转出”“转出多交增值税”等专栏。其中：

①“进项税额”专栏，记录单位购进货物、加工修理修配劳务、服务、无形资产或不动产而支付或负担的、准予从当期销项税额中抵扣的增值税额。

②“已交税金”专栏，记录单位当月已交纳的应交增值税额。

③“转出未交增值税”和“转出多交增值税”专栏，分别记录一般纳税人月度终了转出当月应交未交或多交的增值税额。

④“减免税款”专栏，记录单位按照现行增值税制度规定准予减免的增值税额。

⑤“销项税额”专栏，记录单位销售货物、加工修理修配劳务、服务、无形资产或不动产应收取的增值税额。

⑥“进项税额转出”专栏，记录单位购进货物、加工修理修配劳务、服务、无形资产或不动产等发生非正常损失以及其他原因而不应从销项税额中抵扣、按照规定转出的进项税额。

（2）“未交税金”明细科目，核算单位月度终了从“应交税金”或“预交税金”明细科目转入当月应交未交、多交或预交的增值税额，以及当月交纳以前期间未交的增值税额。

（3）“预交税金”明细科目，核算单位转让不动产、提供不动产经营租赁服务等，以及其他按照现行增值税制度规定应预交的增值税额。

（4）“待抵扣进项税额”明细科目，核算单位已取得增值税扣税凭证并经税务机关认证，按照现行增值税制度规定准予以后期间从销项税额中抵扣的进项税额。

（5）“待认证进项税额”明细科目，核算单位由于未经税务机关认证而不得从当期销项税额中抵扣的进项税额。包括：一般纳税人已取得增值税扣税凭证并按规定准予从销项税额中抵扣，但尚未经税务机关认证的进项税额；一般纳税人已申请稽核但尚未取得稽核相符结果的海关缴款书进项税额。

（6）“待转销项税额”明细科目，核算单位销售货物、加工修理修配劳务、服务、无形资产或不动产，已确认相关收入（或利得）但尚未发生增值税纳税义务而需于以后期间确认为销项税额的增值税额。

（7）“简易计税”明细科目，核算单位采用简易计税方法发生的增值税计提、扣减、预交、交纳等业务。

（8）“转让金融商品应交增值税”明细科目，核算单位转让金融商品发生的增值税额。

（9）“代扣代交增值税”明细科目，核算单位购进在境内未设经营机构的境外单位或个人在境内的应税行为代扣代交的增值税。

属于增值税小规模纳税人的单位只需在“应交增值税”科目下设置“转让金融商品应交增值税”“代扣代交增值税”明细科目。

（二）应交增值税的主要账务处理

1. 单位[①]取得资产或接受劳务等业务

（1）采购等业务进项税额允许抵扣。单位购买用于增值税应税项目的资产或服务等时，按照应计入相关成本费用或资产的金额，借记“业务活动费用”“在途物品”“库存物品”“工程物资”“在建工程”“固定资产”“无形资产”等科目，按照当月已认证的可抵扣增值税额，借记“应交增值税”科目（应交税金——进项税额），按照当月未认证的可抵扣增值税额，借记“应交增值税”科目（待认证进项税额），按照应付或实际支付的金额，贷记“应付账款”“应付票据”“银行存款”“零余额账户用款额度”等科目。发生退货的，如原增值税专用发票已做认证，应根据税务机关开具的红字增值税专用发票做相反的会计分录；如原增值税专用发票未做认证，应将发票退回并做相反的会计分录。小规模纳税人购买资产或服务等时不能抵扣增值税，发生的增值税计入资产成本或相关成本费用。

（2）采购等业务进项税额不得抵扣。单位购进资产或服务等，用于简易计税方法计税项目、免征增值税项目、集体福利或个人消费等，其进项税额按照现行增值税制度规定不得从销项税额中抵扣的，取得增值税专用发票时，应按照增值税发票注明的金额，借记相关成本费用或资产科目，按照待认证的增值税进项税额，借记“应交增值税”科目（待认证进项税额），按照实际支付或应付的金额，贷记“银行存款”“应付账款”“零余额账户用款额度”等科目。经税务机关认证为不可抵扣进项税时，借记“应交增值税”科目（应交税金——进项税额）科目，贷记“应交增值税”科目（待认证进项税额），同时，将进项税额转出，借记相关成本费用科目，贷记“应交增值税”科目（应交税金——进项税额转出）。

（3）购进不动产或不动产在建工程按照规定进项税额分年抵扣。单位取得应税项目为不动产或者不动产在建工程，其进项税额按照现行增值税制度规定自取得之日起分 2 年从销项税额中抵扣的，应当按照取得成本，借记“固定资产”“在建工程”等科目，按照当期可抵扣的增值税额，借记“应交增值税”科目（应交税金——进项税额），按照以后

---

① 如不特别说明，本部分内容中的“单位”指增值税一般纳税人。

期间可抵扣的增值税额，借记“应交增值税”科目（待抵扣进项税额），按照应付或实际支付的金额，贷记“应付账款”“应付票据”“银行存款”“零余额账户用款额度”等科目。尚未抵扣的进项税额待以后期间允许抵扣时，按照允许抵扣的金额，借记“应交增值税”科目（应交税金——进项税额），贷记“应交增值税”科目（待抵扣进项税额）。

（4）进项税额抵扣情况发生改变。单位因发生非正常损失或改变用途等，原已计入进项税额、待抵扣进项税额或待认证进项税额，但按照现行增值税制度规定不得从销项税额中抵扣的，借记“待处理财产损溢”“固定资产”“无形资产”等科目，贷记“应交增值税”科目（应交税金——进项税额转出）、“应交增值税”科目（待抵扣进项税额）或“应交增值税”科目（待认证进项税额）；原不得抵扣且未抵扣进项税额的固定资产、无形资产等，因改变用途等用于允许抵扣进项税额的应税项目的，应按照允许抵扣的进项税额，借记“应交增值税”科目（应交税金——进项税额），贷记“固定资产”“无形资产”等科目。固定资产、无形资产等经上述调整后，应按照调整后的账面价值在剩余尚可使用年限内计提折旧或摊销。

单位购进时已全额计入进项税额的货物或服务等转用于不动产在建工程的，对于结转以后期间的进项税额，应借记“应交增值税”科目（待抵扣进项税额），贷记“应交增值税”科目（应交税金——进项税额转出）。

（5）购买方作为扣交义务人。按照现行增值税制度规定，境外单位或个人在境内发生应税行为，在境内未设有经营机构的，以购买方为增值税扣缴义务人。境内一般纳税人购进服务或资产时，按照应计入相关成本费用或资产的金额，借记“业务活动费用”“在途物品”“库存物品”“工程物资”“在建工程”“固定资产”“无形资产”等科目，按照可抵扣的增值税额，借记“应交增值税”科目（应交税金——进项税额）[小规模纳税人应借记相关成本费用或资产科目]，按照应付或实际支付的金额，贷记“银行存款”“应付账款”等科目，按照应代扣代缴的增值税额，贷记“应交增值税”科目（代扣代交增值税）。实际交纳代扣代交增值税时，按照代扣代交的增值税额，借记“应交增值税”科目（代扣代交增值税），贷记“银行存款”“零余额账户用款额度”等科目。

2. 单位销售资产或提供服务等业务

（1）销售资产或提供服务业务。单位销售货物或提供服务，应当按照应收或已收的金额，借记“应收账款”“应收票据”“银行存款”等科目，按照确认的收入金额，贷记“经营收入”“事业收入”等科目，按照现行增值税制度规定计算的销项税额（或采用简易计税方法计算的应纳增值税额），贷记“应交增值税”科目（应交税金——销项税额）或“应交增值税”科目（简易计税）[小规模纳税人应贷记“应交增值税”科目]。发生销售退回的，应根据按照规定开具的红字增值税专用发票做相反的会计分录。

按照《政府会计制度》及相关政府会计准则确认收入的时点早于按照增值税制度确认增值税纳税义务发生时点的，应将相关销项税额计入“应交增值税”科目（待转销项税额），待实际发生纳税义务时再转入“应交增值税”科目（应交税金——销项税额）或“应交增值税”科目（简易计税）。

按照增值税制度确认增值税纳税义务发生时点早于按照《政府会计制度》及相关政府会计准则确认收入的时点的，应按照应纳增值税额，借记“应收账款”科目，贷记

"应交增值税"科目（应交税金——销项税额）或"应交增值税"科目（简易计税）。

（2）金融商品转让按照规定以盈亏相抵后的余额作为销售额. 金融商品实际转让月末如产生转让收益，则按照应纳税额，借记"投资收益"科目，贷记"应交增值税"科目（转让金融商品应交增值税）；如产生转让损失，则按照可结转下月抵扣税额，借记"应交增值税"科目（转让金融商品应交增值税），贷记"投资收益"科目。交纳增值税时，应借记"应交增值税"科目（转让金融商品应交增值税），贷记"银行存款"等科目。年末，"应交增值税"科目（转让金融商品应交增值税）如有借方余额，则借记"投资收益"科目，贷记"应交增值税"科目（转让金融商品应交增值税）。

3. 月末转出多交增值税和未交增值税

月度终了，单位应当将当月应交未交或多交的增值税自"应交税金"明细科目转入"未交税金"明细科目。对于当月应交未交的增值税，借记"应交增值税"科目（应交税金——转出未交增值税），贷记"应交增值税"科目（未交税金）；对于当月多交的增值税，借记"应交增值税"科目（未交税金），贷记"应交增值税"科目（应交税金——转出多交增值税）。

4. 交纳增值税

（1）交纳当月应交增值税。单位交纳当月应交的增值税，借记"应交增值税"科目（应交税金——已交税金）[小规模纳税人借记"应交增值税"科目]，贷记"银行存款"等科目。

（2）交纳以前期间未交增值税。单位交纳以前期间未交的增值税，借记"应交增值税"科目（未交税金）[小规模纳税人借记"应交增值税"科目]，贷记"银行存款"等科目。

（3）预交增值税。单位预交增值税时，借记"应交增值税"科目（预交税金），贷记"银行存款"等科目。月末，单位应将"预交税金"明细科目余额转入"未交税金"明细科目，借记"应交增值税"科目（未交税金），贷记"应交增值税"科目（预交税金）。

（4）减免增值税对于当期直接减免的增值税，借记"应交增值税"科目（应交税金——减免税款），贷记"业务活动费用""经营费用"等科目。

按照现行增值税制度规定，单位初次购买增值税税控系统专用设备支付的费用以及交纳的技术维护费允许在增值税应纳税额中全额抵减的，按照规定抵减的增值税应纳税额，借记"应交增值税"科目（应交税金——减免税款）[小规模纳税人借记"应交增值税"科目]，贷记"业务活动费用""经营费用"等科目。

"应交增值税"科目期末贷方余额，反映单位应交未交的增值税；期末如为借方余额，反映单位尚未抵扣或多交的增值税。

【例4－3】 单位采购一批材料，专用发票上注明的价款 78 000 元，增值税税额为10 140元，材料已验收入库，款项已通过银行存款支付。

● 财务会计：

借：库存物品	78 000	
应交增值税——应交税金（进项税额）	10 140	
贷：银行存款		88 140

- 预算会计：

借：经营支出　88 140

　　贷：资金结存——货币资金　88 140

【例4－4】单位购入的材料有一半发生用途改变，用于维修职工食堂。则财务会计记：

借：单位管理费用　5 070

　　贷：应交增值税——应交税金（进项税额转出）　5 070

【例4－5】某单位购进一批业务学习用品发给职工，取得增值税专用发票注明价款40 000元，增值税税额5 200元。货到已验收入库，并以银行存款支付。

- 财务会计：

借：库存物品　40 000

　　应交增值税——待认证进项税额　5 200

　　贷：银行存款　45 200

- 预算会计：

借：事业支出　45 200

　　贷：资金结存——货币资金　45 200

- 职工领用物品时，仅做财务会计核算：

借：应交增值税——应交税金（进项税额）　5 200

　　贷：应交增值税——待认证进项税额　5 200

借：业务活动费用　5 200

　　贷：应交增值税——应交税金（进项税额转出）　5 200

三、其他应交税费

（一）“其他应交税费”科目核算内容

核算内容：“其他应交税费”科目用于核算单位按照税法等规定计算应交纳的除增值税以外的各种税费，包括城市维护建设税、教育费附加、地方教育费附加、车船税、房产税、城镇土地使用税和企业所得税等。单位代扣代交的个人所得税，也通过“其他应交税费”科目核算。单位应交纳的印花税不需要预提应交税费，直接通过“业务活动费用”“单位管理费用”“经营费用”等科目核算，不通过“其他应交税费”科目核算。

明细核算：“其他应交税费”科目应当按照应交纳的税费种类进行明细核算。

（二）主要账务处理

（1）发生城市维护建设税、教育费附加、地方教育费附加、车船税、房产税、城镇土地使用税等纳税义务的，按照税法规定计算的应交税费金额，借记“业务活动费用”“单位管理费用”“经营费用”等科目，贷记“其他应交税费”科目（应交城市维护建设税、应交教育费附加、应交地方教育费附加、应交车船税、应交房产税、应交城镇土地使用税等）。

（2）按照税法规定计算应代扣代交职工（含长期聘用人员）的个人所得税，借记“应付职工薪酬”科目，贷记“其他应交税费”科目（应交个人所得税）。按照税法规定计算应代扣代交支付给职工（含长期聘用人员）以外人员劳务费的个人所得税，借记“业务活动费用”“单位管理费用”等科目，贷记“其他应交税费”科目（应交个人所得税）。

（3）发生企业所得税纳税义务的，按照税法规定计算的应交所得税额，借记“所得税费用”科目，贷记“其他应交税费”科目（单位应交所得税）。

（4）单位实际交纳上述各种税费时，借记“其他应交税费”科目（应交城市维护建设税、应交教育费附加、应交地方教育费附加、应交车船税、应交房产税、应交城镇土地使用税、应交个人所得税、单位应交所得税等），贷记“财政拨款收入”“零余额账户用款额度”“银行存款”等科目。

“其他应交税费”科目期末贷方余额，反映单位应交未交的除增值税以外的税费金额；期末如为借方余额，反映单位多交纳的除增值税以外的税费金额。

【例 4-6】某事业单位发放 7 月份在职职工工资，工资汇总如下：本月应付工资总额 368 400 元，其中：基本工资 247 200 元，各种津贴补贴 121 200 元，扣职工医疗保险费 8 104元，失业保险费 1 843 元，住房公积金 21 500 元，个人所得税 941 元。实发工资总额 336 012 元。

此处仅核算代扣职工个人所得税，应付职工薪酬部分放在例 4-15 中介绍。

- 财务会计：

借：应付职工薪酬——基本工资　　941
　　贷：其他应交税费——应交个人所得税　　941

- 预算会计不做账。

【例 4-7】承前例，该单位通过财政直接支付方式为职工交税和交纳医疗保险费、失业保险费、住房公积金。

- 财务会计：

借：其他应交税费——应交个人所得税　　941
　　应付职工薪酬——医疗保险费　　8 104
　　　　　　　　——失业保险费　　1 843
　　　　　　　　——住房公积金　　21 500
　　贷：财政拨款收入　　32 388

- 预算会计：

借：事业支出　　32 388
　　贷：财政拨款预算收入　　32 388

【例 4-8】某事业单位 12 月份应纳增值税额 10 540 元，计算交纳城市维护建设税 737.80 元、教育费附加 316.20 元和地方教育费附加 210.80 元。

- 财务会计：

借：经营费用　　1 264.80
　　贷：其他应交税费——应交城市维护建设税　　737.80
　　　　　　　　　　——应交教育费附加　　316.20
　　　　　　　　　　——应交地方教育费附加　　210.80

- 预算会计无须做账。

【例4-9】某事业单位本期按照税法计算的应交纳所得税税额为63 500元。

- 财务会计：

借：所得税费用　63 500
　　贷：其他应交税费——单位应交所得税　63 500

- 预算会计无须做账。

【例4-10】某事业单位以银行存款63 500元，交纳本期的所得税。

- 财务会计：

借：其他应交税费——单位应交所得税　63 500
　　贷：银行存款　63 500

- 预算会计：

借：非财政拨款结余　63 500
　　贷：资金结存　63 500

四、应缴财政款

（一）“应缴财政款”科目的核算内容

核算内容：“应缴财政款”科目用于核算单位取得或应收的按照规定应当上缴财政的款项，包括应缴国库的款项和应缴财政专户的款项。单位按照国家税法等有关规定应当缴纳的各种税费，通过“应交增值税”“其他应交税费”科目核算，不通过“应缴财政款”科目核算。

明细核算：应缴财政款应当按照应缴财政款项的类别进行明细核算。

（二）应缴财政款的主要账务处理

（1）单位取得或应收按照规定应缴财政的款项时，借记“银行存款”“应收账款”等科目，贷记“应缴财政款”科目。

（2）单位处置资产取得的应上缴财政的处置净收入的账务处理，参见“待处理财产损溢”等科目。

（3）单位上缴应缴财政的款项时，按照实际上缴的金额，借记“应缴财政款”科目，贷记“银行存款”科目。

“应缴财政款”科目期末贷方余额，反映单位应当上缴财政但尚未缴纳的款项。年终清缴后，“应缴财政款”科目一般应无余额。

【例4-11】某单位收到应上缴国家的罚没款4 800元，款项已存入银行。

此时仅反映财务会计的处理：

借：银行存款　4 800
　　贷：应缴财政款　4 800

【例4-12】某单位按规定收取的行政性收费9 000元，存入银行。

此时仅反映财务会计的处理：

借：银行存款　9 000
　　贷：应缴财政款　9 000

【例 4-13】某单位变价出售书柜一批，取得收入 20 000 元，存入银行。

此时仅反映财务会计的处理：

借：银行存款　　20 000

　　贷：应缴财政款　　20 000

【例 4-14】单位根据规定，将本年度应缴预算款 33 800 元上缴财政。

此时仅反映财务会计的处理：

借：应缴财政款　　33 800

　　贷：银行存款　　33 800

五、应付职工薪酬

（一）“应付职工薪酬”科目的核算内容

核算内容：“应付职工薪酬”科目用于核算单位按照有关规定应付给职工（含长期聘用人员）及为职工支付的各种薪酬，包括基本工资、国家统一规定的津贴补贴、规范津贴补贴（绩效工资）、改革性补贴、社会保险费（如职工基本养老保险费、职业年金、基本医疗保险费等）、住房公积金等。

明细核算：“应付职工薪酬”科目应当根据国家有关规定按照“基本工资”（含离退休费）“国家统一规定的津贴补贴”“规范津贴补贴（绩效工资）”“改革性补贴”“社会保险费”“住房公积金”“其他个人收入”等进行明细核算。其中，“社会保险费”“住房公积金”明细科目核算内容包括单位从职工工资中代扣代交的社会保险费、住房公积金，以及单位为职工计算交纳的社会保险费、住房公积金。

（二）应付职工薪酬的主要账务处理

（1）计算确认当期应付职工薪酬（含单位为职工计算交纳的社会保险费、住房公积金）。

①计提从事专业及其辅助活动人员的职工薪酬，借记“业务活动费用”“单位管理费用”科目，贷记“应付职工薪酬”科目。

②计提应由在建工程、加工物品、自行研发无形资产负担的职工薪酬，借记“在建工程”“加工物品”“研发支出”等科目，贷记“应付职工薪酬”科目。

③计提从事专业及其辅助活动之外的经营活动人员的职工薪酬，借记“经营费用”科目，贷记“应付职工薪酬”科目。

④因解除与职工的劳动关系而给予的补偿，借记“单位管理费用”等科目，贷记“应付职工薪酬”科目。

（2）向职工支付工资、津贴补贴等薪酬时，按照实际支付的金额，借记“应付职工薪酬”科目，贷记“财政拨款收入”“零余额账户用款额度”“银行存款”等科目。

（3）按照税法规定代扣职工个人所得税时，借记“应付职工薪酬”科目（基本工资），贷记“其他应交税费——应交个人所得税”科目。

从应付职工薪酬中代扣为职工垫付的水电费、房租等费用时，按照实际扣除的金额，借记“应付职工薪酬”科目（基本工资），贷记“其他应收款”等科目。

从应付职工薪酬中代扣社会保险费和住房公积金，按照代扣的金额，借记“应付职工薪酬”科目（基本工资），贷记“应付职工薪酬”科目（社会保险费、住房公积金）。

（4）按照国家有关规定交纳职工社会保险费和住房公积金时，按照实际支付的金额，借记“应付职工薪酬”科目（社会保险费、住房公积金），贷记“财政拨款收入”“零余额账户用款额度”“银行存款”等科目。

（5）从应付职工薪酬中支付的其他款项，借记“应付职工薪酬”科目，贷记“零余额账户用款额度”“银行存款”等科目。

“应付职工薪酬”科目期末贷方余额，反映单位应付未付的职工薪酬。

【例4－15】接例4－6的资料，某事业单位发放7月份在职职工工资，工资汇总如下：本月应付工资总额368 400元，其中：基本工资247 200元，各种津贴补贴121 200元，扣职工医疗保险费8 104元，失业保险费1 843元，住房公积金21 500元，个人所得税941元。实发工资总额336 012元。

计提工资时，仅有财务会计核算：

借：业务活动费用——工资福利费用　　368 400

　　贷：应付职工薪酬——基本工资　　247 200

　　　　　　　　　　——国家统一规定的津贴补贴　　121 200

【例4－16】承上例，该单位通过财政直接支付方式发放工资及津贴补贴给职工。

- 财务会计：

借：应付职工薪酬——基本工资　　214 812

　　　　　　　　——国家统一规定的津贴补贴　　121 200

　　贷：财政拨款收入　　336 012

- 预算会计：

借：事业支出　　336 102

　　贷：财政拨款预算收入　　336 102

【例4－17】单位发放给职工业绩考核奖金6 000元，以银行存款支付。

- 财务会计：

借：应付职工薪酬——其他个人收入　　6 000

　　贷：银行存款　　6 000

- 预算会计：

借：事业支出　　6 000

　　贷：资金结存——货币资金　　6 000

六、应付票据

（一）“应付票据”科目的核算内容

核算内容：“应付票据”科目用于核算事业单位因购买材料、物资等而开出、承兑的商业汇票，包括银行承兑汇票和商业承兑汇票。

明细核算：应付票据应当按照债权人进行明细核算。

（二）应付票据的主要账务处理

（1）开出、承兑商业汇票时，借记“库存物品”“固定资产”等科目，贷记“应付票据”科目。涉及增值税业务的，相关账务处理参见“应交增值税”科目。以商业汇票抵付应付账款时，借记“应付账款”科目，贷记“应付票据”科目。

（2）支付银行承兑汇票的手续费时，借记“业务活动费用”“经营费用”等科目，贷记“银行存款”“零余额账户用款额度”等科目。

（3）商业汇票到期时，应当分别以下情况处理：

①收到银行支付到期票据的付款通知时，借记“应付票据”科目，贷记“银行存款”科目。

②银行承兑汇票到期，单位无力支付票款的，按照应付票据账面余额，借记“应付票据”科目，贷记“短期借款”科目。

③商业承兑汇票到期，单位无力支付票款的，按照应付票据账面余额，借记“应付票据”科目，贷记“应付账款”科目。

（三）应付票据备查簿

单位应当设置“应付票据备查簿”，详细登记每一笔应付票据的种类、号数、出票日期、到期日、票面金额、交易合同号、收款人姓名或单位名称，以及付款日期和金额等。应付票据到期结清票款后，应当在备查簿内逐笔注销。

“应付票据”科目期末贷方余额，反映事业单位开出、承兑的尚未到期的应付票据金额。

【例4－18】某实行成本核算的事业单位采用商业承兑汇票结算方式向A公司购入一批材料，根据发票账单，购入材料的价款为20 000元，增值税款为2 600元，材料已验收入库。单位开出两个月到期的商业承兑汇票。

①开出承兑的商业汇票时，仅做财务会计核算：

借：库存物品	20 000	
应交增值税——应交税金（进项税额）	2 600	
贷：应付票据——A公司		22 600

②票据到期还款时，

• 财务会计：

借：应付票据——A公司	22 600	
贷：银行存款		22 600

• 预算会计：

借：经营支出	22 600	
贷：资金结存——货币资金		22 600

③若票据到期不能如期支付票款时，仅做财务会计核算：

借：应付票据——A公司	22 600	
贷：应付账款		22 600

七、应付账款

（一）“应付账款”科目的核算内容

核算内容：“应付账款”科目用于核算单位因购买物资、接受服务、开展工程建设等而应付的偿还期限在1年以内（含1年）的款项。

明细核算：应付账款应当按照债权人进行明细核算。对于建设项目，还应设置“应付器材款”“应付工程款”等明细科目，并按照具体项目进行明细核算。

（二）应付账款的主要账务处理

（1）收到所购材料、物资、设备或服务以及确认完成工程进度但尚未付款时，根据发票及账单等有关凭证，按照应付未付款项的金额，借记“库存物品”“固定资产”“在建工程”等科目，贷记“应付账款”科目。涉及增值税业务的，相关账务处理参见“应交增值税”科目。

（2）偿付应付账款时，按照实际支付的金额，借记“应付账款”科目，贷记“财政拨款收入”“零余额账户用款额度”“银行存款”等科目。

（3）开出、承兑商业汇票抵付应付账款时，借记“应付账款”科目，贷记“应付票据”科目。

（4）无法偿付或债权人豁免偿还的应付账款，应当按照规定报经批准后进行账务处理。经批准核销时，借记“应付账款”科目，贷记“其他收入”科目。核销的应付账款应在备查簿中保留登记。

“应付账款”科目期末贷方余额，反映单位尚未支付的应付账款金额。

【例4－19】某实行成本核算的事业单位本年发生如下经济业务：

①4月16日购入材料一批，增值税专用发票上注明材料价款150 000元，增值税额为19 500元。材料已验收入库，货款未付。

- 财务会计：

借：库存物品　　150 000
　　应交增值税——应交税金（进项税额）　　19 500
　　贷：应付账款　　169 500

- 预算会计无需处理。

②4月27日购入价值为50 000元的材料一批，同时向对方支付增值税6 500元，材料已验收入库，款项未付。但对方开具的增值税专用发票尚未收到。该单位暂不作会计处理，月末仍未收到发票，暂估材料价值为60 000元。

月末暂估材料价时仅做财务会计处理：

借：库存物品　　60 000
　　贷：应付账款　　60 000

下月初做红字冲销分录：

借：库存物品　　60 000
　　贷：应付账款　　60 000

③5月2日，收到对方转来的支票时，仅做财务会计的处理：

借：库存物品　　50 000
　　应交增值税——应交税金（进项税额）　　6 500
　　贷：应付账款　　56 500

④5月10日，该事业单位支付4月16日的应付款。

• 财务会计：

借：应付账款　　169 500
　　贷：银行存款　　169 500

• 预算会计：

借：事业支出　　169 500
　　贷：资金结存——货币资金　　169 500

⑤5月20日，该单位开出一张商业汇票抵付4月27日购入材料款。仅做财务会计处理：

借：应付账款　　56 500
　　贷：应付票据　　56 500

八、应付政府补贴款

（一）"应付政府补贴款"科目的核算内容

核算内容："应付政府补贴款"科目用于核算负责发放政府补贴的行政单位，按照规定应当支付给政府补贴接受者的各种政府补贴款。

明细核算：应付政府补贴款应当按照应支付的政府补贴种类进行明细核算。单位还应当根据需要按照补贴接受者进行明细核算，或者建立备查簿对补贴接受者予以登记。

（二）应付政府补贴款的主要账务处理

（1）发生应付政府补贴时，按照依规定计算确定的应付政府补贴金额，借记"业务活动费用"科目，贷记"应付政府补贴款"科目。

（2）支付应付政府补贴款时，按照支付金额，借记"应付政府补贴款"科目，贷记"零余额账户用款额度""银行存款"等科目。

"应付政府补贴款"科目期末贷方余额，反映行政单位应付未付的政府补贴金额。

【例4-20】3月份，某行政单位按规定确认应付政府补贴款发放给职工30 000元。

仅做财务会计核算：

借：业务活动费用　　30 000
　　贷：应付政府补贴款　　30 000

【例4-21】4月通过银行存款支付政府补贴款30 000元。

• 财务会计：

借：应付政府补贴款　　30 000
　　贷：银行存款　　30 000

• 预算会计：

借：行政支出　　30 000
　　贷：资金结存——货币资金　　30 000

九、应付利息

（一）"应付利息"科目的核算内容

核算内容："应付利息"科目用于核算事业单位按照合同约定应支付的借款利息，包括短期借款、分期付息到期还本的长期借款等应支付的利息。

明细核算：应付利息应当按照债权人等进行明细核算。

（二）应付利息的主要账务处理

（1）为建造固定资产、公共基础设施等借入的专门借款的利息，属于建设期间发生的，按期计提利息费用时，按照计算确定的金额，借记“在建工程”科目，贷记“应付利息”科目；不属于建设期间发生的，按期计提利息费用时，按照计算确定的金额，借记“其他费用”科目，贷记“应付利息”科目。

（2）对于其他借款，按期计提利息费用时，按照计算确定的金额，借记“其他费用”科目，贷记“应付利息”科目。

（3）实际支付应付利息时，按照支付的金额，借记“应付利息”科目，贷记“银行存款”等科目。

“应付利息”科目期末贷方余额，反映事业单位应付未付的利息金额。

【例4－22】 单位改造一条道路，向银行贷款300 000元，期限为2年，年利率5.6%。

①计提利息时，仅做财务会计核算：

借：在建工程	16 800	
贷：应付利息		16 800

②实际支付利息时，

• 财务会计：

借：应付利息	16 800	
贷：银行存款		16 800

• 预算会计：

借：其他支出	16 800	
贷：资金结存——货币资金		16 800

十、预收账款

（一）“预收账款”科目的核算内容

核算内容：“预收账款”科目用于核算事业单位预先收取但尚未结算的款项。

明细核算：预收账款应当按照债权人进行明细核算。

（二）预收账款的主要账务处理

（1）从付款方预收款项时，按照实际预收的金额，借记“银行存款”等科目，贷记“预收账款”科目。

（2）确认有关收入时，按照预收账款账面余额，借记“预收账款”科目，按照应确认的收入金额，贷记“事业收入”“经营收入”等科目，按照付款方补付或退回付款方的金额，借记或贷记“银行存款”等科目。涉及增值税业务的，相关账务处理参见“应交增值税”科目。

（3）无法偿付或债权人豁免偿还的预收账款，应当按照规定报经批准后进行账务处理。经批准核销时，借记“预收账款”科目，贷记“其他收入”科目。核销的预收账款应在备查簿中保留登记。

“预收账款”科目期末贷方余额，反映事业单位预收但尚未结算的款项金额。

【例4-23】某事业单位按合同规定对外提供劳务，预收对方账款30 000元。一个月后向对方提供劳务，结算价款35 000元，不足部分由对方单位用转账支票补付。

①预收款时，

• 财务会计：

借：银行存款　　30 000
　　贷：预收账款　　30 000

• 预算会计记：

借：资金结存——货币资金　　30 000
　　贷：经营预算收入　　30 000

②提供劳务时，仅做财务会计处理：

借：预收账款　　35 000
　　贷：经营收入　　35 000

③收到对方补付款时，

• 财务会计：

借：银行存款　　5 000
　　贷：预收账款　　5 000

• 预算会计：

借：资金结存——货币资金　　5 000
　　贷：经营预算收入　　5 000

十一、其他应付款

（一）“其他应付款”科目的核算内容

核算内容：“其他应付款”科目用于核算单位除应交增值税、其他应交税费、应缴财政款、应付职工薪酬、应付票据、应付账款、应付政府补贴款、应付利息、预收账款以外，其他各项偿还期限在1年内（含1年）的应付及暂收款项，如收取的押金、存入保证金、已经报销但尚未偿还银行的本单位公务卡欠款等。同级政府财政部门预拨的下期预算款和没有纳入预算的暂付款项，以及采用实拨资金方式通过本单位转拨给下属单位的财政拨款，也通过“其他应付款”科目核算。

明细核算：应当按照其他应付款的类别以及债权人等进行明细核算。

（二）其他应付款的主要账务处理

（1）发生其他应付及暂收款项时，借记“银行存款”等科目，贷记“其他应付款”科目。支付（或退回）其他应付及暂收款项时，借记“其他应付款”科目，贷记“银行存款”等科目。将暂收款项转为收入时，借记“其他应付款”科目，贷记“事业收入”等科目。

（2）收到同级政府财政部门预拨的下期预算款和没有纳入预算的暂付款项，按照实际收到的金额，借记“银行存款”等科目，贷记“其他应付款”科目；待到下一预算期或批准纳入预算时，借记“其他应付款”科目，贷记“财政拨款收入”科目。采用实拨资金方式通过本单位转拨给下属单位的财政拨款，按照实际收到的金额，借记“银行存款”科目，贷记“其他应付款”科目；向下属单位转拨财政拨款时，按照转拨的金额，借记“其他应付款”科目，贷记“银行存款”科目。

（3）本单位公务卡持卡人报销时，按照审核报销的金额，借记“业务活动费用”“单位管理费用”等科目，贷记“其他应付款”科目；偿还公务卡欠款时，借记“其他应付款”科目，贷记“零余额账户用款额度”等科目。

（4）涉及质保金形成其他应付款的，相关账务处理参见“固定资产”的核算。

（5）无法偿付或债权人豁免偿还的其他应付款项，应当按照规定报经批准后进行账务处理。经批准核销时，借记“其他应付款”科目，贷记“其他收入”科目。核销的其他应付款应在备查簿中保留登记。

“其他应付款”科目期末贷方余额，反映单位尚未支付的其他应付款金额。

【例4－24】3月，某事业单位按规定标准提取当月社会保险费6 200元。

此时仅有财务会计核算：

借：单位管理费用　　6 200

　　贷：其他应付款——社会保险费　　6 200

【例4－25】4月，单位将提取的社会保险费6 200元交到社会保险部门。

- 财务会计：

借：其他应付款——社会保险费　　6 200

　　贷：银行存款　　6 200

- 预算会计：

借：事业支出　　6 200

　　贷：资金结存——货币资金　　6 200

【例4－26】5月，单位出借A公司一台设备，收到A公司支付的押金5 000元，存入银行。

此时仅有财务会计核算：

借：银行存款　　5 000

　　贷：其他应付款——A公司　　5 000

十二、预提费用

（一）“预提费用”科目的核算内容

核算内容：“预提费用”科目用于核算单位预先提取的已经发生但尚未支付的费用，如预提租金费用等。事业单位按规定从科研项目收入中提取的项目间接费用或管理费，也通过“预提费用”科目核算。事业单位计提的借款利息费用，通过“应付利息”“长期借款”科目核算，不通过“预提费用”科目核算。

明细核算：“预提费用”科目应当按照预提费用的种类进行明细核算。对于提取的项目间接费用或管理费，应当在“预提费用”科目下设置“项目间接费用”或“管理费”明细科目，并按项目进行明细核算。

（二）预提费用的主要账务处理

1. 项目间接费用或管理费

按规定从科研项目收入中提取项目间接费用或管理费时，按照提取的金额，借记“单位管理费用”科目，贷记“预提费用”科目（项目间接费用或管理费）。实际使用计提的项目间接费用或管理费时，按照实际支付的金额，借“预提费用”科目（项目间接费用或管理费），贷记“银行存款”“库存现金”等科目。

2. 其他预提费用

按期预提租金等费用时，按照预提的金额，借记“业务活动费用”“单位管理费用”“经营费用”等科目，贷记“预提费用”科目。实际支付款项时，按照支付金额，借记“预提费用”科目，贷记“零余额账户用款额度”“银行存款”等科目。

“预提费用”科目期末贷方余额，反映单位已预提但尚未支付的各项费用。

【例4－27】某事业单位按规定从科研项目收入中提取管理费56 000元。

①按规定提取时，

- 财务会计：

借：单位管理费用　　56 000

　　贷：预提费用——管理费　　56 000

- 预算会计：

借：非财政拨款结转　　56 000

　　贷：非财政拨款结余　　56 000

②实际使用时，

- 财务会计：

借：预提费用——管理费　　56 000

　　贷：库存现金　　56 000

- 预算会计：

借：事业支出　　56 000

　　贷：资金结存——货币资金　　56 000

【例4－28】某行政单位租用一台仪器，租用时间为一年，每月租金4 000元，每季度支付一次。

①每月计提租金时，仅做财务会计处理：

借：业务活动费用　　4 000

　　贷：预提费用——租金　　4 000

②每季度支付时，财务会计：

借：预提费用——租金　　12 000

　　贷：银行存款　　12 000

同时，预算会计记：

借：行政支出　　12 000

　　贷：资金结存——货币资金　　12 000

十三、受托代理负债

（一）“受托代理负债”科目的核算内容

核算内容：“受托代理负债”科目核算单位接受委托取得受托代理资产时形成的负债。

（二）“受托代理负债”的账务处理

“受托代理负债”科目的账务处理参见“受托代理资产”“库存现金”“银行存款”等科目。

“受托代理负债”科目期末贷方余额，反映单位尚未交付或发出受托代理资产形成的受托代理负债金额。

【例4－29】某行政单位7月12日接受某单位委托代管款项，共计100 000元，存入银行。7月25日，代管期满退回该笔款项。

①7月12日收到时，仅做财务会计处理：

借：银行存款	100 000	
贷：受托代理负债		100 000

②7月25日实际偿付时，仅做财务会计处理：

借：受托代理负债	100 000	
贷：银行存款		100 000

第三节
长期负债的核算

一、长期借款

（一）“长期借款”科目的核算内容

核算内容：“长期借款”科目用于核算事业单位经批准向银行或其他金融机构等借入的期限超过1年（不含1年）的各种借款本息。

明细核算：长期借款应当设置“本金”和“应计利息”明细科目，并按照贷款单位和贷款种类进行明细核算。对于建设项目借款，还应按照具体项目进行明细核算。

（二）长期借款的主要账务处理

（1）借入各项长期借款时，按照实际借入的金额，借记“银行存款”科目，贷记“长期借款”科目（本金）。

（2）为建造固定资产、公共基础设施等应支付的专门借款利息，按期计提利息时，分别以下情况处理：

①属于工程项目建设期间发生的利息，计入工程成本，按照计算确定的应支付的利息金额，借记“在建工程”科目，贷记“应付利息”科目。

②属于工程项目完工交付使用后发生的利息，计入当期费用，按照计算确定的应支付的利息金额，借记“其他费用”科目，贷记“应付利息”科目。

（3）按期计提其他长期借款的利息时，按照计算确定的应支付的利息金额，借记“其他费用”科目，贷记“应付利息”科目［分期付息、到期还本借款的利息］或“长期借款”科目（应计利息）［到期一次还本付息借款的利息］。

（4）到期归还长期借款本金、利息时，借记“长期借款”科目（本金、应计利息），贷记“银行存款”科目。

“长期借款”科目期末贷方余额，反映事业单位尚未偿还的长期借款本息金额。

【例4－30】某事业单位向银行借入期限为3年的借款600 000元，利率为5.65%，借款期限为3年，到期还本付息，每年计算的利息为33 900元。

①取得借款时，

- 财务会计：

借：银行存款	600 000	
贷：长期借款——本金		600 000

- 预算会计记：

借：资金结存——货币资金	600 000	
贷：债务预算收入		600 000

②第一年应计利息的财务会计账务处理：

借：其他费用	33 900	
贷：长期借款——应计利息		33 900

③第二年应计利息的财务会计账务处理：

借：其他费用	33 900	
贷：长期借款——应计利息		33 900

④第三年应计利息的财务会计账务处理：

借：其他费用	33 900	
贷：长期借款——应计利息		33 900

⑤到期还本付息的财务会计账务处理：

借：长期借款——本金	600 000	
长期借款——应计利息	101 700	
贷：银行存款		701 700

同时，预算会计：

借：债务还本支出	600 000	
其他支出	101 700	
贷：资金结存——货币资金		701 700

二、长期应付款

（一）“长期应付款”科目的核算内容

核算内容：“长期应付款”科目用于核算单位发生的偿还期限超过1年（不含1年）

的应付款项，如以融资租赁方式取得固定资产应付的租赁费等。

明细核算：长期应付款应当按照长期应付款的类别以及债权人进行明细核算。

（二）长期应付款的主要账务处理

（1）发生长期应付款时，借记“固定资产”“在建工程”等科目，贷记“长期应付款”科目。

（2）支付长期应付款时，按照实际支付的金额，借记“长期应付款”科目，贷记“财政拨款收入”“零余额账户用款额度”“银行存款”等科目。涉及增值税业务的，相关账务处理参见“应交增值税”科目。

（3）无法偿付或债权人豁免偿还的长期应付款，应当按照规定报经批准后进行账务处理。经批准核销时，借记“长期应付款”科目，贷记“其他收入”科目。核销的长期应付款应在备查簿中保留登记。

（4）涉及质保金形成长期应付款的，相关账务处理参见“固定资产”科目。

“长期应付款”科目期末贷方余额，反映单位尚未支付的长期应付款金额。

【例4-31】某事业单位对管理的一条公路进行扩建，该公路的原价为20 000 000元，已提折旧15 500 000元。有关公路的扩建事项如下：

（1）3月1日开始对公路进行扩建，通过财政直接支付向施工单位预付工程款6 000 000元；

（2）同年12月15日工程施工结束时，进行工程结算并通过财政直接支付向施工企业支付剩余工程款2 100 000元，并收到施工单位交付的保证期为两年的质量保证金500 000元。

平行记账账务处理如下：

（1）3月1日：

①将原公路账面价值转入在建工程时，

• 财务会计：

借：公共基础设施累计折旧	15 500 000	
在建工程——建筑安装工程投资	4 500 000	
贷：公共基础设施——公路		20 000 000

• 预算会计不做账。

②向施工单位预付工程款6 000 000元时，

• 财务会计：

借：预付账款——预付工程款	6 000 000	
贷：财政拨款收入		6 000 000

• 预算会计：

借：事业支出	6 000 000	
贷：财政拨款预算收入		6 000 000

（2）12月15日：

①工程施工结束时，结算并向施工企业支付剩余工程款2 100 000元时，

• 财务会计：

借：在建工程——建筑安装工程投资　　8 100 000
　　贷：财政拨款收入　　2 100 000
　　　　预付账款——预付工程款　　6 000 000

- 预算会计：

借：事业支出　　2 100 000
　　贷：财政拨款预算收入　　2 100 000

③收到500 000元的质保金时，

- 财务会计：

借：银行存款　　500 000
　　贷：长期应付款　　500 000

- 预算会计不做账。

三、预计负债

（一）“预计负债”科目的核算内容

核算内容：“预计负债”科目用于核算单位对因或有事项所产生的现时义务而确认的负债，如对未决诉讼等确认的负债。

明细核算：预计负债应当按照预计负债的项目进行明细核算。

（二）预计负债的主要账务处理

（1）确认预计负债时，按照预计的金额，借记“业务活动费用”“经营费用”“其他费用”等科目，贷记“预计负债”科目。

（2）实际偿付预计负债时，按照偿付的金额，借记“预计负债”科目，贷记“银行存款”“零余额账户用款额度”等科目。

（3）根据确凿证据需要对已确认的预计负债账面余额进行调整的，按照调整增加的金额，借记有关科目，贷记“预计负债”科目；按照调整减少的金额，借记“预计负债”科目，贷记有关科目。

“预计负债”科目期末贷方余额，反映单位已确认但尚未支付的预计负债金额。

【例4－32】某事业单位在开展业务活动中因违约而被其他利益相关方在法院提起诉讼。年末，该案件尚在审理中，法院尚未判决。该事业单位在咨询了法律顾问后认为，本单位在该案件中处于不利地位，很可能需要赔款28 000元。次年，经法院判决，该事业单位需要向其他利益相关方赔款27 500元，该事业单位以银行存款支付了该项赔款。该项赔款按规定应计入业务活动费用。

①年末，确认预计负债时，

- 财务会计：

借：业务活动费用　　28 000
　　贷：预计负债　　28 000

- 预算会计不做账。

②次年，法院判决时，

- 财务会计：

借：预计负债　　28 000
　　贷：银行存款　　27 500
　　　　业务活动费用　　500

• 预算会计：

借：事业支出　　27 500
　　贷：资金结存　　27 500

【例4-33】某事业单位因承担连带责任，诉讼尚未判决，该单位确认一项负债600 000元。

①确认预计负债时，仅反映财务会计核算：

借：业务活动费用　　600 000
　　贷：预计负债——未决诉讼　　600 000

②实际偿付时，

• 财务会计：

借：预计负债——未决诉讼　　600 000
　　贷：银行存款　　600 000

• 预算会计：

借：事业支出　　600 000
　　贷：资金结存——货币资金　　600 000

第五章
收入

第一节
收入概述

一、收入的概念

收入，是指报告期内导致政府会计主体净资产增加的、含有服务潜力或者经济利益的经济资源的流入。

二、收入的确认条件

收入的确认应当同时满足以下条件：

（1）与收入相关的含有服务潜力或者经济利益的经济资源很可能流入政府会计主体；

（2）含有服务潜力或者经济利益的经济资源流入会导致政府会计主体资产增加或者负债减少；

（3）流入金额能够可靠地计量。

符合收入定义和收入确认条件的项目，应当列入收入费用表。

重点关注：

（1）注意财政拨款收入、事业收入、非同级财政拨款收入之间核算范围的区别；因开展科研及其辅助活动从非同级政府财政部门取得的经费拨款，通过“事业收入——非同级财政拨款”科目核算。

（2）财政拨款收入：维持现行确认方法。

(3) 其他各类收入确认时点：实现时（应收或实际收到）；捐赠收入/（银行存款）利息收入确认时点：仍于实际收到时确认。

(4) 要求按收入类别、来源/对方单位等进行明细核算。

(5) 不按项目进行明细核算，期末均转入“本期盈余”科目。

三、收入与预算收入的科目对比

收入类科目与预算收入类科目对比如表5－1所示。

表5－1　收入类科目与预算收入类科目对比表

收入类科目	预算收入类科目
财务会计账套	预算会计账套
财政拨款收入	财政拨款预算收入
事业收入	事业预算收入
上级补助收入	上级补助预算收入
附属单位上缴收入	附属单位上缴预算收入
经营收入	经营预算收入
非同级财政拨款收入	非同级财政拨款预算收入
投资收益	投资预算收益
捐赠收入	其他预算收入
利息收入	
租金收入	
其他收入	
短期借款、长期借款	债务预算收入

第二节
政府会计主体收入

一、政府会计主体收入的内容

政府会计主体的收入是开展业务活动及其他活动而取得的。政府会计主体一般不从事物质资料的生产，如事业单位的收入是指因完成国家规定的科学、教育、文化、卫生等事业任务而发生消耗，因而可以获得政府的财政补助收入或上级补助收入，因开展有偿服务的业务活动和经营活动而取得事业收入和经营收入，补偿其费用支出。

政府会计主体的收入是依法取得的，具有非偿还性。收入会引起货币资金的流入，其他资产的增加或负债的减少，或者资产增加、负债减少兼而有之，并非所有的资产流入都是收入。例如向银行借款，就不能视为收入，这种资产流入具有偿还性，应当作为负债处理，而不作为收入处理。

（一）政府会计主体财务收入的内容

（1）财政拨款收入，是指政府会计主体从同级政府财政部门取得的各类财政拨款。

（2）非同级财政拨款收入，是指政府会计主体从非同级政府财政部门取得的经费拨款。

（3）事业收入，是指事业单位开展专业业务活动及辅助活动所取得的收入。

（4）经营收入，是指事业单位在专业及辅助活动之外开展非独立核算经营活动取得的收入。

（5）上级补助收入，是指事业单位从主管部门或上级单位取得的非财政拨款收入。

（6）附属单位上缴收入，是指事业单位取得的附属独立核算单位按照有关规定上缴的收入。

（7）投资收益，是指事业单位股权投资和债券投资所实现的收益或发生的损失。

（8）捐赠收入，是指政府会计主体接受其他单位或者个人捐赠取得的收入。

（9）利息收入，是指政府会计主体取得的银行存款利息收入。

（10）租金收入，是指政府会计主体经批准利用国有资产出租取得并按照规定纳入本单位预算管理的租金收入。

（11）其他收入，是指政府会计主体除以上各项收入以外的收入。

（二）政府会计主体预算收入的内容

为了满足政府会计主体在一个会计信息系统中同时进行财务会计和预算会计核算的需要，政府会计制度要求政府会计主体进行“平行记账”，即对于纳入预算管理的现金收支，在采用财务会计核算的同时进行预算会计核算。采用预算会计核算的收入有：财政拨款预算收入、非同级财政拨款预算收入、事业预算收入、经营预算收入、上级补助预算收入、附属单位上缴预算收入、债务预算收入、投资预算收益和其他预算收入。

（三）政府会计主体财务收入与预算收入的平行记账

《政府会计制度》规定，单位对于纳入部门预算管理的现金收支业务，在采用财务会计核算的同时应当进行预算会计核算，即平行记账，对于其他业务，仅需要进行财务会计核算。平行记账是指在同一系统、同一原始凭证、同一记账凭证号下同时进行财务会计核算和预算会计核算，最后，通过在年底编制“本年盈余与预算结余的差异情况说明”，把财务报表的年度收入费用表和预算会计报表的预算收入支出表有机地衔接起来。

二、政府会计主体收入的管理

1. 收入统管

政府会计主体的各项收入应全部纳入单位预算，由单位财务部门统一核算，统一管理，统筹安排使用。

2. 正确划分各项收入，依法交纳各种税费

政府会计主体应正确划清各类收入的界限，包括财政拨款收入与非同级财政拨款收入的划分，事业收入与经营收入的划分，经营收入与附属单位上缴收入的划分。政府会计主

体根据国家有关规定和本单位的实际情况编制收入预算，对组织的收入分类处理，按规定应上缴预算的收入要及时上缴国库，应上缴财政专户的收入要及时缴入财政专户，不能直接作为事业收入处理。对经营服务性收入，要依法交纳各项税费。

3. 充分利用现有条件积极组织收入，提高经费自给率和自我发展能力

有条件的事业单位要按市场经济的要求，充分利用现有的人、财、物等资源和设备，拓宽服务领域，扩大财源，增强自我发展能力。

4. 保证收入的合法性与合理性

政府会计主体的各种收费项目和收费标准，必须按规定程序报经国家有关部门批准，做到取之有道，用之合理，严禁乱收、滥用。

三、政府会计主体收入的确认

政府会计主体应当根据业务性质合理确定收入的实现。政府会计主体的预算收入采用收付实现制核算，在实际收到款项时予以确认；财务收入采用权责发生制核算，在提供服务或者发出商品，同时收讫价款或者取得收款权利时予以确认。由于财务会计和预算会计采用不同的核算基础，就会导致核算的结果出现预算收入与财务收入的差异。对于长期项目的收入，应当根据年度完成进度予以合理确认。单位取得收入为实物时，应当根据有关凭据确认其价值；没有凭据可供确认的，参照其市场价格确定。

第三节
拨款收入的核算

一、财政拨款收入和财政拨款预算收入的平行核算

（一）财政拨款收入的管理

财政拨款收入来源于国家预算资金，是国家对发展各项事业的投入，是政府会计主体开展业务活动的经常性资金来源。为加强预算资金的管理，各单位应在每个季度开始前，根据批复的单位预算，编制季度分月用款计划，由主管部门报财政部门核定，作为领拨经费的依据。在申请当期财政拨款时，各预算单位根据财政部门批复的用款计划，报送用款申请，财政部门审核受理，通过一定方式支付财政资金。

过去我国财政拨款收入的领拨方式分为两种，即划拨资金和限额拨款。自从实行国库集中支付制度改革后，目前有实拨资金、财政直接支付和财政授权支付三种方式并存。由于三种方式的内涵、程序不同，会计核算具体方法有所区别。

（二）财政拨款收入的方式、程序及核算

为了核算政府会计主体从财政部门取得的各类财政拨款，单位财务会计应设置“财政拨款收入”科目。贷方反映实际收到的财政拨款收入数；借方登记财政拨款收入的缴

回数；平时贷方余额反映财政拨款收入合计数。期末将本科目余额转入“本期盈余”科目，结转后本科目无余额。“财政拨款收入”账户按照公共财政预算拨款、政府性基金预算拨款等种类进行明细核算。

政府会计主体在进行预算会计核算时，应设置“财政拨款预算收入”科目。贷方登记实际收到的财政拨款收入的金额；借方登记财政拨款收入的转出金额；平时贷方余额反映财政拨款收入累计金额。年末将本科目累计金额转入“财政拨款结转”科目，结转后本科目无余额。

1. 实拨资金方式下财政拨款收入的核算

实拨资金方式亦称划拨资金方式，是一种传统的财政资金支付方式。预算单位每月按核定的用款计划，填写“预算经费请拨款”报同级财政部门，通过国库拨付资金给主管部门并逐级转拨到基层单位，各预算单位按预算规定的用途使用。目前，仅有少量财政资金采用实拨资金方式拨付。

【例 5 -1】某事业单位收到社会保障部门拨来的本月离退休费用共计 78 300 元。

- 财务会计：

借：银行存款　　78 300
　　贷：财政拨款收入　　78 300

- 预算会计：

借：资金结存——货币资金　　78 300
　　贷：财政拨款预算收入　　78 300

2. 财政直接支付方式下财政拨款收入的核算

财政直接支付是指预算单位按照部门预算和用款计划确定的资金用途和用款进度，向国库支付中心提出支付申请，由国库支付中心开具支付凭证，通过国库单一账户体系，将资金直接支付到商品、劳务供应者或用款单位。实行财政直接支付的财政资金包括工资支出、政府采购支出以及其他按规定纳入财政直接支付的支出。

办理财政直接支付，先由一级预算单位填写“财政直接支付汇总申请书”，报财政部门国库支付执行机构审核无误后，开具“财政直接支付汇总清算额度通知单”和“财政直接支付凭证”，经财政部门国库管理机构加盖印章签发后，分别送中国人民银行和代理银行。代理银行根据“财政直接支付凭证”及时将资金从财政零余额账户直接支付给收款人或用款单位。代理银行将当日实际支付的资金，按一级预算单位分预算科目汇总，附实际支付清单与国库单一账户进行资金清算。代理银行开具“财政直接支付入账通知书”发一级预算单位和基层预算单位。“财政直接支付入账通知书”作为一级预算单位和基层预算单位收到或付出款项的凭证。

【例 5 -2】某行政单位购买办公用品一批，价款共计 6 552 元，由财政直接支付。

- 财务会计：

借：业务活动费用　　6 552
　　贷：财政拨款收入——公共预算财政拨款　　6 552

- 预算会计：

借：行政支出　　6 552

贷：财政拨款预算收入——财政直接支付 6 552

【例5-3】某行政单位本年度财政直接支付预算指标数为300 000元，财政直接支付实际支出数为280 000元，尚未使用的财政直接支付预算指标数20 000元。

- 财务会计：

借：财政应返还额度——财政直接支付 20 000

贷：财政拨款收入——公共预算财政拨款 20 000

- 预算会计：

借：资金结存——财政应返还额度 20 000

贷：财政拨款预算收入——财政直接支付 20 000

【例5-4】期末，某行政单位将“财政拨款收入”科目贷方余额1 850 000元转入“本期盈余”账户。

借：财政拨款收入 1 850 000

贷：本期盈余 1 850 000

3. 财政授权支付方式下财政补助收入的核算

预算单位根据部门预算和用款计划确定的资金用途和用款进度，按照财政部门的授权和批准的用款额度，由预算单位开具支付凭证，代理银行从单位零余额账户将资金支付到商品、劳务供应者或用款单位。实行财政授权支付的财政性资金，包括未纳入财政直接支付范围的购买支出、零星支出、特别紧急支出和经财政部门批准的其他支出。

办理财政授权支付，首先由财政国库部门根据批复的预算单位财政授权支付用款计划，分别向中国人民银行和代理银行签发下达“财政授权支付汇总清算额度通知单”“财政授权支付额度到账通知单”。代理银行收到后向相关预算单位发送“财政授权支付额度到账通知书”通知预算单位入账，登记单位零余额账户用款额度，最后由预算单位自行开具支付指令，代理银行在授权额度内进行付款，并与国库单一账户进行资金清算。

【例5-5】某事业单位接到代理银行转来的“财政授权支付到账通知书”，收到本月财政授权支付额度800 000元。

- 财务会计：

借：零余额账户用款额度 800 000

贷：财政拨款收入 800 000

- 预算会计：

借：资金结存——零余额账户用款额度 800 000

贷：财政拨款预算收入 800 000

【例5-6】年终，某事业单位将“财政拨款预算收入”贷方余额2 853 852元转入“财政拨款结转”账户。

借：财政拨款预算收入 2 853 852

贷：财政拨款结转——本年收支结转 2 853 852

二、非同级财政拨款收入和非同级财政拨款预算收入的平行核算

非同级财政拨款收入是指行政事业单位从非同级政府财政部门取得的经费拨款，包括

从同级政府其他部门取得的横向转拨款、从上级或下级政府财政部门取得的经费拨款等。

为了核算政府会计主体从非同级政府财政部门取得的拨款，单位财务会计应设置“非同级财政拨款收入”科目。贷方登记实际收到的金额；借方记收入的缴回数；平时贷方余额反映非同级财政拨款收入合计数。期末将本科目余额转入“本期盈余”科目，结转后本科目无余额。“非同级财政拨款收入”科目按照本级横向转拨财政款和非本级财政拨款进行明细核算，并按照收入来源进行明细核算。

政府会计主体在进行预算会计核算时，应设置“非同级财政拨款预算收入”科目。贷方登记实际收到的金额；借方反映收入的转出金额；平时贷方余额反映非同级财政拨款收入累计金额。年末将本科目累计金额转入“非财政拨款结转”科目，结转后本科目无余额。

【例5-7】某行政单位收到同级单位专项资金50 000元，存入银行。

- 财务会计：

借：银行存款	50 000	
贷：非同级财政拨款收入		50 000

- 预算会计：

借：资金结存——货币资金	50 000	
贷：非同级财政拨款预算收入		50 000

【例5-8】期末，某行政单位将“非同级财政拨款收入”科目贷方余额50 000元转入“本期盈余”科目。

借：非同级财政拨款收入	50 000	
贷：本期盈余		50 000

第四节 基本业务收入的核算

一、事业收入和事业预算收入的平行核算

事业收入，是指事业单位开展专业业务活动及辅助活动实现的收入。各事业单位业务性质不同，事业收入的具体内容有差异，总的可以归为两类：

（1）事业单位开展专业活动取得的收入。如艺术表演团体的演出收入；展览馆的门票收入；学校收取的学费、培训费等收入；广播电视台的广告收入、有线电视收入和节目交换收入等。

（2）事业单位开展辅助活动取得的收入。如医院的救护车收入，学校的住宿费收入等。

为了核算事业单位开展专业活动及辅助活动所取得的收入，事业单位财务会计应设置

"事业收入"科目。贷方记取得的收入数，借方记收入退回数，平时贷方余额为事业收入合计数。期末，将本科目余额全数转入"本期盈余"科目，结转后本科目无余额。"事业收入"科目按照事业收入的类别、来源等进行明细核算。

事业单位在进行预算会计核算时，应设置"事业预算收入"科目。贷方登记实际收到的事业收入的金额；借方记事业收入的转出金额 ；平时贷方余额反映事业收入累计金额。年末将本科目累计金额转入"非财政拨款结转"科目，结转后本科目无余额。

【例 5－9】某事业单位开展专业活动取得收入 68 000 元，按 20% 上缴财政专户。

- 财务会计：

借：银行存款	68 000	
贷：应缴财政款		13 600
事业收入		54 400

- 预算会计：

借：资金结存——货币资金	54 400	
贷：事业预算收入		54 400

【例 5－10】某事业单位将 13 600 上缴财政专户。

借：应缴财政款	13 600	
贷：银行存款		13 600

【例 5－11】某事业单位收到财政专户核拨的一笔经费 50 000 元。

- 财务会计：

借：银行存款	50 000	
贷：事业收入		50 000

- 预算会计：

借：资金结存——货币资金	50 000	
贷：事业预算收入		50 000

【例 5－12】期末，某事业单位将"事业收入"科目贷方余额 5 052 400 元转入"本期盈余"科目。

借：事业收入	5 052 400	
贷：本期盈余		5 052 400

【例 5－13】年末，事业单位将"事业预算收入"科目贷方累计金额 12 359 000 元转入"非财政拨款结转"科目。

借：事业预算收入	12 359 000	
贷：非财政拨款结转——本年收支结转		12 359 000

二、经营收入和经营预算收入的平行核算

经营收入，是指事业单位在开展专业业务活动及辅助活动之外开展非独立核算经营活动取得的收入。经营收入必须具备两个特征：第一，是经营活动取得的收入，而不是专业业务活动及辅助活动取得的收入；第二，是非独立核算经营活动取得的收入，而不是独立核算的经营活动取得的收入。

为了核算事业单位取得的非独立核算的各项收入，事业单位财务会计应设置“经营收入”科目。贷方记取得的经营收入数，借方登记冲减的经营收入数，平时贷方余额反映经营收入合计数。期末，将本科目余额全数转入“本期盈余”后无余额。“经营收入”科目按照经营活动类别、项目和收入来源等进行明细核算。

事业单位在进行预算会计核算时，应设置“经营预算收入”科目。贷方反映实际收到的经营收入的金额；借方登记经营收入的转出金额；平时贷方余额反映经营收入累计金额。年末将本科目累计金额转入“经营结余”科目，结转后本科目无余额。

【例 5-14】某科研单位开展经营活动向博达企业销售产品 100 件，每件售价 1 000 元（不含税），该单位属于一般纳税人，适用增值税率 13%，款项已存入银行。

- 财务会计：

借：银行存款　　113 000
　　贷：经营收入　　100 000
　　　　应交增值税——应交税金（销项税额）　　13 000

- 预算会计：

借：资金结存——货币资金　　113 000
　　贷：经营预算收入　　113 000

【例 5-15】某事业单位非独立核算的车队向外单位提供服务，取得现金收入 20 000 元（不含税）。该单位属于一般纳税人，运输服务适用增值税率 9%。

- 财务会计：

借：库存现金　　21 800
　　贷：经营收入　　20 000
　　　　应交增值税——应交税金（销项税额）　　1 800

- 预算会计：

借：资金结存——货币资金　　21 800
　　贷：经营预算收入　　21 800

【例 5-16】期末，某事业单位的“经营收入”科目贷方余额为 1 672 000 元，进行结转。

借：经营收入　　1 672 000
　　贷：本期盈余　　1 672 000

第五节
调剂性收入的核算

一、上级补助收入和上级补助预算收入的平行核算

上级补助收入，是指事业单位从主管部门和上级单位取得的非财政拨款收入。是事业

单位的上级单位、主管部门用财政拨款收入之外的收入拨给所属单位的经费，如用自身组织的收入和集中下级单位的收入拨给事业单位的资金。

为了核算事业单位取得的非财政拨款收入，应设置“上级补助收入”科目。贷方记取得的上级补助收入数，借方记退回上级补助收入数，平时贷方余额反映上级补助收入合计数。期末，将本科目余额全数转入“本期盈余”科目，结转后本科目无余额。“上级补助收入”科目按照发放补助单位、补助项目等进行明细核算。

事业单位在进行预算会计核算时，应设置“上级补助预算收入”科目。贷方记实际收到上级补助收入的金额；借方记上级补助收入的转出金额；平时贷方余额反映上级补助收入累计金额。年末将本科目累计金额转入“非财政拨款结转”科目，结转后本科目无余额。

【例 5－17】某事业单位收到主管部门用自身开展业务活动取得的收入拨来的专项补助款 50 000 元。

- 财务会计：

借：银行存款　　50 000

　　贷：上级补助收入　　50 000

- 预算会计：

借：资金结存——货币资金　　50 000

　　贷：上级补助预算收入　　50 000

【例 5－18】期末，某单位“上级补助收入”科目的贷方余额为 210 000 元，进行结转。

借：上级补助收入　　210 000

　　贷：本期盈余　　210 000

二、附属单位上缴收入和附属单位上缴预算收入的平行核算

附属单位上缴收入，是指事业单位取得的附属独立核算单位按照有关规定上缴的收入。附属单位一般是指事业单位所属独立核算的事业单位，如高等学校附属的中学、小学，科学院附属的研究所等。附属单位缴款包括两类：一是附属事业单位上缴的收入；二是附属的企业上缴的利润。

为了核算事业单位收到附属单位按规定缴来的款项，事业单位财务会计应设置“附属单位上缴收入”科目。贷方记收到附属独立核算单位实际上缴的款项，借方记退回数，平时贷方余额反映附属单位上缴收入合计数。期末，将本科目余额全数转入“本期盈余”科目，结转后本科目无余额。“附属单位上缴收入”科目按照附属单位、缴款项目等进行明细核算。

事业单位在进行预算会计核算时，应设置“附属单位上缴预算收入”科目。贷方记实际收到附属单位上缴收入的金额；借方记附属单位上缴收入的转出金额；平时贷方余额反映附属单位上缴收入累计金额。年末将本科目累计金额转入“非财政拨款结转”科目，结转后本科目无余额。

【例 5－19】某事业单位收到所属独立核算的研究所缴来的分成收入 200 000 元。

• 财务会计：

借：银行存款　　200 000

　　贷：附属单位上缴收入　　200 000

• 预算会计：

借：资金结存——货币资金　　200 000

　　贷：附属单位上缴预算收入　　200 000

【例 5－20】某事业单位收到所属独立核算的招待所缴来的利润 150 000 元。

• 财务会计：

借：银行存款　　150 000

　　贷：附属单位上缴收入　　150 000

• 预算会计：

借：资金结存——货币资金　　150 000

　　贷：附属单位上缴预算收入　　150 000

【例 5－21】期末，某事业单位的“附属单位上缴收入”科目贷方余额为 350 000 元，进行结转。

借：附属单位上缴收入　　350 000

　　贷：本期盈余　　350 000

第六节 投资收益和其他收入的核算

一、投资收益和投资预算收益的平行核算

投资收益，是指事业单位股权投资和债券投资所实现的收益或发生的损失。投资收益大于投资损失的差额为投资净收益；反之则为投资净损失。为了核算事业单位取得的投资收益或损失，事业单位财务会计应设置“投资收益”科目。贷方记取得的投资收入数，借方记投资的损失数，平时贷方余额反映投资收入合计数。期末，将本科目余额全数转入“本期盈余”科目，结转后本科目无余额。“投资收益”科目按照投资的种类等进行明细核算。

事业单位在进行预算会计核算时，应设置“投资预算收益”科目。贷方登记实际收到投资收入的金额；借方记投资损失的金额；平时贷方余额反映投资收入的累计金额。年末将本科目累计金额转入“其他结余”科目，结转后本科目无余额。

【例 5－22】某事业单位从被投资单位分得利润 36 000 元，存入银行。

• 财务会计：

借：银行存款　　36 000

贷：投资收益 36 000

- 预算会计：

借：资金结存——货币资金 36 000

贷：投资预算收益 36 000

【例5－23】某事业单位转让五年期国库券，其面值为100 000元，取得转让价款140 000元。

- 财务会计：

借：银行存款 140 000

贷：长期债券投资 100 000

投资收益 40 000

- 预算会计：

借：资金结存——货币资金 140 000

贷：投资支出 100 000

投资预算收益 40 000

【例5－24】期末，事业单位的“投资收益”科目贷方余额为76 000元，进行结转。

借：投资收益 76 000

贷：本期盈余 76 000

【例5－25】年末，事业单位的“投资预算收益”科目贷方余额为176 000元，进行转账。

借：投资预算收益 176 000

贷：其他结余 176 000

二、利息收入和其他预算收入的平行核算

利息收入，是指政府会计主体取得的银行存款利息。为了核算政府会计主体取得的利息收入，单位财务会计应设置“利息收入”科目。贷方记取得的利息收入数，借方记收入退回数，平时贷方余额反映利息收入合计数。期末，将本科目余额全数转入“本期盈余”科目，结转后本科目无余额。

政府会计主体在进行预算会计核算时，应设置“其他预算收入”科目。本账户核算单位除财政拨款预算收入、事业预算收入、上级补助预算收入、附属单位上缴预算收入、经营预算收入、债务预算收入、非同级财政拨款预算收入、投资预算收益之外的纳入部门预算管理的现金流入，包括捐赠预算收入、利息预算收入、租金预算收入、现金盘盈收入等。贷方登记实际收到利息、租金、捐赠等收入的金额；借方记利息、租金、捐赠等收入的转出金额；平时贷方余额反映利息、租金、捐赠等收入累计金额。年末将本科目累计金额转入“其他结余”科目，结转后本账户无余额。

【例5－26】某行政单位收到二季度银行存款利息1 456元。

- 财务会计：

借：银行存款 1 456

贷：利息收入 1 456

- 预算会计：

借：资金结存——货币资金　　1 456

　　贷：其他预算收入　　1 456

【例5－27】期末，行政单位的“利息收入”贷方余额为1 456元，进行结转。

借：利息收入　　1 456

　　贷：本期盈余　　1 456

三、租金收入和其他预算收入的平行核算

租金收入，是指政府会计主体经批准利用国有资产出租取得并按照规定纳入本单位预算管理的租金收入。为了核算行政事业单位取得的租金收入，单位财务会计应设置“租金收入”科目。贷方记取得的租金收入数，借方记收入退回数，平时贷方余额反映租金收入合计数。期末，将本科目余额全数转入“本期盈余”科目，结转后本科目无余额。“租金收入”科目按照出租国有资产类别和收入来源等进行明细核算。

【例5－28】某事业单位将临街的底楼出租，收到租金120 000元。

- 财务会计：

借：银行存款　　120 000

　　贷：租金收入　　120 000

- 预算会计：

借：资金结存——货币资金　　120 000

　　贷：其他预算收入　　120 000

【例5－29】期末，事业单位的“租金收入”科目贷方余额为150 000元，进行结转。

借：租金收入　　150 000

　　贷：本期盈余　　150 000

四、捐赠收入和其他预算收入的平行核算

捐赠收入，是指政府会计主体接受其他单位或个人捐赠取得的收入。为了核算政府会计主体取得的捐赠收入，单位财务会计应设置“捐赠收入”账户。贷方记取得的捐赠收入数，借方记捐赠收入退回数，平时贷方余额反映捐赠收入合计数。期末，将本科目余额全数转入“本期盈余”科目，结转后本科目无余额。“捐赠收入”科目按照捐赠资产的用途和捐赠单位等进行明细核算。

【例5－30】某事业单位接受个人捐赠款2 000 000元。

- 财务会计：

借：银行存款　　2 000 000

　　贷：捐赠收入　　2 000 000

- 预算会计：

借：资金结存——货币资金　　2 000 000

　　贷：其他预算收入　　2 000 000

【例5－31】某行政单位接受某公司捐赠一批被服物资，成本价为580 000（含税）

元，发生运费3 000元。

• 财务会计：

借：库存物品　580 000

　　贷：捐赠收入　577 000

　　　　银行存款　3 000

• 预算会计：

借：其他支出　3 000

　　贷：资金结存——货币资金　3 000

【例5－32】 期末，行政单位的“捐赠收入”科目贷方余额为580 000元，进行结转。

借：捐赠收入　580 000

　　贷：本期盈余　580 000

五、其他收入和其他预算收入的平行核算

其他收入，是指政府会计主体取得的除财政拨款收入、非同级财政拨款收入、上级补助收入、附属单位上缴收入、事业收入、经营收入、投资收益、利息收入、租金收入、捐赠收入以外的各项收入，包括现金盘盈收入、按规定纳入单位预算管理的科技成果转化收入、行政单位收回已核销的其他应收款、无法偿付的应付及预收款项、置换换出资产评估增值等。

为了核算政府会计主体取得的其他收入，单位财务会计应设置“其他收入”科目。贷方记取得的其他收入数，借方记收入退回数，平时贷方余额反映其他收入合计数。期末，将本科目余额全数转入“本期盈余”科目，结转后本科目无余额。“其他收入”科目按照其他收入的类别、来源等进行明细核算。

【例5－33】 某事业单位出售废品，收到现金400元。

• 财务会计：

借：库存现金　400

　　贷：其他收入　400

• 预算会计：

借：资金结存——货币资金　400

　　贷：其他预算收入　400

【例5－34】 某行政单位现金溢余200元。

（1）盘盈时：

• 财务会计：

借：库存现金　200

　　贷：待处理财产损溢　200

• 预算会计：

借：资金结存——货币资金　200

　　贷：其他预算收入　200

（2）无法查明原因，报经批准后转作收入：

借：待处理财产损溢 200

　　贷：其他收入 200

【例5-35】某事业单位无法偿付的应付账款6 960元。

• 财务会计：

借：应付账款 6 960

　　贷：其他收入 6 960

• 预算会计：

借：资金结存——货币资金 6 960

　　贷：其他预算收入 6 960

【例5-36】期末，事业单位的“其他收入”科目贷方余额为7 360元，进行结转。

借：其他收入 7 360

　　贷：本期盈余 7 360

【例5-37】年末，行政单位的“其他预算收入”科目贷方累计金额为60 156元，进行转账。

借：其他预算收入 60 156

　　贷：其他结余 60 156

【例5-38】某事业单位为满足事业业务发展的资金需要，从中国建设银行××支行借入100 000元，借款期限8个月，年利率6%。

（1）借入时：

借：银行存款 100 000

　　贷：短期借款——建设银行×××支行 100 000

借：资金结存——货币资金 100 000

　　贷：债务预算收入 100 000

（2）归还借款并支付利息时：

借款利息 = 100 000 × 6% × 8 ÷ 12 = 4 000（元）

借：短期借款 100 000

　　其他支出——利息支出 4 000

　　贷：银行存款 104 000

借：债务还本支出 100 000

　　其他预算支出 4 000

　　贷：资金结存——货币资金 104 000

第六章
费用

第一节
费用概述

一、费用的概念

费用，是指报告期内导致政府会计主体净资产减少的、含有服务潜力或者经济利益的经济资源的流出。

二、费用的确认条件

费用的确认应当同时满足以下条件：

（1）与费用相关的含有服务潜力或者经济利益的经济资源很可能流出政府会计主体；

（2）含有服务潜力或者经济利益的经济资源流出会导致政府会计主体资产减少或者负债增加；

（3）流出金额能够可靠地计量。

重点关注：

（1）总体按费用功能设置会计科目。

（2）各科目的核算范围和内容。

（3）确认时点：发生时（应付或实际支付）。

（4）为满足成本核算需要，按成本项目设置明细科目。

（5）不按项目进行明细核算，期末均转入“本期盈余”科目（所得税费用年末转）。

（6）费用按性质分类，诸如折旧费用、材料费用、工资薪酬费用、广告费用和运输费用等，其缺点是不能反映费用的经济用途以及费用与成本的对应关系；费用按功能分类，即按照费用在单位所发挥的功能进行分类列报，就政府会计部门而言，其活动通常可以划分为开展专业业务活动及其辅助活动等，每一种活动发生的费用所发挥的功能并不相同，因此，按照费用功能将其分开列报，有助于使用者了解费用发生的活动领域。例如为开展专业业务活动发生了多少费用？辅助活动发生了多少费用？为一般行政管理发生了多少费用？为筹措资金又发生了多少费用？这种方法通常能向报表使用者提供具有结构性的信息，能更清楚地揭示业绩的主要来源和构成，提供的信息更为相关。为以后政府会计的成本核算奠定基础。

三、费用类科目与支出类科目对比

费用类科目与预算支出类科目对比如表 6－1 所示。

表 6－1　　费用类科目与预算支出类科目对比表

费用类科目	预算支出类科目
财务会计账套	预算会计账套
业务活动费用	行政支出/事业支出
单位管理费用	事业支出
经营费用	经营支出
资产处置费用	其他支出
上缴上级费用	上缴上级支出
对附属单位补助费用	对附属单位补助支出
所得税费用	非财政拨款结余
其他费用	其他支出

四、费用类科目

（一）“业务活动费用”“单位管理费用”“经营费用”科目

1. 各科目核算范围

（1）“业务活动费用”科目：核算政府会计主体为实现其职能目标，依法履职或开展专业业务活动及其辅助活动所发生的各项费用。

（2）“单位管理费用”科目：核算事业单位本级行政及后勤管理部门开展管理活动发生的各项费用，包括单位行政及后勤管理部门发生的人员经费、公用经费、资产折旧（摊销）等费用，以及由单位统一负担的离退休人员经费、工会经费、诉讼费、中介费等。

（3）“经营费用”科目：核算事业单位在专业业务活动及其辅助活动之外开展非独立核算经营活动发生的各项费用。

2. 明细科目设置

按照项目、服务、业务、费用类别、支付对象等进行明细核算；按成本项目（共性）

设置明细科目：工资福利费用、商品和服务费用、对个人和家庭的补助费用、固定资产折旧费、无形资产摊销费；“业务活动费用”科目还应设置明细科目为：对企业补助费用、公共基础设施折旧（摊销）费、保障性住房折旧费、计提专用基金等，不同于预算支出明细科目的设置。

3. 账务处理

发生相关费用时：

借：业务活动费用/单位管理费用/经营费用

贷：应付职工薪酬/其他应付款/其他应交税费——应交个人所得税/库存物品/政府储备物资/固定资产累计折旧/无形资产累计摊销/公共基础设施累计折旧（摊销）/保障性住房累计折旧/其他应交税费/财政拨款收入/零余额账户用款额度/银行存款/应付账款等/专用基金［一般按预算会计下基于预算收入计算的金额］

（二）“资产处置费用”科目

1. 核算范围

本科目核算单位经批准处置资产时发生的费用，包括转销的被处置资产价值，以及在处置过程中发生的相关费用或者处置收入小于相关费用形成的净支出。

2. 资产处置的形式

按照规定，资产处置的形式包括出售、出让、转让、置换、无偿调拨、对外捐赠（主动处置）、报废、毁损以及货币性资产损失核销（被动处置）等。

资产盘亏、毁损、报废以及账款核对中发现的现金短缺等，应当先通过“待处理财产损溢”科目进行核算，再将处理资产价值和处理净支出计入“资产处置费用”科目。

3. 明细科目设置

按处置资产类别、处置形式等进行明细核算。

4. 账务处理

（1）不通过“待处理财产损溢”科目核算时：

①转销被处置资产价值（按照规定报经批准）时：

借：资产处置费用

　　固定资产累计折旧等

　　贷：库存物品/固定资产等［账面余额］

　　　　其他应收款［行政单位］

②处置过程中仅发生相关费用时：

借：资产处置费用

　　贷：银行存款等

同时，预算会计：

借：其他支出

　　贷：资金结存

③处置过程中取得收入时：

借：银行存款等　　　　　　［取得价款］

　　资产处置费用　　　　　［处置净支出］

贷：银行存款等　　　　　　［相关费用］
　　应缴财政款　　　　　　［处置净收入］

无预算会计处理。

（三）"所得税费用"科目

发生企业所得税纳税义务时

借：所得税费用

　　贷：其他应交税费——单位应交所得税

（四）"其他费用"科目

"其他费用"科目核算内容具体包括利息费用、坏账损失、罚没支出、现金资产捐赠支出（受赠的货币资金→捐赠收入）以及相关税费、运输费等。

相关税费、运输费等，一般情况下，计入资产成本；接受捐赠、无偿调入以名义金额计量的资产，以及成本无法可靠取得的公共基础设施等发生的相关税费、运输费等，计入其他费用；单位发生的与受托代理资产相关的税费、运输费、保管费等，计入其他费用。

第二节 政府会计主体费用与支出概述

政府会计主体为完成行政任务和事业计划目标，在开展业务活动和其他活动过程中，必然会耗用资金和物资设备，导致现金流出，产生各项费用开支。

一、政府会计主体的费用

政府会计主体费用，是指报告期内导致政府会计主体净资产减少的、含有服务潜力或者经济利益的经济资源的流出。由于行政单位和事业单位的性质不同，日常发生的业务管理活动存在差异，事业单位较为复杂，因此，需要有针对性、有差别地对资金的运行进行分类管理核算。政府会计制度规定，政府会计主体费用为业务活动费用、资产处置费用、其他费用、单位管理费用、经营费用、上缴上级费用、所得税费用和对附属单位补助费用八类。

为了便于学习掌握，对政府会计主体发生的费用作如下分类：

（1）按费用发生主体的差异，分为政府会计主体同有的费用和事业单位特有的费用。其中，业务活动费用、资产处置费用和其他费用是所有政府会计主体都会发生的，而单位管理费用、经营费用、上缴上级费用、所得税费用和对附属单位补助费用等五类属于事业单位费用。

（2）按资金是否真正耗费于本单位，分为本单位费用和调剂性费用。本单位费用是指政府会计主体在履职或开展各类活动中耗费的资金和损失，包括业务活动费用、单位管理费用、资产处置费用、其他费用、经营费用和所得税费用；调剂性费用是指在部门系统内部，调剂性分配资金进行上缴下补而出现资金的流出，包括上缴上级费用和对附属单位补助费用。

（3）按费用发生的范围不同，分为业务活动费用和经营活动费用。业务活动费用也称为非经营活动费用，是指单位在履职或开展专业活动和辅助活动过程中耗费的资金和损失，包括业务活动费用、资产处置费用、其他费用、单位管理费用等；经营活动费用是单位在开展非独立核算经营活动中耗费的资金和损失，包括经营费用和所得税费用。

政府会计主体费用由行政事业单位的财务会计核算，通过各单位财务会计对本单位发生的各类费用进行核算汇总报告，可以准确反映政府各部门各单位运行成本，有利于科学评价政府资源管理能力和绩效。

二、政府会计主体的支出

政府会计主体支出即行政事业单位预算支出，是指政府会计主体在预算年度内依法发生并纳入预算管理的现金流出。与政府会计主体费用同理，政府会计主体支出也需要分类管理核算，一是按支出主体分为行政单位支出（行政支出）、事业单位支出（事业支出、经营支出、投资支出和债务还本支出）和行政事业单位共有支出（其他支出）三类。二是按照资金是否真正耗费于本单位，将单位预算支出划分为本单位支出和调剂性支出。就本单位支出来看，行政事业单位有差异，行政单位只有行政支出和其他支出两项，而事业单位却有事业支出、经营支出、投资支出、债务还本支出和其他支出等四项。调剂性支出属于事业单位的支出项目，包括上缴上级支出和对附属单位补助支出两项。三是按支出的范围不同，分为业务活动支出（行政支出、事业支出、其他支出）和非业务活动支出（经营支出、投资支出和债务还本支出）。

政府会计主体支出由各行政事业单位预算会计核算，以反映政府各部门各单位预算支出执行情况。

三、政府会计主体费用与政府会计主体支出的平行记账

《政府会计制度》规定，单位对于纳入部门预算管理的现金收支业务，在采用财务会计核算的同时应当进行预算会计核算，即平行记账；对于其他业务，仅需要进行财务会计核算。平行记账是指在同一系统、同一原始凭证、同一记账凭证号下同时进行财务会计核算和预算会计核算，最后，通过在年底编制“本年盈余与预算结余的差异情况说明”，把财务报表的年度收入费用表和预算会计报表的预算收入支出表有机的衔接起来。

第三节

政府会计主体费用与支出的核算

一、业务活动费用、单位管理费用和行政（事业）支出的核算

（一）业务活动费用的内容

业务活动费用，是政府会计主体为实现其职能目标，依法履职或开展专业业务活动及

其辅助活动所发生的各项费用。包括业务部门的有关开支，即支付职工工资、外部人员劳务费、领用物品、固定资产折旧、无形资产摊销、公共基础设施和保障性住房折旧、交纳的税费、计提专用基金及其他费用。

（二）单位管理费用的内容

单位管理费用，是事业单位本级行政及后勤管理部门开展管理活动发生的各项费用，包括单位行政及后勤管理部门发生的人员经费、公用经费、资产折旧（摊销）等费用，以及由单位统一负担的离退休人员经费、工会经费、诉讼费、中介费等。

提示

业务活动费用与单位管理费用的区别

（1）会计主体有差异。行政单位和事业单位都要核算业务活动费用，而单位管理费用只有事业单位需要核算。

（2）费用的性质不同。业务活动费用产生于单位履职或业务活动、辅助活动中，而单位管理费用发生在行政后勤管理活动中。

（三）行政（事业）支出的内容和分类

行政支出是行政单位履行其职责实际发生的各项现金流出。事业支出是事业单位开展专业业务活动及其辅助活动实际发生的各项现金流出。行政（事业）支出是行政单位和事业单位会计核算的主要对象，也是考核单位业绩的重要依据。单位应当根据合理来源渠道的收入统筹安排支出，其中，财政拨款收入必须按预算规定的用途使用，不得自行改变资金用途。

行政（事业）支出虽然发生在不同性质的单位，但是，支出的结构和具体内容大致相同，下面统一介绍这两项支出的分类。

1. 按照政府收支分类科目的要求进行分类

单位的行政（事业）支出按照《政府收支分类科目》中的“支出经济分类科目”进行分类，分为工资福利支出、商品和服务支出、对家庭和个人的补助以及其他资本性支出等，反映了单位支出的具体用途（见表6－2）。

表6－2　　政府会计主体支出经济分类表

科目编码		科目名称	说明
类	款		
301		**工资福利支出**	反映单位开支的在职职工和编制外长期聘用人员的各类劳动报酬，以及为上述人员交纳的各项社会保险费等
	01	基本工资	反映按规定发放的基本工资，包括公务员的职务工资、级别工资；机关工人的岗位工资、技术等级工资；事业单位工作人员的岗位工资、薪级工资；各类学校毕业生试用期（见习期）工资、新参加工作工人学徒期、熟练期工资；军队（含武警）军官、文职干部的职务（专业技术等级）工资、军衔（级别）工资和军龄工资；军队士官的军衔等级工资和军龄工资等

续表

科目编码		科目名称	说明
类	款		
	02	津贴补贴	反映按规定发放的津贴、补贴，包括机关工作人员工作性津贴、生活性补贴、地区附加津贴、岗位津贴，机关事业单位艰苦边远地区津贴，事业单位工作人员特殊岗位津贴补贴，以及提租补贴、购房补贴、采暖补贴、物业服务补贴等
	03	奖金	反映按规定发放的奖金，包括机关工作人员年终一次性奖金等
	04	其他社会保障缴费	反映单位为职工交纳的基本医疗、失业、工伤、生育等社会保险费，残疾人就业保障金，军队（含武警）为军人交纳的伤亡、退役医疗等社会保险费
	06	伙食补助费	反映单位发给职工的伙食补助费，因公负伤等住院治疗、住疗养院期间的伙食补助费，军队（含武警）人员的伙食费等
	07	绩效工资	反映事业单位工作人员的绩效工资
	08		
	99	其他工资福利支出	反映上述科目未包括的工资福利支出，如各种加班工资、病假两个月以上期间的人员工资，职工探亲旅费，困难职工生活补助，编制外长期聘用人员（不包括劳务派遣人员）劳务报酬及社保缴费，公务员及参照公务员法管理的事业单位工作人员转入企业工作并按规定参加企业职工基本养老保险后给予的一次性补贴等
302		**商品和服务支出**	反映单位购买商品和服务的支出，不包括用于购置固定资产、战略性和应急性物资储备等资本性支出
	01	办公费	反映单位购买按财务会计制度规定不符合固定资产确认标准的日常办公用品、书报杂志等支出
	02	印刷费	反映单位的印刷费支出
	03	咨询费	反映单位咨询方面的支出
	04	手续费	反映单位支付的各类手续费支出
	05	水费	反映单位支付的水费、污水处理费等支出
	06	电费	反映单位的电费支出
	07	邮电费	反映单位开支的信函、包裹、货物等物品的邮寄费及电话费、电报费、传真费、网络通讯费等
	08	取暖费	反映单位取暖用燃料费、热力费、炉具购置费、锅炉临时工的工资、节煤奖以及由单位支付的未实行职工住房采暖补贴改革的在职职工和离退休人员宿舍取暖费
	09	物业管理费	反映单位开支的办公用房以及未实行职工住宅物业服务改革的在职职工和离退休人员宿舍等的物业管理费，包括综合治理、绿化、卫生等方面的支出
	11	差旅费	反映单位工作人员出差发生的城市间交通费、住宿费、伙食补助费和市内交通费

续表

科目编码		科 目 名 称	说 明
类	款		
	12	因公出国（境）费用	反映单位公务出国（境）的国际旅费、国外城市间交通费、住宿费、伙食费、培训费、公杂费等支出
	13	维修（护）费	反映单位日常开支的固定资产（不包括车船等交通工具）修理和维护费用，网络信息系统运行与维护费用，以及按规定提取的修购基金
	14	租赁费	反映租赁办公用房、宿舍、专用通讯网以及其他设备等方面的费用。
	15	会议费	反映单位在会议期间按规定开支的住宿费、伙食费、会议场地租金、交通费、文件印刷费、医药费等
	16	培训费	反映除因公出国（境）培训费以外的，在培训期间发生的师资费、住宿费、伙食费、培训场地费、培训资料费、交通费等各类培训费用
	17	公务接待费	反映单位按规定开支的各类公务接待（含外宾接待）费用
	18	专用材料费	反映单位购买日常专用材料的支出。具体包括药品及医疗耗材，农用材料，兽医用品，实验室用品，专用服装，消耗性体育用品，专用工具和仪器，艺术部门专用材料和用品，广播电视台发射台发射机的电力、材料等方面的支出
	24	被装购置费	反映法院、检察院、公安、税务、海关等单位的被装购置支出
	25	专用燃料费	反映用作业务工作设备的车（不含公务用车）、船设施等的油料支出
	26	劳务费	反映支付给外单位和个人的劳务费用，如临时聘用人员、钟点工工资，稿费、翻译费，评审费等
	27	委托业务费	反映因委托外单位办理业务而支付的委托业务费
	28	工会经费	反映单位按规定提取或安排的工会经费。
	29	福利费	反映单位按规定提取的职工福利费
	99	其他商品和服务支出	反映上述科目未包括的日常公用支出。如诉讼费、国内组织的会员费、来访费、广告宣传费以及离休人员特需费、离退休人员公用经费等
303		**对个人和家庭的补助**	反映政府用于对个人和家庭的补助支出
	01	离休费	反映机关事业单位和军队移交政府安置的离休人员的离休费、护理费以及提租补贴、购房补贴、采暖补贴、物业服务补贴等补贴
	02	退休费	反映机关事业单位和军队移交政府安置的退休人员的退休费以及提租补贴、购房补贴、采暖补贴、物业服务补贴等补贴
	03	退职（役）费	反映机关事业单位退职人员的生活补贴，一次性支付给职工或军官、军队无军籍退职职工、运动员的退职补助，一次性支付给军官、文职干部、士官、义务兵的退役费，按月支付给自主择业的军队转业干部的退役金
	04	抚恤金	反映按规定开支的烈士遗属、牺牲病故人员遗属的一次性和定期抚恤金，伤残人员的抚恤金，离退休人员等其他人员的各项抚恤金，以及按规定开支的机关事业单位职工和离退休人员丧葬费

续表

科目编码		科目名称	说明
类	款		
	05	生活补助	反映按规定开支的优抚对象定期定量生活补助费，退役军人生活补助费，机关事业单位职工遗属生活补助，长期赡养人员补助费，由于国家实行退耕还林禁牧舍饲政策补偿给农牧民的现金、粮食支出，对农村党员、复员军人以及村干部的补助支出，人犯的伙食费、药费等
	06	救济费	反映按规定开支的城乡困难群众、灾民、归侨、外侨及其他人员的生活救济费，包括城乡居民的最低生活保障金，随同资源枯竭矿山破产但未参加养老保险统筹的矿山所属集体企业退休人员按最低生活保障标准发放的生活费，特困救助供养对象、临时救助对象、贫困户、麻风病人的生活救济费，精简退职老弱残职工救济费，福利、救助机构发生的收养费以及救助支出等。实物形式的救济也在此科目反映
	07	医疗费补助	反映机关事业单位和军队移交政府安置的离退休人员的医疗费，学生医疗费，优抚对象医疗补助，以及按国家规定资助居民参加城乡居民医疗保险以及资助农民参加新型农村合作医疗、城镇居民参加城镇居民基本医疗保险的支出和对城乡贫困家庭的医疗救助支出
	08	助学金	反映学校学生助学金、奖学金、学生贷款、出国留学（实习）人员生活费，青少年业余体校学员伙食补助费和生活费补贴，按照协议由我方负担或享受我方奖学金的来华留学生、进修生生活费等
	09	奖励金	反映对个体私营经济的奖励、计划生育目标责任奖励、独生子女父母奖励等
	10	生产补贴	反映各种对个人发放的生产补贴支出，如国家对农民发放的农机具购置补贴、良种补贴、粮食直补以及发放给残疾人的各种生产经营补贴等
	11	住房公积金	反映行政事业单位按人力资源部和社会保障部、财政部规定的基本工资和津贴补贴以及规定比例为职工交纳的住房公积金。
	12	提租补贴	反映按房改政策规定的标准，行政事业单位向职工（含离退休人员）发放的租金补贴。
	13	购房补贴	反映按房改政策规定，行政事业单位向符合条件职工（含离退休人员）、军队（含武警）向转业复员离退休人员发放的用于购买住房的补贴。
	99	其他对个人和家庭的补助支出	反映未包括在上述科目的对个人和家庭的补助支出，如婴幼儿补贴、退职人员及随行家属路费、符合条件的退役回乡义务兵一次性建房补助、符合安置条件的城镇退役士兵自谋职业的一次性经济补助费、保障性住房租金补贴等

续表

科目编码		科目名称	说明
类	款		
309		**基本建设支出**	反映各级发展与改革部门集中安排的一般公共预算（不包括政府性基金以及各类拼盘自筹资金等）用于购置固定资产、战略性和应急性储备、土地和无形资产，以及购建基础设施、大型修缮所发生的支出
	01	房屋建筑物购建	反映用于购买、自行建造办公用房、仓库、职工生活用房、教学科研用房、学生宿舍、食堂等建筑物（含附属设施，如电梯、通讯线路、水气管道等）的支出
	02	办公设备购置	反映用于购置并按财务会计制度规定纳入固定资产核算范围的办公家具和办公设备的支出，以及按规定提取的修购基金
	03	专用设备购置	反映用于购置具有专门用途、并按财务会计制度规定纳入固定资产核算范围的各类专用设备的支出。如通信设备、发电设备、交通监控设备、卫星转发器、气象设备、进出口监管设备等，以及按规定提取的修购基金
	05	基础设施建设	反映用于农田设施、道路、铁路、桥梁、水坝和机场、车站、码头等公共基础设施建设方面的支出
	06	大型修缮	反映按财务会计制度规定允许资本化的各类设备、建筑物、公共基础设施等大型修缮的支出
	07	信息网络及软件购置更新	反映用于信息网络和软件方面的支出。如服务器购置、软件购置、开发、应用支出等，如果购置的相关硬件、软件等不符合财务会计制度规定的固定资产确认标准的，不在此科目反映
	08	物资储备	反映为应付战争、自然灾害或意料不到的突发事件而提前购置的具有特殊重要性的军事用品、石油、医药、粮食等战略性和应急性物质储备支出
	99	其他基本建设支出	反映著作权、商标权、专利权等无形资产购置支出，以及其他上述科目中未包括的资本性支出。如娱乐、文化和艺术原作的使用权、购买国内外影片播映权、购置图书等

2. 按照部门预算的要求进行的分类

按照部门预算的要求，单位的行政（事业）支出可分为基本支出和项目支出两大类。

基本支出，是单位保障其机构正常运行、完成日常工作任务所必需的资金耗费，主要包括工资福利支出、商品和服务支出、对个人和家庭的补助支出以及部分其他资本性支出。例如支付给工作人员的基本工资、社会保障缴费等；单位为完成日常工作所发生的办公费、邮电费、交通费等；为完成业务活动按规定购买复印机等办公设备等的支出，都属于单位的基本支出。

项目支出，是单位为完成其特定的目标任务所发生的支出，主要包括：专项业务项目，以及大型修缮、大型购置、大型会议和其他项目。单位的项目支出一般都安排有专项资金来源。

政府会计主体要注意保持合理的支出结构。要处理好基本支出与项目支出的关系，优先保障基本支出的需要；在基本支出安排上，要处理好人员支出与公用支出的关系，严格执行国家关于工资、津贴、补贴和职工福利待遇等方面的规定，从严控制人员经费支出；在项目支出安排上，要根据轻重缓急和财力可能，进行妥善安排。同时，严格控制“三公经费”支出，把资金尽可能多地用于履职及事业发展。

（四）政府会计主体费用（支出）的管理要求

费用（支出）管理是政府会计主体财务管理的重要组成部分，也是财政部门或上级部门考核政府会计主体预算执行情况的重要内容。政府会计主体必须严格按照有关规定，采取切实可行的措施和办法，加强对费用（支出）的管理。

1. 严格按照预算确定的用途和数额支用

政府会计主体必须严格按照预算规定的用途使用资金，不得办理无预算、超预算范围的支出。同时，必须严格按照预算规定的开支标准支用，不得任意改变开支标准。对于违反财经纪律的开支，单位一律不得办理报销支付。

2. 保证政府会计主体基本支出的需要

政府会计主体应当要保证人员经费和单位日常公用经费开支的需要。对于符合预算的人员经费支出和维持单位的正常运转的基本公用经费支出切实予以落实。单位对于大型设备的购置和大型会议的召开等方面开支，应当要尽量控制和压缩。

3. 注意勤俭节约，降低行政（业务）成本

政府会计主体必须实行绩效管理，在办理各项开支时必须注意勤俭节约，既要考虑保证行政任务和事业计划的顺利完成，又要考虑合理节约地使用各项资金，努力使政府会计主体的每一笔支出都能够达到其应有的效果，以较低的成本耗费获取较大的业绩。

4. 对资金支出的薄弱环节实施重点管理

政府会计主体应当采用积极有效的措施，对难以控制的“人、会、电话”等方面的支出实施重点管理。在人员经费管理方面，应当严格执行核定的编制数，不能超编；在会议费管理方面，应当健全审批制度，坚持务实、节约、高效的原则；在电话费管理方面，应当严格按照规定配备通讯工具，未经批准的单位不负担购置费及消耗费。

5. 严格项目支出管理

行政单位项目支出应当保证专款专用，不得任意改变内容或扩大使用范围。对于具有规定用途的资金，应严格按限定用途使用，不得任意挪用。应当为项目资金单独设账，反映和监督项目资金支出、进度和完成结算等情况。项目完成后，应当报送项目资金支出决算和使用效果的书面报告，接受财政部门或主管部门的检查、验收。

（五）业务活动费用、单位管理费用和行政（事业）支出的平行核算

1. 科目设置

（1）政府会计主体应设置“业务活动费用”（费用类）总账科目，对单位履职或开展业务活动发生各项费用进行核算。借方记本期发生的费用金额，贷方记当年费用冲减的金额；平时借方余额反映单位费用累计金额。期末，将本科目本期发生额转入本期盈余，结转后，本科目应无余额。

在“业务活动费用”总账科目下，应当按照项目、服务或者业务类别、支付对象等进行明细核算，并按照成本项目进行归集。

（2）事业单位应设置“单位管理费用”（费用类）总账科目，对事业单位直接发生或摊入的各项管理活动费用进行核算。借方记本期发生的管理费用金额，贷方记当年收回或应收的金额；平时借方余额反映事业单位管理费用累计金额。期末，将本科目本期发生额转入本期盈余，借记“本期盈余”科目，贷记本科目。期末结转后，本账户应无余额。

在“单位管理费用”总账科目下，应当按照项目、费用类别、支付对象等进行明细核算。

“业务活动费用”和“单位管理费用”按成本核算需要，可分为工资福利费用、商品和服务费用、对个人和家庭的补助费用、对企业补助费用、固定资产折旧费、无形资产摊销费、公共基础设施折旧（摊销）费、保障性住房折旧费、计提专用基金等成本项目，设置明细科目进行成本归集。

（3）行政单位应设置“行政支出”（支出类）总账科目，对单位履职实际发生的现金流出数进行核算。借方记本期实际发生的行政支出数，贷方记当年支出收回数；平时借方余额反映行政支出累计数。年末，将本科目本年发生额中的财政拨款支出转入财政拨款结转，借记“财政拨款结转——本年收支结转”科目，贷记本科目下各财政拨款支出明细科目；将本科目本年发生额中的非财政专项资金支出转入非财政拨款结转，借记“非财政拨款结转——本年收支结转”科目，贷记本科目下各非财政专项资金支出明细科目；将本科目本年发生额中的其他资金支出（非财政非专项资金支出）转入其他结余，借记“其他结余”科目，贷记本科目下其他资金支出明细科目。结转后，本科目应无余额。

（4）事业单位应设置“事业支出”总账科目，借方记发生的事业支出的实际支出数，贷方记当年支出收回数；平时借方余额反映事业支出累计数。年末，将本科目本年发生额中的财政拨款支出转入财政拨款结转，借记“财政拨款结转——本年收支结转”科目，贷记本科目下各财政拨款支出明细科目；将本科目本年发生额中的非财政专项资金支出转入非财政拨款结转，借记“非财政拨款结转——本年收支结转”科目，贷记本科目下各非财政专项资金支出明细科目；将本科目本年发生额中的其他资金支出（非财政非专项资金支出）转入其他结余，借记“其他结余”科目，贷记本科目下其他资金支出明细科目。结转后，本科目应无余额。

在“行政（事业）支出”总账科目下，应当分别按照“财政拨款支出”“非财政专项资金支出”和“其他资金支出”，“基本支出”和“项目支出”等层级进行明细核算，并按照《政府收支分类科目》中“支出功能分类科目”的项级科目进行明细核算；“基本支出”和“项目支出”明细科目下应当按照《政府收支分类科目》中“部门预算支出经济分类科目”的款级科目进行明细核算，同时在“项目支出”明细科目下按照具体项目进行明细核算。

2. 账务处理

（1）使用财政拨款产生的费用（支出）核算。政府会计主体使用财政拨款履职或开展业务活动，根据用途不同，分为基本支出业务和项目支出业务。按照拨款方式不同，又区分为财政直接支付的支出业务与财政授权支付的支出业务。

①基本支出业务的核算。账务处理分以下两种情况：

第一，直接支付业务。包括工资支出、商品和服务支出、会议费支出、国内及境外学习考察支出、工程采购支出、拨款支出等。

【例 6－1】 某事业单位 10 月份采用财政直接支付方式发放工资，本单位在职在编 10 人，其中，李天怡和陈成是单位管理人员，其余属于专业技术人员。本月应发基本工资总额 91 641.21 元，扣职工养老保险费 1 498 元，医疗保险费 546 元，失业保险费 302 元，住房公积金 4 840 元，个人所得税 6 558.03 元，实发 77 897.18 元。本月工资发放明细资料见表 6－3。

表 6－3　　10 月份工资发放明细表

姓名	应发工资	养老保险金	医疗保险金	失业保险金	住房公积金	个人所得税
李天怡	10 000.00	144.00	36.00	18.00	300.00	645.40
陈成	15 896.00	186.00	72.00	52.00	800.00	1 816.50
江岚	8 000.00	144.00	36.00	18.00	600.00	265.20
赵思伟	12 563.21	144.00	72.00	52.00	800.00	1 044.04
肖睿	5 968.00	144.00	36.00	18.00	300.00	92.00
程洪波	9 861.36	144.00	36.00	18.00	300.00	617.67
余利国	3 420.00	144.00	36.00	18.00	300.00	0.00
薛丽娟	4 310.25	144.00	36.00	18.00	300.00	9.37
林智铨	16 930.09	160.00	150.00	72.00	840.00	2 047.02
温志锋	4 692.30	144.00	36.00	18.00	300.00	20.83
合计	91 641.21	1 498	546	302	4 840	6 558.03

计提时，财务会计：

借：业务活动费用——工资福利费用　　65 745.21
　　单位管理费用——工资福利费用　　25 896
　　贷：应付职工薪酬——基本工资　　91 641.21

实际发放工资并代扣款项时：

- 财务会计：

借：应付职工薪酬——基本工资　　91 641.21
　　贷：财政拨款收入　　77 897.18
　　　　其他应交税费——应交个人所得税　　6 558.03
　　　　应付职工薪酬——社会保险费　　2 346
　　　　　　　　　　——住房公积金　　4 840

- 预算会计：

借：事业支出——财政拨款支出——基本支出——基本工资　　77 897.18
　　贷：财政拨款预算收入——基本支出——人员经费　　77 897.18

实际交纳个税、社会保险费和住房公积金时：

- 财务会计：

借：其他应交税费——应交个人所得税　　6 558.03

应付职工薪酬——社会保险费　　2 346
——住房公积金　　4 840
贷：财政拨款收入　　13 744.03

• 预算会计：

借：事业支出——财政拨款支出——基本支出——基本工资　　13 744.03
贷：财政拨款预算收入——基本支出——人员经费　　13 744.03

【例6-2】某行政单位12月份发放工资，资料如下：应付基本工资175 000元，各津贴及补贴65 000元，退休费23 000元。代扣职工养老保险12 000元，医疗保险48 000元，失业保险12 000元，住房公积金24 000元，扣交个人所得税3 000元。实发工资141 000元。

计提时，财务会计：

借：业务活动费用——工资福利费用　　240 000
贷：应付职工薪酬——基本工资　　175 000
——国家统一规定的津贴补贴　　65 000

实际发放工资并代扣款项时：

• 财务会计：

借：应付职工薪酬——基本工资　　175 000
——国家统一规定的津贴补贴　　65 000
贷：财政拨款收入　　141 000
其他应交税费——应交个人所得税　　3 000
应付职工薪酬——社会保险费　　72 000
——住房公积金　　24 000

• 预算会计：

借：行政支出——财政拨款支出——基本支出——基本工资　　76 000
——津贴补贴　　65 000
贷：财政拨款预算收入——基本支出——人员经费　　141 000

实际交纳个税、社会保险费和住房公积金时，

• 财务会计：

借：其他应交税费——应交个人所得税　　3 000
应付职工薪酬——社会保险费　　72 000
——住房公积金　　24 000
贷：财政拨款收入　　99 000

• 预算会计：

借：行政支出——财政拨款支出——基本支出——基本工资　　99 000
贷：财政拨款预算收入——基本支出——人员经费　　99 000

第二，授权支付业务。指未纳入直接支付的工资支出，工程采购支出，货物、服务采购支出管理的购买支出和零星支出。如临时人员费、非本单位在编人员的个人劳务报酬、临时人员社会保障和住房公积金支出；职工差旅费、职工预借款项；特别紧急支出等。

【例 6-3】某事业单位开出转账支票，从“零余额账户用款额度”中支付复印机修理费 2 600 元。

• 财务会计：

借：单位管理费用——商品和服务费用　　2 600
　　贷：零余额账户用款额度　　2 600

• 预算会计：

借：事业支出——财政拨款支出——基本支出——维修费　　2 600
　　贷：资金结存——零余额账户用款额度　　2 600

【例 6-4】某事业单位接到代理银行通知支付水费 7 200 元，开出转账支票从“零余额账户用款额度”中支付。根据计算分摊由业务部门承担 4 000 元，行政管理及后勤部门承担 3 200 元。

• 财务会计：

借：业务活动费用——商品和服务费用　　4 000
　　单位管理费用——商品和服务费用　　3 200
　　贷：零余额账户用款额度　　7 200

• 预算会计：

借：事业支出——财政拨款支出——基本支出——水费　　7 200
　　贷：资金结存——零余额账户用款额度　　7 200

【例 6-5】某事业单位购买材料（非政府采购项目），向 A 公司预付款 5 400 元，开出财政授权支付凭证，通知代理银行付款。

• 财务会计：

借：预付账款——A 公司　　5 400
　　贷：零余额账户用款额度　　5 400

• 预算会计：

借：事业支出——财政拨款支出——基本支出——专用材料费　　5 400
　　贷：资金结存——零余额账户用款额度　　5 400

【例 6-6】某事业单位内业务部门领用库存的甲材料一批，计价 500 元。

借：业务活动费用——商品和服务费用　　500
　　贷：库存物品——甲材料　　500

【例 6-7】某行政单位开出授权凭证，通知代理银行支付电话费 3 800 元。

• 财务会计：

借：业务活动费用——商品和服务费用　　3 800
　　贷：零余额账户用款额度　　3 800

• 预算会计：

借：行政支出——财政拨款支出——基本支出——邮电费　　3 800
　　贷：资金结存——零余额账户用款额度　　3 800

【例 6-8】某行政单位开出转账支票，从“零余额账户用款额度”中支付印刷费 2 400元。

• 财务会计：

借：业务活动费用——商品和服务费用　2 400

　　贷：零余额账户用款额度　2 400

• 预算会计：

借：行政支出——财政拨款支出——基本支出——印刷费　2 400

　　贷：资金结存——零余额账户用款额度　2 400

②项目支出业务的核算。项目支出业务有特定、专门的用途，应与基本支出业务分开管理与核算，不能互相混淆。另外，项目支出的业务也可以通过财政直接支付和财政授权支付进行资金结算。

【例 6－9】 某事业单位对危房及附属设施进行维修，通过零余额账户付款 530 000 元，该项支出已纳入本年项目预算。

• 财务会计：

借：单位管理费用——商品和服务费用　530 000

　　贷：零余额账户用款额度　530 000

• 预算会计：

借：事业支出——财政拨款支出——项目支出——大型修缮　530 000

　　贷：资金结存——零余额账户用款额度　530 000

【例 6－10】 某行政单位收到财政国库支付执行机构委托代理银行转来的财政直接支付入账通知书，支付召开本级政府人大会议费，共计 160 000 元。

• 财务会计：

借：业务活动费用——商品和服务费用　160 000

　　贷：财政拨款收入　160 000

• 预算会计：

借：行政支出——财政拨款支出——项目支出——会议费　160 000

　　贷：财政拨款预算收入——项目支出——本级人大会议费　160 000

由于费用与支出是政府会计主体日常发生得最多最复杂的业务，是单位会计核算的主要对象，因此，需要进行总分类和明细分类核算。例如，事业单位预算会计在“事业支出”总账科目下，根据核算需要应设置明细科目，按政府预算支出科目的“项”或“目”设户，按“目”或“节”设专栏，进行明细核算。现以上述例 6－1、例 6－3、例 6－4、例 6－5、例 6－6、例 6－9 为例，说明“事业支出明细账”的登记方法（见表 6－4）。

表 6－4　　**事业支出明细账**

明细科目或户名：财政拨款支出　　单位：元

年		凭证号	摘要	借方	贷方	余额	人员支出		公用支出						其他资本性支出	
月	日						基本工资	津贴补贴	办公费	印刷费	水费	邮电费	维修费	专用材料费	专用设备购置费	大型修缮
			发工资	91 641.21		91 641.21	91 641.21									

续表

年		凭证号	摘要	借方	贷方	余额	人员支出		公用支出						其他资本性支出	
月	日						基本工资	津贴补贴	办公费	印刷费	水费	邮电费	维修费	专用材料费	专用设备购置费	大型修缮
			付维修费	2 600		94 241.21							2 600			
			付水费	7 200		101 441.21					7 200					
			付材料费	5 400		106 841.21								5 400		
			付修缮费	530 000		636 841.21										530 000
			合计			636 841.21	91 641.21				7 200		2 600	5 400		530 000

对上述发生的业务，事业单位的财务会计也需要同时登记“业务活动费用”和“单位管理费用”明细账，见表6－5、表6－6。

表6－5　　业务活动费用明细账

明细科目或户名：　　单位：元

年		凭证号	摘要	借方	贷方	余额	工资福利费		商品和服务费用							
月	日						基本工资	津贴补贴	办公费	印刷费	水费	邮电费	维修费	专用材料费	专用设备购置费	大型修缮
			发工资	65 745.21		65 745.21	65 745.21									
			付水费	4 000		69 745.21					4 000					
			领用材料	500		70 245.21								500		
			合计	70 245.21		70 245.21	65 745.21				4 000			500		

表6－6　　单位管理费用明细账

明细科目或户名：　　单位：元

年		凭证号	摘要	借方	贷方	余额	工资福利费		商品和服务费用							
月	日						基本工资	津贴补贴	办公费	印刷费	水费	邮电费	维修费	专用材料费	专用设备购置费	大型修缮
			发工资	25 896		25 896										
			付维修费	2 600		28 496							2 600			
			付水费	3 200		31 696					3 200					
			付修缮费	530 000		561 696										530 000
			合计	561 696		561 696	91 641.21				7 200		2 600	5 400		530 000

同理，行政单位预算会计在“行政支出”总账科目下设明细科目进行明细核算。财务会计在“业务活动费用”总账科目下设明细科目进行明细核算。以上述例6－2、例6－7、例6－8、例6－10为例登记“行政支出”明细账。见表6－7、表6－8。

表6－7 **行政支出明细账**

明细科目或户名：财政拨款支出 单位：元

年		凭证号	摘要	借方	贷方	余额	人员支出		公用支出						其他资本性支出	
月	日						基本工资	津贴补贴	办公费	印刷费	水费	邮电费	维修费	会议费	专用设备购置费	大型修缮
			发工资	175 000		175 000	175 000									
			发津补贴	65 000		240 000		65 000								
			付邮电费	3 800		243 800						3 800				
			付印刷费	2 400		246 200				2 400						
			付会议费	160 000		406 200								160 000		
			合计	406 200		406 200	175 000	65 000		2 400		3 800		160 000		

表6－8 **业务活动费用明细账**

明细科目或户名： 单位：元

年		凭证号	摘要	借方	贷方	余额	工资福利费		商品和服务费用							
月	日						基本工资	津贴补贴	办公费	印刷费	水费	邮电费	维修费	会议费	专用设备购置费	大型修缮
			发工资	175 000		175 000	175 000									
			发津补贴	65 000		240 000		65 000								
			付邮电费	3 800		243 800						3 800				
			付印刷费	2 400		246 200				2 400						
			付会议费	160 000		406 200								160 000		
			合计	406 200		406 200	175 000	65 000		2 400		3 800		160 000		

（2）使用非财政专项资金产生费用（支出）核算。非财政专项资金是指由上级单位或其他部门拨入的指定项目或用途并需单独结报的资金。单位应对收到的专项资金加强管理，一是必须专款专用、单独核算，不得随意改变项目内容或扩大使用范围。二是必须按照规定及时报送专项资金专题材料，在项目实施过程中，及时向拨款单位报送专项资金使用情况；项目完成后，应当报送专项资金支出决算和使用效果的书面报告，并接受拨款单位的检查、验收。

【例6－11】某事业单位在甲课题研究中发生如下经济业务：

①收到科委拨来的课题费900 000元。

- 财务会计：

借：银行存款　　900 000
　　贷：事业收入——甲课题经费　　900 000

• 预算会计：

借：资金结存——货币资金　　900 000
　　贷：事业预算收入——非同级财政拨款　　900 000

②领用一批实验用材料，计 187 000 元。

借：业务活动费用——商品和服务费用　　187 000
　　贷：库存物品　　187 000

③为研究该课题，购买专用设备一台，价值 650 000 元，款通过银行支付，设备已验收交付使用。

• 财务会计：

借：固定资产　　650 000
　　贷：银行存款　　650 000

• 预算会计：

借：事业支出——非财政专项资金支出——甲课题——专用设备购置　　650 000
　　贷：资金结存——货币资金　　650 000

④以现金支付课题组研究人员报销的差旅费 3 000 元。

• 财务会计：

借：业务活动费用——商品和服务费用　　3 000
　　贷：库存现金　　3 000

• 预算会计：

借：事业支出——非财政专项资金支出——甲课题——差旅费　　3 000
　　贷：资金结存——货币资金　　3 000

⑤开出转账支票购买课题所需办公用品，计 2 000 元。

• 财务会计：

借：业务活动费用——商品和服务费用　　2 000
　　贷：银行存款　　2 000

• 预算会计：

借：事业支出——非财政专项资金支出——甲课题——办公费　　2 000
　　贷：资金结存——货币资金　　2 000

⑥ 甲课题研究结束，全部费用为 842 000 元，余款 58 000 元，按规定留给单位使用。结账时，将已完工的专款支出向拨款单位报账。假设没有其他调整事项和纳税事项。

• 结账时，财务会计：

借：事业收入——甲课题经费　　900 000
　　贷：本期盈余　　900 000

借：本期盈余　　842 000
　　贷：业务活动费用　　842 000

借：本期盈余 58 000
　　贷：本年盈余分配 58 000
借：本年盈余分配 58 000
　　贷：专用基金 58 000
- 结账时，预算会计：

借：事业预算收入——非同级财政拨款 900 000
　　贷：非财政拨款结转——本年收支结转 900 000
借：非财政拨款结转——本年收支结转 842 000
　　贷：事业支出——非财政专项资金支出 842 000
借：非财政拨款结转——本年收支结转 900 000
　　贷：非财政拨款结转——累计结转 900 000
借：非财政拨款结转——累计结转 842 000
　　贷：非财政拨款结转——本年收支结转 842 000
借：非财政拨款结转——累计结转 58 000
　　贷：非财政拨款结余——结转转入 58 000
借：非财政拨款结余——结转转入 58 000
　　贷：非财政拨款结余——累计结余 58 000
借：非财政拨款结余——累计结余 58 000
　　贷：非财政拨款结余分配 58 000
借：非财政拨款结余分配 58 000
　　贷：专用结余 58 000

（3）使用其他资金产生的费用（支出）核算。其他资金是指单位取得的除财政拨款收入和非财政专项资金收入以外的事业收入、上级补助收入、附属单位上缴收入、捐赠收入、利息收入、租金收入和其他收入，单位可以用于开展专业及辅助活动。

【例6-12】某职业学校应付给外聘教师沈丹课酬4 560元，代扣个人所得税729.60元，实付3 830.40元。

- 计提时，财务会计：

借：业务活动费用——商品和服务费用 4 560
　　贷：其他应付款 4 560
- 实际支付并代扣个人所得税时，财务会计：

借：其他应付款 4 560
　　贷：银行存款 3 830.40
　　　　其他应交税费——应交个人所得税 729.60
- 支付时，预算会计：

借：事业支出——其他资金支出——基本支出——劳务费 3 830.40
　　贷：资金结存——货币资金 3 830.40

【例6-13】某事业单位接待协作单位人员，报销餐费800元，以现金支付。

- 财务会计：

借：单位管理费用——商品和服务费用　　800
　　贷：库存现金　　800

- 预算会计：

借：事业支出——其他资金支出——基本支出——招待费　　800
　　贷：资金结存——货币资金　　800

【例 6－14】某行政单位用现金支付职工报销的业务培训费 3 000 元。

- 财务会计：

借：业务活动费用——商品和服务费用　　3 000
　　贷：银行存款　　3 000

- 预算会计：

借：行政支出——其他资金支出——基本支出——培训费　　3 000
　　贷：资金结存——货币资金　　3 000

【例 6－15】某行政单位开出转账支票，支付租赁费 42 000 元。

- 财务会计：

借：业务活动费用——商品和服务费用　　42 000
　　贷：银行存款　　42 000

- 预算会计：

借：行政支出——其他资金支出——基本支出——租赁费　　42 000
　　贷：资金结存——货币资金　　42 000

（4）计提折旧（摊销）、基金、纳税等产生的费用核算。政府会计主体按照规定可以对本单位占有的固定资产计提折旧，对无形资产进行摊销，从收入中按一定比例提取专用基金，在开展业务活动中负担交纳税金及附加等。在上述情形发生时，单位财务会计应当列入费用进行账务处理。

【例 6－16】某事业单位计提折旧的情况如下：业务部门的折旧费用为 66 720 元，管理部门的折旧费用为 42 000 元。

借：业务活动费用　　66 720
　　单位管理费用　　42 000
　　贷：固定资产累计折旧　　108 720

【例 6－17】某行政单位一个管理软件，按月计提的无形资产摊销金额是 2 378 元。

借：业务活动费用　　2 378
　　贷：无形资产累计摊销　　2 378

【例 6－18】某事业单位按本年取得的事业收入和主管部门规定的计提比例计算出当年应计提修购基金 32 000 元。

借：业务活动费用　　32 000
　　贷：专用基金——修购基金　　32 000

【例 6－19】某事业单位拥有一辆气缸容量为 3 升的乘用车和一辆中型商用客车（该两辆车均属行政后勤部门使用），按当地政府规定的税率计算应纳车船税共计为 2 600 元 。

借：单位管理费用　　2 600

贷：其他应交税费——应交车船税　　2 600

二、所得税费用及经营费用与经营支出的平行核算

为了更好地增强文化事业单位的自身发展能力，国家规定事业单位在确保完成国家规定的各项任务的前提下，可以利用各自的知识、技术和设备等条件，开展一些有偿服务和举办一些经营性活动，如文化事业单位可以提供音像资料和科技、文化艺术咨询，从事书画展销、戏装租赁等类项目，也可以开办一些服务性的经营项目，如开设小卖部、冷热饮食部、招待所、餐厅。取得的收入用于补充事业经费的不足，支持公共事业的发展。

事业单位在开展非独立核算的经营活动中应加强管理，努力提高经营效益，降低耗费。对经营活动中发生的各项费用支出进行正确归集核算，并把经营收入与经营支出进行配比，以真实反映事业单位的经营成果。为此，事业单位财务会计和预算会计应按经营活动的类别或项目，分别对经营费用和经营支出项目进行核算。

经营费用是事业单位在专业业务活动及其辅助活动之外开展非独立核算经营活动发生的各项费用。事业单位会计应设置“经营费用”（费用类）总账科目进行核算。借方记发生的各项经营活动费用及由经营活动产生的税费，贷方记经营费用的收回数，余额在借方，平时借方余额反映单位当期经营费用累计数，期末将“经营费用”科目余额本期发生额转入本期盈余，借记“本期盈余”科目，贷记“经营费用”。期末结转后，“经营费用”科目应无余额。

“经营费用”应当按照经营活动类别、项目、支付对象等进行明细核算。为了满足成本核算需要，本科目下还可按照“工资福利费用”“商品和服务费用”“对个人和家庭的补助费用”“固定资产折旧费”“无形资产摊销费”等成本项目设置明细科目，归集能够直接计入单位经营活动或采用一定方法计算后计入单位经营活动的费用。

经营支出是事业单位在专业业务活动及其辅助活动之外开展非独立核算经营活动中实际发生的各项现金流出。事业单位应设置“经营支出”（支出类）总账科目，借方记发生的各项经营支出，贷方记经营支出的收回数，余额在借方，平时借方余额反映单位当年经营支出累计数，年末将“经营支出”本年发生额转入经营结余，借记“经营结余”科目，贷记“经营支出”。年末结转后，“经营支出”科目应无余额。

“经营支出”应当按照经营活动类别、项目、《政府收支分类科目》中“支出功能分类科目”的项级科目和“部门预算支出经济分类科目”的款级科目等进行明细核算。

另外，有经营所得的事业单位应按规定及时足额计算交纳企业所得税，并对产生的所得税费用进行核算。事业单位应设置“所得税费用”（费用类）科目，借方记按照税法规定计算的应交企业所得税金数额，贷方一般没有发生额，平时借方余额反映事业单位缴纳企业所得税形成的费用累计数，年末，将本科目本年发生额转入本期盈余，借记“本期盈余”科目，贷记本科目。年末结转后，本科目应无余额。

【例 6－20】某事业单位附属非独立核算的招待所，6 月份发生以下经济业务：

①计算并以现金发放招待所员工本月工资 6 960 元，其中：基本工资 4 500 元，津贴 2 460 元。

• 计算时；财务会计：

借：经营费用——招待所——工资福利费用　　6 960

　　贷：应付职工薪酬——基本工资　　4 500

　　　　　　　　　　——国家统一规定的津贴补贴　　2 460

• 发放时，财务会计：

借：应付职工薪酬——基本工资　　4 500

　　　　　　　　——国家统一规定的津贴补贴　　2 460

　　贷：库存现金　　6 960

• 预算会计：

借：经营支出——招待所——基本工资　　4 500

　　　　　　　　　　　——津贴补贴　　2 460

　　贷：资金结存——货币资金　　6 960

②开出转账支票，购买 10 张床，共计 7 500 元。

• 财务会计：

借：固定资产　　7 500

　　贷：银行存款　　7 500

• 预算会计：

借：经营支出——招待所——专用设备购置费　　7 500

　　贷：资金结存——货币资金　　7 500

③发生维修费用 3 300 元，用银行存款支付。

• 财务会计：

借：经营费用——招待所——维修费　　3 300

　　贷：银行存款　　3 300

• 预算会计：

借：经营支出——招待所——维修费　　3 300

　　贷：资金结存——货币资金　　3 300

④计提本月折旧费用为 9 100 元。

借：经营费用——招待所——固定资产折旧费　　9 100

　　贷：固定资产累计折旧　　9 100

【例 6－21】某事业单位附设非独立核算小超市（小规模纳税人），10 月份发生以下部分经济业务：

①以现金支付差旅费 1 800 元。

• 财务会计：

借：经营费用——小超市——商品和服务费用　　1 800

　　贷：库存现金　　1 800

• 预算会计：

借：经营支出——小超市——差旅费　　1 800

　　贷：资金结存——货币资金　　1 800

②开出转账支票支付电费2 200元。

- 财务会计：

借：经营费用——小超市——商品和服务费用 2 200
　　贷：银行存款 2 200

- 预算会计：

借：经营支出——小超市——电费 2 200
　　贷：资金结存——货币资金 2 200

③本月实现销货收入50 000元（不含税），增值税征收率为6%，城建税税率为7%，教育费附加征收率为3%，地方教育费附加率为2%。

应交增值税 = 50 000 × 6% = 3 000（元）

应交城建税 = 3 000 × 7% = 210（元）

应交教育费附加 = 3 000 × 3% = 90（元）

应交地方教育费附加 = 3 000 × 2% = 60（元）

- 计税时，财务会计：

借：银行存款 53 000
　　贷：经营收入——小超市 50 000
　　　　应交增值税 3 000
借：经营费用——小超市——其他应交税费 360
　　贷：其他应交税费——应交城建税 210
　　　　　　　　　　——应交教育费附加 90
　　　　　　　　　　——应交地方教育费附加 60

- 预算会计：

借：资金结存——货币资金 53 000
　　贷：经营预算收入——小超市 53 000

- 缴税时，财务会计：

借：应交增值税 3 000
　　其他应交税费——应交城建税 210
　　　　　　　　——应交教育费附加 90
　　　　　　　　——应交地方教育费附加 60
　　贷：银行存款 3 360

- 预算会计：

借：经营支出——小超市——税费 3 360
　　贷：资金结存——货币资金 3 360

④计算本月应交企业所得税11 830元。

- 计税时，财务会计：

借：所得税费用 11 830
　　贷：其他应交税费——单位应交所得税 11 830

- 交税时，财务会计：

费用

借：其他应交税费——单位应交所得税　　11 830
　　贷：银行存款　　11 830

- 同时，预算会计：

借：非财政拨款结余——累计结余　　11 830
　　贷：资金结存——货币资金　　11 830

三、其他的费用和其他的支出的核算

（一）资产处置费用

1. 资产处置费用的概念及科目设置

资产处置，是指政府会计主体对其占有、使用的国有资产进行产权转让或注销产权的行为。资产处置的范围主要包括：闲置资产；低效运转或超标准配置的资产；因技术原因并经过科学论证确需报废淘汰的资产；因单位分离、撤销、合并、改制、隶属关系改变等原因发生产权转移的资产；盘亏、呆账及非正常损失的资产；已超过使用年限无法使用的资产；依据国家有关规定需要处置的资产。行政事业单位处置资产必须报批，可采用的处置方式有无偿调拨、出售、出让、转让、置换、对外捐赠、报废、毁损以及货币性资产损失核销等。

资产处置费用就是单位经批准处置资产时发生的费用，包括转销的被处置资产价值，以及在处置过程中发生的相关费用或者处置收入小于相关费用形成的净支出。行政事业单位应设置“资产处置费用”（费用类）总账科目进行核算，借方记资产转销金额、发生的处置费用以及处置收入与处置费用的差额，贷方一般没有发生额；平时借方余额反映处置资产的价值及费用累计数，期末，将本科目本期发生额转入本期盈余，借记“本期盈余”科目，贷记本科目。期末结转后，本科目应无余额。

2. 账务处理

【例 6-22】某行政单位经批准将一台闲置的服务器转让，原价 50 000 元，累计折旧 12 000 元，变价收入 40 000 元，已存入银行，并以现金支付运费 200 元。

①转销被处置资产账面价值时，财务会计：

借：资产处置费用　　38 000
　　固定资产累计折旧　　12 000
　　贷：固定资产　　50 000

②处置过程中发生相关费用时，财务会计：

借：资产处置费用　　200
　　贷：库存现金　　200

同时，预算会计：

借：其他支出　　200
　　贷：资金结存——货币资金　　200

②取得收入时，将处置资产的收付差额转入“应缴财政款”账户，财务会计：

借：银行存款　　40 000
　　贷：资产处置费用　　38 200
　　　　应缴财政款　　1 800

【例 6－23】某事业单位在资产清查时盘亏自用的乙材料 2 千克，价值 1 500 元，经批准予核销。

①清查时，财务会计：

借：待处理财产损溢　　1 500

　　贷：库存物品——乙材料　　1 500

②报经批准予以核销时，财务会计：

借：资产处置费用　　1 500

　　贷：待处理财产损溢　　1 500

【例 6－24】期末，某事业单位财务会计将“资产处置费用”科目借方余额为 62 500 元，转入“本期盈余”科目。

借：本期盈余　　62 500

　　贷：资产处置费用　　62 500

（二）其他费用和其他支出的平行核算

1. 其他费用与其他支出的概念及科目设置

其他费用，是指行政事业单位发生的除业务活动费用、单位管理费用、经营费用、资产处置费用、上缴上级费用、附属单位补助费用、所得税费用以外的各项费用，包括利息费用、坏账损失、罚没支出、现金资产捐赠支出以及相关税费、运输费等。

行政事业单位应设置“其他费用”（费用类）总账科目，对单位发生的各项其他费用进行核算。借方记本期发生的各项费用，贷方记冲减数，平时借方余额反映其他费用累计数。期末，将本科目本期发生额转入本期盈余，借记“本期盈余”科目，贷记本科目。期末结转后，本科目应无余额。

注意：单位发生的利息费用较多的，可以单独设置“5701 利息费用”科目。

其他支出，是指政府会计主体除行政支出、事业支出、经营支出、上缴上级支出、对附属单位补助支出、投资支出、债务还本支出以外的各项现金流出，包括利息支出、对外捐赠现金支出、现金盘亏损失、接受捐赠（调入）和对外捐赠（调出）非现金资产发生的税费支出、资产置换过程中发生的相关税费支出、罚没支出等。

政府会计主体应加强对其他支出管理，一是从严控制其他支出。列支其他支出必须符合规定的开支范围，不得随意列支。二是严格审核列支的项目和内容。列支其他支出必须有详细的项目名称，内容必须翔实，不能把没有名目的支出、没有详细内容的支出等列入其他支出。

政府会计主体应设置“其他支出”（支出类）总账科目。借方记各类其他支出发生数，贷方记支出收回数，平时借方余额反映其他支出累计数。年末，将本科目本年发生额中的财政拨款支出转入财政拨款结转，借记“财政拨款结转——本年收支结转”科目，贷记本科目下各财政拨款支出明细科目；将本科目本年发生额中的非财政专项资金支出转入非财政拨款结转，借记“非财政拨款结转——本年收支结转”科目，贷记本科目下各非财政专项资金支出明细科目；将本科目本年发生额中的其他资金支出（非财政非专项资金支出）转入其他结余，借记“其他结余”科目，贷记本科目下各其他资金支出明细科目。年末结转后，本科目应无余额。

2. 账务处理

【例 6－25】某事业单位归还给银行一年期借款，本金 100 000 元，利息 6 310 元。

• 财务会计：

借：短期借款　　100 000
　　其他费用——利息费用　　6 310
　　贷：银行存款　　106 310

• 预算会计：

借：债务还本支出　　100 000
　　其他支出——利息支出　　6 310
　　贷：资金结存——货币资金　　106 310

【例 6－26】某事业单位用其他资金捐赠给雁山希望小学 200 000 元。

• 财务会计：

借：其他费用——对外捐赠费用　　200 000
　　贷：银行存款　　200 000

• 预算会计：

借：其他支出——捐赠支出　　200 000
　　贷：资金结存——货币资金　　200 000

【例 6－27】某事业单位上年末应收账款的余额为 670 000 元，提取坏账准备的比例为 5‰；本年发生坏账损失 2 400 元，经批准予以核销。

• 上年末计提坏账准备时，财务会计：

提取坏账准备金额＝670 000×5‰＝3 350（元）

借：其他费用——坏账损失　　3 350
　　贷：坏账准备　　3 350

• 本年发生坏账核销时，财务会计：

借：坏账准备　　2 400
　　贷：应收账款　　2 400

【例 6－28】某行政单位盘点现金时发现短款 156 元，无法查明原因，报经批准核销。

• 发现短款时，财务会计：

借：待处理财产损溢　　156
　　贷：库存现金　　156

• 报批核销时，财务会计：

借：资产处置费用　　156
　　贷：待处理财产损溢　　156

• 同时，预算会计：

借：其他支出——现金盘亏损失　　156
　　贷：资金结存——货币资金　　156

【例 6－29】某行政单位被卫生检疫部门处以 1 000 元罚款。

• 支付时，财务会计：

借：其他费用——罚没费用　1 000
　　贷：银行存款　1 000

● 预算会计：

借：其他支出——罚没支出　1 000
　　贷：资金结存——货币资金　1 000

【例6-30】期末，某事业单位财务会计将“其他费用”科目借方余额112 000元结转到“本期盈余”科目。

借：本期盈余　112 000
　　贷：其他费用　112 000

【例6-31】年终，某事业单位将“其他支出”中的非财政非专项资金支1 463 000元转入“其他结余”科目，“其他支出——××项目”借方余额130 000元转入“非财政拨款结转”科目。

借：其他结余　1 463 000
　　贷：其他支出　1 463 000
借：非财政拨款结转　130 000
　　贷：其他支出——××项目　130 000

第四节 单位调剂性支出的核算

单位调剂性支出，是指事业单位按规定上缴上级单位或对下级单位补助而形成的对其他单位的支出，并不构成本单位的正常支出。

一、上缴上级费用和上缴上级支出的平行核算

上缴上级费用，是指事业单位按照财政部门和主管部门的规定上缴上级单位款项发生的费用。在这个过程中发生的现金流出就形成事业单位的上缴上级支出。

事业单位附属的从事独立核算的单位，利用本单位的优势，开展多种形式的业务活动，积极组织收入，其所组织的收入安排支出后有较多结余，按规定的标准或比例向上级上缴收入，这部分上缴的收入在附属的独立核算单位称“上缴上级费用（支出）”。它与上级单位的附属单位上缴（预算）收入相对应。

为核算事业单位上缴上级发生的费用情况，单位财务会计应设置“上缴上级费用”（费用类）总账科目。借方记上缴数，贷方一般无发生额，平时借方余额反映上缴上级费用累计数。期末，将本科目本期发生额转入本期盈余，借记“本期盈余”科目，贷记本科目。期末结转后，本科目应无余额。

与此同时，事业单位预算会计也应设置“上缴上级支出”（支出类）总账科目。借方

记上缴支出数，贷方一般无发生额，平时借方余额反映上缴上级支出累计数。年末将本科目本年发生额全数转入其他结余，借记“其他结余”科目，贷记本科目。年终结转后，本科目无余额。

【例6-32】 4月8日，某事业单位按规定比例计算上缴上级单位资金支出25 000元。

- 财务会计：

借：上缴上级费用　　25 000

　　贷：银行存款　　25 000

- 预算会计：

借：上缴上级支出　　25 000

　　贷：资金结存——货币资金　　25 000

【例6-33】 4月30日，该事业单位财务会计将“上缴上级费用”借方余额25 000元转入“本期盈余”科目。

借：本期盈余　　25 000

　　贷：上缴上级费用　　25 000

【例6-34】 年终，该事业单位预算会计将“上缴上级支出”借方余额582 000元转入“其他结余”科目。

借：其他结余　　582 000

　　贷：上缴上级支出　　582 000

二、对附属单位补助费用和对附属单位补助支出的平行核算

对附属单位补助费用，是指事业单位用财政拨款收入之外的收入对附属单位补助发生的费用。在这个过程中发生的现金流出就形成事业单位的对附属单位补助支出。

对附属单位补助的资金性质是非预算资金，如从各附属单位集中的资金、接受捐赠的资金等。对附属单位补助的目的是为了解决附属单位的财务困难，与附属单位的“上级补助（预算）收入”相对应。

为了核算事业单位用非预算资金对附属单位的补助，单位财务会计应设置“对附属单位补助费用”（费用类）总账科目。借方记对附属单位拨付的补助数，贷方一般无发生额，平时借方余额反映对附属单位补助费用累计数。期末，将本科目本期发生额转入本期盈余，借记“本期盈余”科目，贷记本科目。期末结转后，本科目应无余额。本账户应当按照接受补助单位、补助项目等进行明细核算。同理，事业单位预算会计需要设置“对附属单位补助支出”（支出类）总账科目。借方记对附属单位拨付的补助数，贷方一般无发生额，平时借方余额反映对附属单位补助累计数。年末，将本科目本年发生额转入其他结余，借记“其他结余”科目，贷记本科目。年末结转后，本科目应无余额。

本科目应当按照接受补助单位、补助项目、《政府收支分类科目》中“支出功能分类科目”的项级科目和“部门预算支出经济分类科目”的款级科目等进行明细核算。

【例6-35】 8月6日，某事业单位用所属A单位上缴的收入拨补助款给所属B单位30 000元。

• 财务会计：

借：对附属单位补助费用——B 单位　　30 000

　　贷：银行存款　　30 000

• 预算会计：

借：对附属单位补助支出——B 单位　　30 000

　　贷：资金结存——货币资金　　30 000

【例 6-36】 8 月 31 日，该事业单位财务会计将“对附属单位补助费用”借方余额 30 000元转入“本期盈余”科目。

借：本期盈余　　30 000

　　贷：对附属单位补助费用——B 单位　　30 000

【例 6-37】 年终，该事业单位预算会计将“对附属单位补助支出”借方余额 246 000 元转入“其他结余”科目。

借：其他结余　　246 000

　　贷：对附属单位补助支出　　246 000

第七章
净资产

第一节
净资产概述

净资产是指政府会计主体资产扣除负债后的净额。净资产金额取决于资产和负债的计量。主要包括累计盈余、专用基金、权益法调整、本期盈余、本年盈余分配、无偿调拨净资产和以前年度盈余调整。

第二节
净资产的确认与计量

一、累计盈余

（一）“累计盈余”科目的核算内容

“累计盈余”科目核算单位历年实现的盈余扣除盈余分配后滚存的金额，以及因无偿调入调出资产产生的净资产变动额。按照规定上缴、缴回、单位间调剂结转结余资金产生的净资产变动额，以及对以前年度盈余的调整金额，也通过“累计盈余”科目核算。

（二）累计盈余的主要账务处理

（1）年末，将“本年盈余分配”科目的余额转入“累计盈余”科目，借记或贷记“本年盈余分配”科目，贷记或借记“累计盈余”科目。

（2）年末，将“无偿调拨净资产”科目的余额转入“累计盈余”科目，借记或贷记

“无偿调拨净资产”科目，贷记或借记“累计盈余”科目。

（3）按照规定上缴财政拨款结转结余、缴回非财政拨款结转资金、向其他单位调出财政拨款结转资金时，按照实际上缴、缴回、调出金额，借记“累计盈余”科目，贷记“财政应返还额度”“零余额账户用款额度”“银行存款”等科目。按照规定从其他单位调入财政拨款结转资金时，按照实际调入金额，借记“零余额账户用款额度”“银行存款”等科目，贷记“累计盈余”科目。

（4）将“以前年度盈余调整”科目的余额转入“累计盈余”科目，借记或贷记“以前年度盈余调整”科目，贷记或借记“累计盈余”科目。

（5）按照规定使用专用基金购置固定资产、无形资产的，按照固定资产、无形资产成本金额，借记“固定资产”“无形资产”科目，贷记“银行存款”等科目；同时，按照专用基金使用金额，借记“专用基金”科目，贷记“累计盈余”科目。

（6）“累计盈余”科目期末余额，反映单位未分配盈余（或未弥补亏损）的累计数以及截至上年末无偿调拨净资产变动的累计数。“累计盈余”科目年末余额，反映单位未分配盈余（或未弥补亏损）以及无偿调拨净资产变动的累计数。

（三）行政单位平行记账业务举例

1. 年末结转转入

【例 7－1】某行政单位经过年终决算后，当年实现盈余 60 000 元，经过分配后，记入“累计盈余”。平行记账账务处理如下：

• 财务会计：

借：本年盈余分配	60 000	
贷：累计盈余		60 000

• 预算会计不涉及账务处理。

2. 调入或调出财政拨款结转资金

【例 7－2】某行政单位接上级单位通知按规定上缴历年财政拨款结余资金 10 000 元，缴回非财政拨款结转资金 20 000 元，向其他单位调出财政拨款结转资金 20 000 元。平行记账账务处理如下：

• 财务会计：

借：累计盈余	50 000	
贷：财政应返还额度		10 000
银行存款		20 000
零余额账户用款额度		20 000

• 预算会计：

借：财政拨款结余——归集上缴	10 000	
非财政拨款结转——缴回资金	20 000	
财政拨款结转——调出资金	20 000	
贷：资金结存——财政应返还额度		10 000
——货币资金		20 000
——零余额账户用款额度		20 000

3. 将以前年度盈余调整的余额转入

【例7-3】 年末，某行政单位“以前年度盈余调整”科目贷方余额10 000元，转入“累计盈余”。平行记账账务处理如下：

- 财务会计：

借：以前年度盈余调整　　10 000
　　贷：累计盈余　　10 000

- 预算会计不涉及账务处理。

（四）事业单位平行记账业务举例

1. 年末结转转入

【例7-4】 某事业单位年末无偿调拨净资产借方余额20 000元，年终决算时转入累计盈余。平行记账账务处理如下：

- 财务会计：

借：累计盈余　　20 000
　　贷：无偿调拨净资产　　20 000

- 预算会计不涉及账务处理。

2. 调入或调出财政拨款结转资金

【例7-5】 某事业单位按照规定从其他单位调入财政拨款结转资金10 000元，平行记账账务处理如下：

- 财务会计：

借：零余额账户用款额度　　10 000
　　贷：累计盈余　　10 000

- 预算会计：

借：资金结存——零余额账户用款额度　　10 000
　　贷：财政拨款结转——归集调入　　10 000

3. 将以前年度盈余调整的余额转入

【例7-6】 年末，某事业单位“以前年度盈余调整”科目贷方余额20 000元，转入“累计盈余”。平行记账账务处理如下：

- 财务会计：

借：以前年度盈余调整　　20 000
　　贷：累计盈余　　20 000

- 预算会计不涉及账务处理。

4. 使用专用基金购置固定资产、无形资产

【例7-7】 年末，某事业单位使用从预算收入中提取的专用基金购置固定资产50 000元，款项通过银行支付。平行记账账务处理如下：

- 财务会计：

借：固定资产　　50 000
　　贷：银行存款　　50 000
借：专用基金　　50 000

贷：累计盈余 50 000

- 预算会计：

借：事业支出 50 000

贷：资金结存——货币资金 50 000

二、专用基金

（一）“专用基金”科目的核算内容

“专用基金”科目核算事业单位按照规定提取或设置的具有专门用途的净资产，主要包括职工福利基金、科技成果转换基金等。本科目应当按照专用基金的类别进行明细核算。

（二）专用基金的主要账务处理

（1）年末，根据有关规定从本年度非财政拨款结余或经营结余中提取专用基金的，按照预算会计口径计算的提取金额，借记“本年盈余分配”科目，贷记“专用基金”科目。

（2）根据有关规定从收入中提取专用基金并计入费用的，一般按照预算会计下基于预算收入计算提取的金额，借记“业务活动费用”等科目，贷记“专用基金”科目。国家另有规定的，从其规定。

（3）根据有关规定设置的其他专用基金，按照实际收到的基金金额，借记“银行存款”等科目，贷记“专用基金”科目。

（4）按照规定使用提取的专用基金时，借记“专用基金”科目，贷记“银行存款”等科目。使用提取的专用基金购置固定资产、无形资产的，按照固定资产、无形资产成本金额，借记“固定资产”“无形资产”科目，贷记“银行存款”等科目；同时，按照专用基金使用金额，借记“专用基金”科目，贷记“累计盈余”科目。

（5）“专用基金”科目期末贷方余额，反映事业单位累计提取或设置的尚未使用的专用基金。

（三）事业单位平行记账业务举例

1. 提取专用基金

【例7－8】年末，某事业单位按照规定从本年度非财政拨款结余或经营结余中提取专用基金30 000元，平行记账账务处理如下：

- 财务会计：

借：本年盈余分配 30 000

贷：专用基金 30 000

- 预算会计：

借：非财政拨款结余分配 30 000

贷：专用结余 30 000

2. 使用专用基金

【例7－9】年末，某事业单位按照规定使用从非财政拨款结余中提取专用基金40 000元，平行记账账务处理如下：

- 财务会计：

借：专用基金　　40 000

　　贷：银行存款　　40 000

- 预算会计：

借：专用结余　　40 000

　　贷：资金结存——货币资金　　40 000

三、权益法调整

（一）“权益法调整”科目的核算内容

“权益法调整”科目核算事业单位持有的长期股权投资。采用权益法核算时，按照被投资单位除净损益和利润分配以外的所有者权益变动份额调整长期股权投资账面余额而计入净资产的金额。“权益法调整”科目应当按照被投资单位进行明细核算。

（二）权益法调整的主要账务处理

（1）年末，按照被投资单位除净损益和利润分配以外的所有者权益变动应享有（或应分担）的份额，借记或贷记“长期股权投资——其他权益变动”科目，贷记或借记“权益法调整”科目。

（2）采用权益法核算的长期股权投资，因被投资单位除净损益和利润分配以外的所有者权益变动而将应享有（或应分担）的份额计入单位净资产的，处置该项投资时，按照原计入净资产的相应部分金额，借记或贷记“权益法调整”科目，贷记或借记“投资收益”科目。

（3）“权益法调整”科目期末余额，反映事业单位在被投资单位除净损益和利润分配以外的所有者权益变动中累积享有（或分担）的份额。

（三）事业单位平行记账业务举例

1. 资产负债表日被投资单位除净损益和利润分配以外的所有者权益

【例7-10】某事业单位按照被投资单位除净损益和利润分配以外的所有者权益变动取得增加份额15 000元，平行记账账务处理如下：

- 财务会计：

借：长期股权投资——其他权益变动　　15 000

　　贷：权益法调整　　15 000

- 预算会计不涉及账务处理。

2. 长期股权投资处置时

【例7-11】某事业单位在长期股权投资处置时，与所处置投资对应部分的权益法调整借方余额为30 000元，平行记账账务处理如下：

- 财务会计：

借：投资收益　　30 000

　　贷：权益法调整　　30 000

- 预算会计不涉及账务处理。

四、本期盈余

（一）“本期盈余”科目的核算内容

“本期盈余”科目核算单位本期各项收入、费用相抵后的余额。年末结账后，“本期盈余”科目应无余额。

（二）本期盈余的主要账务处理

（1）期末，将各类收入科目的本期发生额转入本期盈余，借记“财政拨款收入”“事业收入”“上级补助收入”“附属单位上缴收入”“经营收入”“非同级财政拨款收入”“投资收益”“捐赠收入”“利息收入”“租金收入”“其他收入”科目，贷记“本期盈余”科目；将各类费用科目本期发生额转入本期盈余，借记“本期盈余”科目，贷记“业务活动费用”“单位管理费用”“经营费用”“所得税费用”“资产处置费用”“上缴上级费用”“对附属单位补助费用”“其他费用”科目。

（2）年末，完成上述结转后，将“本期盈余”科目余额转入“本年盈余分配”科目，借记或贷记“本期盈余”科目，贷记或借记“本年盈余分配”科目。

（3）“本期盈余”科目期末如为贷方余额，反映单位自年初至当期期末累计实现的盈余；如为借方余额，反映单位自年初至当期期末累计发生的亏损。

（三）行政单位平行记账业务举例

1. 期末结转

【例7－12】某行政单位期末账务结转，结转各项收入。平行记账处理如下：

- 财务会计：

借：财政拨款收入	20 000	
非同级财政拨款收入	15 000	
捐赠收入	10 000	
利息收入	5 000	
租金收入	22 000	
其他收入	1 000	
贷：本期盈余		73 000

- 预算会计不涉及账务处理。

【例7－13】某行政单位期末账务结转，结转各项费用。平行记账处理如下：

- 财务会计：

借：本期盈余	39 000	
贷：业务活动费用		25 000
资产处置费用		5 500
其他费用		8 500

- 预算会计不涉及账务处理。

2. 年末结转

【例7－14】某行政单位年末账务结转，将本期盈余结转入本年盈余分配。平行记账处理如下：

①将本期盈余贷方余额转入：

• 财务会计：

借：本期盈余　　73 000

　　贷：本年盈余分配　　73 000

• 预算会计不涉及账务处理。

②将本期盈余借方余额转入

• 财务会计：

借：本年盈余分配　　39 000

　　贷：本期盈余　　39 000

• 预算会计不涉及账务处理。

（四）事业单位平行记账业务举例

1. 期末结转

【例7－15】某事业单位期末账务结转，结转各项收入。平行记账处理如下：

• 财务会计：

借：财政拨款收入　　20 000

　　非同级财政拨款收入　　15 000

　　事业收入　　25 000

　　投资收益　　1 000

　　捐赠收入　　10 000

　　利息收入　　5 000

　　租金收入　　22 000

　　其他收入　　1 000

　　贷：本期盈余　　99 000

在结转各项收入过程中，如果“投资收益”科目为发生额借方净额，做相反的会计分录。

• 预算会计不涉及账务处理。

【例7－16】某事业单位期末账务结转，结转各项费用。平行记账处理如下：

• 财务会计：

借：本期盈余　　74 500

　　贷：业务活动费用　　35 000

　　　　单位管理费用　　15 000

　　　　资产处置费用　　5 500

　　　　所得税费用　　10 500

　　　　其他费用　　8 500

• 预算会计不涉及账务处理。

2. 年末结转

【例7－17】某事业单位年末账务结转，将本期盈余结转入本年盈余分配。平行记账处理如下：

①将本期盈余贷方余额转入：

• 财务会计账务处理如下：

借：本期盈余　　99 000

　　贷：本年盈余分配　　99 000

• 预算会计不涉及账务处理。

②将本期盈余借方余额转入：

• 财务会计：

借：本年盈余分配　　74 500

　　贷：本期盈余　　74 500

• 预算会计不涉及账务处理。

五、本年盈余分配

（一）“本年盈余分配”科目的核算内容

“本年盈余分配”科目核算单位本年度盈余分配的情况和结果。年末结账后，“本年盈余分配”科目应无余额。

（二）本年盈余分配的主要账务处理

（1）年末，将“本期盈余”科目余额转入本科目，借记或贷记“本期盈余”科目，贷记或借记“本年盈余分配”科目。

（2）年末，根据有关规定从本年度非财政拨款结余或经营结余中提取专用基金的，按照预算会计口径计算的提取金额，借记“本年盈余分配”科目，贷记“专用基金”科目。

（3）年末，按照规定完成上述（1）、（2）处理后，将“本年盈余分配”科目余额转入“累计盈余”，借记或贷记“本年盈余分配”科目，贷记或借记“累计盈余”科目。

（三）行政单位平行记账业务举例

1. 年末，将本期盈余科目余额转入

参见例 7－14。

2. 年末，将本年盈余分配科目余额转入累计盈余

【例 7－18】某行政单位年末结账，将本年盈余分配的余额转入累计盈余，平行记账账务处理如下：

本年盈余分配余额＝73 000－39 000＝34 000（元）

（1）财务会计账务处理如下：

借：本年盈余分配　　34 000

　　贷：累计盈余　　34 000

（2）预算会计不涉及账务处理。

（四）事业单位平行记账业务举例

1. 年末，将本期盈余科目余额转入

参见例 7－17。

2. 年末，按照有关规定提取专用基金

【例 7－19】某事业单位年末按照有关规定从非财政拨款结余提取专用基金 5 000 元，账务处理如下：

（1）财务会计账务处理：

借：本年盈余分配　　5 000

　　贷：专用基金　　5 000

（2）预算会计账务处理如下：

借：非财政拨款结余分配　　5 000

　　贷：专用结余　　5 000

3. 年末，将“本年盈余分配”科目余额转入“累计盈余”

【例7-20】某事业单位年末结账，将“本年盈余分配”科目的余额转入“累计盈余”科目，平行记账账务处理如下：

本年盈余分配余额＝99 000－74 500＝24 500（元）

- 财务会计：

借：本年盈余分配　　24 500

　　贷：累计盈余　　24 500

- 预算会计不涉及账务处理。

六、无偿调拨净资产

（一）“无偿调拨净资产”科目的核算内容

“无偿调拨净资产”科目核算单位无偿调入或调出非现金资产所引起的净资产变动金额。年末结账后，本科目应无余额。

（二）无偿调拨净资产的主要账务处理

（1）按照规定取得无偿调入的存货、长期股权投资、固定资产、无形资产、公共基础设施、政府储备物资、文物文化资产、保障性住房等，按照确定的成本，借记“库存物品”“长期股权投资”“固定资产”“无形资产”“公共基础设施”“政府储备物资”“文物文化资产”“保障性住房”等科目，按照调入过程中发生的归属于调入方的相关费用，贷记“零余额账户用款额度”“银行存款”等科目，按照其差额，贷记“无偿调拨净资产”科目。

（2）按照规定经批准无偿调出存货、长期股权投资、固定资产、无形资产、公共基础设施、政府储备物资、文物文化资产、保障性住房等，按照调出资产的账面余额或账面价值，借记“无偿调拨净资产”科目，按照固定资产累计折旧、无形资产累计摊销、公共基础设施累计折旧或摊销、保障性住房累计折旧的金额，借记“固定资产累计折旧”“无形资产累计摊销”“公共基础设施累计折旧（摊销）”“保障性住房累计折旧”科目，按照调出资产的账面余额，贷记“库存物品”“长期股权投资”“固定资产”“无形资产”“公共基础设施”“政府储备物资”“文物文化资产”“保障性住房”等科目；同时，按照调出过程中发生的归属于调出方的相关费用，借记“资产处置费用”科目，贷记“零余额账户用款额度”“银行存款”等科目。

（3）年末，将“无偿调拨净资产”科目余额转入累计盈余，借记或贷记“无偿调拨净资产”科目，贷记或借记“累计盈余”科目。

（三）行政单位平行记账业务举例

【例7-21】某行政单位取得无偿调入的固定资产 20 000 元，安装费用 1 000 元，经上级批准无偿调出电脑3台15 000元，发生拆卸费用1 000元，该电脑已提折旧5 000元，发生的相关费用均通过银行支付。平行记账账务处理如下：

1. 调入固定资产

• 财务会计：

借：固定资产　21 000
　　贷：无偿调拨净资产　20 000
　　　　银行存款　1 000

• 预算会计：

借：其他支出　1 000
　　贷：资金结存——货币资金　1 000

2. 调出固定资产

• 财务会计：

借：无偿调拨净资产　10 000
　　固定资产累计折旧　5 000
　　贷：固定资产　15 000
借：资产处置费用　1 000
　　贷：银行存款　1 000

• 预算会计：

借：其他支出　1 000
　　贷：资金结存——货币资金　1 000

【例7－22】某行政单位年末将"无偿调拨净资产"科目余额10 000转入累计盈余，平行记账账务处理如下：

①"无偿调拨净资产"科目余额在贷方时：

• 财务会计：

借：无偿调拨净资产　10 000
　　贷：累计盈余　10 000

• 预算会计不涉及账务处理。

②"无偿调拨净资产"科目余额在借方时：

• 财务会计：

借：累计盈余　10 000
　　贷：无偿调拨净资产　10 000

• 预算会计不涉及账务处理。

（四）事业单位平行记账业务举例

事业单位无偿调拨净资产账务处理与行政单位相同。

七、以前年度盈余调整

（一）"以前年度损益调整"科目的核算内容

"以前年度损益调整"科目核算单位本年度发生的调整以前年度盈余的事项，包括本年度发生的重要前期差错更正涉及调整以前年度盈余的事项。“以前年度损益调整”科目结转后应无余额。

（二）以前年度损益调整的主要账务处理

（1）调整增加以前年度收入时，按照调整增加的金额，借记有关科目，贷记“以前年度损益调整”科目。调整减少的，做相反的会计分录。

（2）调整增加以前年度费用时，按照调整增加的金额，借记“以前年度损益调整”科目，贷记有关科目。调整减少的，做相反的会计分录。

（3）盘盈的各种非流动资产，报经批准后处理时，借记“待处理财产损溢”科目，贷记“以前年度损益调整”科目。

（4）经上述调整后，应将本科目的余额转入累计盈余，借记或贷记“累计盈余”科目，贷记或借记“以前年度损益调整”科目。

（三）行政单位平行记账业务举例

【例7－23】3月，某行政单位收到一笔属于以前年度的收入10 000元，并同时有一笔以前年度的财政拨款结余收入5 000元需要退回，平行记账账务处理如下：

1. 收到以前年度的收入

- 财务会计：

借：银行存款　　10 000

　　贷：以前年度盈余调整　　10 000

- 预算会计账务处理：

借：资金结存——货币资金　　10 000

　　贷：非财政拨款结余——年初余额调整　　10 000

2. 退回以前年度的财政拨款结余收入

- 财务会计：

借：以前年度盈余调整　　5 000

　　贷：银行存款　　5 000

- 预算会计：

借：财政拨款结余——年初余额调整　　5 000

　　贷：资金结存——货币资金　　5 000

【例7－24】年末，某行政单位对各项资产进行盘点，盘盈非流动资产8 000元，在报经上级管理部门批准处理后，平行记账账务处理如下：

- 财务会计账务处理如下：

借：待处理财产损溢　　8 000

　　贷：以前年度盈余调整　　8 000

- 预算会计不涉及账务处理。

【例7－25】年末，某行政单位将以前年度盈余调整科目余额转入累计盈余，平行记账账务处理如下：

以前年度盈余调整借方发生额＝5 000（元）

以前年度盈余调整贷方发生额＝10 000＋8 000＝18 000（元）

以前年度盈余调整贷方余额＝18 000－5 000＝13 000（元）

- 财务会计：

借：以前年度盈余调整　　13 000
　　贷：累计盈余　　13 000

- 预算会计不涉及账务处理。

（四）事业单位平行记账业务举例

【例7－26】 年末，某事业单位有一笔属于上年度提供收入的退回，上年度确认收入10 000元，增值税1 300元，该笔业务涉及的费用为5 000元，该单位已在服务发生时确认了收入，但至今未收到款项。根据上述业务，平行记账账务处理如下：

1. 提供收入退回时

- 财务会计：

借：以前年度盈余调整　　11 300
　　贷：应收账款　　10 000
　　　　应交增值税——应交税金　　1 300

- 预算会计：

借：非财政拨款结余——年初余额调整　　10 000
　　贷：资金结存——货币资金　　10 000

2. 涉及费用支出

- 财务会计：

借：业务活动费用　　5 000
　　贷：以前年度盈余调整　　5 000

- 预算会计：

借：资金结存——货币资金　　5 000
　　贷：非财政拨款结余——年初余额调整　　5 000

3. 该单位调减报告年度应交所得税

应交所得税＝(10 000—5 000)×25%＝1 250（元）

- 财务会计：

借：其他应缴税费——单位应交所得税　　1 250
　　贷：以前年度盈余调整　　1 250

- 预算会计不涉及账务处理。

4. 经上述调整后，应将以前年度盈余调整科目的余额转入累计盈余

以前年度盈余调整＝11 300－5 000－1 250＝5 050（元）

- 财务会计：

借：累计盈余　　5 050
　　贷：以前年度盈余调整　　5 050

- 预算会计不涉及账务处理。

第三篇　政府预算会计

第八章 预算收入

第一节 预算收入概述

一、预算收入的概念

预算收入，是指单位在预算年度内依法取得的并纳入预算管理的现金流入。包括财政拨款预算收入、非同级财政拨款预算收入、事业预算收入、经营预算收入、上级补助预算收入、附属单位上缴预算收入、债务预算收入、投资预算收益、捐赠预算收入、利息预算收入、租金预算收入、其他预算收入等。

二、预算收入的确认

单位预算收入一般在实际收到时予以确认，以实际收到的金额计量。对同级财政性拨款资金，在财务会计收入和预算收入的确认时点上基本保持一致，即单位在收到财政拨款的同时确认财务会计收入和预算收入。

第二节 预算收入的核算

一、财政拨款预算收入

（一）财政拨款预算收入的概念

财政拨款预算收入，是指单位从同级财政部门取得的各类财政预算经费。其中，同级财政部门指的是行政或事业单位的预算管理部门，这些政府单位的单位预算要经过同级财政部门批准方能执行。

各类财政拨款，是指所有财政预算经费拨款，包括一般公共预算经费拨款和政府性基金预算经费拨款等。

财政拨款预算收入对于行政单位而言，往往是其主要甚至是全部资金来源；对于事业单位而言，公益一类事业单位与行政单位类似，均以财政拨款预算收入为主要资金来源，公益二类事业单位由于其自身业务活动的特点，可以通过开展专业业务活动和辅助活动从市场上取得事业预算收入，其获得财政拨款预算收入的数额取决于其取得事业预算收入的数额。

（二）财政拨款预算收入的科目设置

单位设置“财政拨款预算收入”科目，核算单位从同级政府财政部门取得的各类财政拨款。“财政拨款预算收入”科目应当设置“基本支出”和“项目支出”两个明细科目，并按照《政府收支分类科目》中“支出功能分类科目”的项级科目进行明细核算；同时，在“基本支出”明细科目下按照“人员经费”和“日常公用经费”进行明细核算，在“项目支出”明细科目下按照具体项目进行明细核算。

有一般公共预算财政拨款、政府性基金预算财政拨款等两种或两种以上财政拨款的单位，还应当按照财政拨款的种类进行明细核算。年末结转后，本科目应无余额。

（三）财政拨款预算收入的主要账务处理

（1）财政直接支付方式下，单位根据收到的“财政直接支付入账通知书”及相关原始凭证，按照通知书中的直接支付金额，借记“行政支出”“事业支出”等科目，贷记“财政拨款预算收入”科目。年末，根据本年度财政直接支付预算指标数与当年财政直接支付实际支出数的差额，借记“资金结存——财政应返还额度”科目，贷记“财政拨款预算收入”科目。

（2）财政授权支付方式下，单位根据收到的“财政授权支付额度到账通知书”，按照通知书中的授权支付额度，借记“资金结存——零余额账户用款额度”科目，贷记“财政拨款预算收入”科目。年末，单位本年度财政授权支付预算指标数大于零余额账户用款额度下达数的，按照两者差额，借记“资金结存——财政应返还额度”科目，贷记“财政拨款预算收入”科目。

（3）其他方式下，单位按照本期预算收到财政拨款预算收入时，以实际收到的金额，借记“资金结存——货币资金”科目，贷记“财政拨款预算收入”科目。单位收到下期预算的财政预拨款，应当在下个预算期，按照预收的金额，借记“资金结存——货币资金”科目，贷记“财政拨款预算收入”科目。

（4）因差错更正、购货退回等发生国库直接支付款项退回的，属于本年度支付的款项，按照退回金额，借记“财政拨款预算收入”科目，贷记“行政支出”“事业支出”等科目。

（5）年末，将“财政拨款预算收入”科目本年发生额转入财政拨款结转，借记“财政拨款预算收入”科目，贷记“财政拨款结转——本年收支结转”科目。

【例8－1】某单位收到代理银行盖章的“财政授权支付额度到账通知书”，本月财政支付额度为80 000元。

借：资金结存——零余额账户用款额度　80 000

　　贷：财政拨款预算收入——财政授权支付　80 000

【例8－2】某事业单位12月通过实拨资金方式获得财政拨款资金150万元存入单位银行账户，其中列入本年基本支出预算用于发放12月份职工工资的财政拨款135万元，财政预拨列入下年项目支出预算的房屋日常维修款15万元，该单位收到财政拨款后12月份全部用于发放职工工资和房屋维修。

①收到财政拨款时：

借：资金结存——货币资金　1 350 000

　　贷：财政拨款预算收入——基本支出——人员经费　1 350 000

②下年1月将该房屋维修拨款同时列入预算收支：

借：资金结存——货币资金　150 000

　　贷：财政拨款预算收入——项目支出—— 房屋维修——公用经费　150 000

借：事业支出——项目支出—— 房屋维修——财政拨款支出——维修费

　　150 000

　　贷：资金结存——货币资金　150 000

二、事业预算收入

（一）“事业预算收入”科目的核算内容

“事业预算收入”科目。核算事业单位开展专业业务活动及其辅助活动取得的现金流入。

事业单位因开展科研及其辅助活动从非同级政府财政部门取得的经费拨款，也通过“事业预算收入”科目核算。

（二）“事业预算收入”的明细科目设置

“事业预算收入”科目应当按照事业预算收入类别、项目、来源、《政府收支分类科目》中“支出功能分类科目”的项级科目等进行明细核算。对于因开展科研及其辅助活动从非同级政府财政部门取得的经费拨款，应当在“事业预算收入”科目下单设“非同级财政拨款”明细科目进行明细核算；事业预算收入中如有专项资金收入，还应按照具体项目进行明细核算。

（三）事业预算收入的主要账务处理

（1）采用财政专户返还方式管理的事业预算收入，收到从财政专户返还的事业预算收入时，按照实际收到的返还金额，借记“资金结存——货币资金”科目，贷记“事业预算收入”科目。

（2）收到其他事业预算收入时，按照实际收到的款项金额，借记“资金结存——货币资金”科目，贷记“事业预算收入”科目。

（3）年末，将“事业预算收入”科目本年发生额中的专项资金收入转入非财政拨款结转，借记“事业预算收入”科目下各专项资金收入明细科目，贷记“非财政拨款结转——本年收支结转”科目；将“事业预算收入”科目本年发生额中的非专项资金收入转入其他结余，借记“事业预算收入”科目下各非专项资金收入明细科目，贷记“其他结余”科目。

（4）年末结转后，“事业预算收入”科目应无余额。

【例 8－3】某科研单位属于一般纳税人，承接了一项专项设备的研制工作，合同约定：设备含增值税的总价款为 904 000 元（增值税 104 000 元），签订合同时支付 200 000 元的款项，设备交付时支付 647 500 元的价款，设备交付使用 6 个月后再支付余款。该单位收到买方预付的货款 200 000 元；该单位研制设备发生的成本费用为：银行存款支付研发费 150 000 元，职工薪酬 180 000 元，加工设备折旧费 100 000 元，使用材料 50 000 元；该单位按期研制完成专项设备并交付给购买方，按照合同规定收到 647 500 元货款；设备交付 6 个月后收到买方支付的尾款。

①收到购买方预付款 20 万元：

借：银行存款	200 000	
贷：预收账款		200 000
借：资金结存——货币资金	200 000	
贷：事业预算收入		200 000

②记录该专项设备加工成本（15 万元＋18 万元＋10 万元＋5 万元＝48 万元）：

借：加工物品——研制设备	480 000	
贷：银行存款		150 000
应付职工薪酬		180 000
固定资产累计折旧		100 000
库存物品		50 000
借：事业支出	150 000	
贷：资金结存——货币资金		150 000

③设备研制完成，结转成本：

借：库存物品	480 000	
贷：加工物品——研制设备		480 000

④交付设备，结转库存：

借：业务活动费用	480 000	
贷：库存物品		480 000

⑤收到 647 500 元货款，确认收入：

借：银行存款	647 500	
预收账款	200 000	
贷：事业收入		750 000
应交增值税——应交税金（销项税额）		97 500
借：资金结存——货币资金	647 500	
贷：事业预算收入		647 500

⑥收到尾款：

借：银行存款	56 500	

贷：应收账款　　56 500
借：资金结存——货币资金　　56 500
贷：事业预算收入　　56 500

三、上级补助预算收入

（一）“上级补助预算收入”科目的核算内容

“上级补助预算收入”科目。核算事业单位从主管部门和上级单位取得的非财政补助现金流入。

（二）“上级补助预算收入”的明细账设置

“上级补助预算收入”科目应当按照发放补助单位、补助项目、《政府收支分类科目》中“支出功能分类科目”的项级科目等进行明细核算。上级补助预算收入中如有专项资金收入，还应按照具体项目进行明细核算。

（三）上级补助预算收入的主要账务处理

（1）收到上级补助预算收入时，按照实际收到的金额，借记“资金结存——货币资金”科目，贷记“上级补助预算收入”科目。

（2）年末，将“上级补助预算收入”科目本年发生额中的专项资金收入转入非财政拨款结转，借记“上级补助预算收入”科目下各专项资金收入明细科目，贷记“非财政拨款结转——本年收支结转”科目；将“上级补助预算收入”科目本年发生额中的非专项资金收入转入其他结余，借记“上级补助预算收入”科目下各非专项资金收入明细科目，贷记“其他结余”科目。

（3）年末结转后，“上级补助预算收入”科目应无余额。

【例 8－4】 某事业单位收到银行到账通知，其主管部门核定拨入专项资金 8 万元。

借：银行存款　　80 000
贷：上级补助收入　　80 000
借：资金结存——货币资金　　80 000
贷：上级补助预算收入——专项资金收入　　80 000

四、附属单位上缴预算收入

（一）“附属单位上缴预算收入”科目的核算内容

“附属单位上缴预算收入”科目。核算事业单位取得附属独立核算单位根据有关规定上缴的现金流入。

（二）“附属单位上缴预算收入”的明细账设置

“附属单位上缴预算收入”科目。应当按照附属单位、缴款项目、《政府收支分类科目》中“支出功能分类科目”的项级科目等进行明细核算。附属单位上缴预算收入中如有专项资金收入，还应按照具体项目进行明细核算。

（三）附属单位上缴预算收入的主要账务处理

（1）收到附属单位缴来款项时，按照实际收到的金额，借记“资金结存——货币资金”科目，贷记“附属单位上缴预算收入”科目。

（2）年末，将“附属单位上缴预算收入”科目本年发生额中的专项资金收入转入非财政拨款结转，借记“附属单位上缴预算收入”科目下各专项资金收入明细科目，贷记“非财政拨款结转——本年收支结转”科目；将“附属单位上缴预算收入”科目本年发生额中的非专项资金收入转入其他结余，借记“附属单位上缴预算收入”科目下各非专项资金收入明细科目，贷记“其他结余”科目。

（3）年末结转后，“附属单位上缴预算收入”科目应无余额。

【例8-5】某事业单位11月底收到所属独立核算单位上缴收入3万元。款项已入账。

借：其他应收款	30 000	
贷：附属单位上缴预算收入		30 000
借：银行存款	30 000	
贷：其他应收款		30 000
借：资金结存——货币资金	30 000	
贷：附属单位上缴预算收入		30 000

五、经营预算收入

（一）“经营预算收入”科目的核算内容

“经营预算收入”科目核算事业单位在专业业务活动及其辅助活动之外开展非独立核算经营活动取得的现金流入。

（二）“经营预算收入”的明细科目设置

“经营预算收入”科目应当按照经营活动类别、项目、《政府收支分类科目》中“支出功能分类科目”的项级科目等进行明细核算。

（三）经营预算收入的主要账务处理

（1）收到经营预算收入时，按照实际收到的金额，借记“资金结存——货币资金”科目，贷记“经营预算收入”科目。

（2）年末，将“经营预算收入”科目本年发生额转入经营结余，借记“经营预算收入”科目，贷记“经营结余”科目。

（3）年末结转后，“经营预算收入”科目应无余额。

【例8-6】某事业单位为一般纳税人，对外销售生产设备5台，每台售价2万元（不含税），购货单位以银行存款形式支付。增值税税率13%。

借：银行存款	113 000	
贷：经营收入		100 000
应交税金——应交增值税		13 000
借：资金结存——货币资金	113 000	
贷：经营预算收入		113 000

六、债务预算收入

（一）“债务预算收入”科目的核算内容

“债务预算收入”科目。核算事业单位按照规定从银行和其他金融机构等借入的、纳入部门预算管理的、不以财政资金作为偿还来源的债务本金。

（二）“债务预算收入”的明细科目设置

“债务预算收入”科目应当按照贷款单位、贷款种类、《政府收支分类科目》中“支出功能分类科目”的项级科目等进行明细核算。债务预算收入中如有专项资金收入，还应按照具体项目进行明细核算。

（三）债务预算收入的主要账务处理

（1）借入各项短期或长期借款时，按照实际借入的金额，借记“资金结存——货币资金”科目，贷记“债务预算收入”科目。

（2）年末，将“债务预算收入”科目本年发生额中的专项资金收入转入非财政拨款结转，借记“债务预算收入”科目下各专项资金收入明细科目，贷记“非财政拨款结转——本年收支结转”科目；将“债务预算收入”科目本年发生额中的非专项资金收入转入其他结余，借记“债务预算收入”科目下各非专项资金收入明细科目，贷记“其他结余”科目。

（3）年末结转后，“债务预算收入”科目应无余额。

【例8-7】某事业单位本年7月1日从银行借入三年期贷款800万元用于工程建设，贷款年利率6%；每年6月30日用银行存款支付借款等额年利息；贷款的第一年及第二年银行存款利息分别为1 500元和800元。

①借入贷款800万元：

借：银行存款	8 000 000	
贷：长期借款		8 000 000
借：资金结存——货币资金	8 000 000	
贷：债务预算收入		8 000 000

②期末计息（8 000 000×0.06÷12=40 000元）：

借：在建工程——待摊投资	40 000	
贷：应付利息		40 000

③第一、第二次支付贷款利息（40 000×12=480 000元）：

借：应付利息	480 000	
贷：银行存款		480 000
借：其他支出	480 000	
贷：资金结存——货币资金		480 000

④贷款产生的利息收入：

借：银行存款	1 500	
贷：在建工程——待摊投资		1 500
借：资金结存——货币资金	1 500	

贷：其他预算收入——利息收入 1 500

借：银行存款 800

贷：在建工程——待摊投资 800

借：资金结存——货币资金 800

贷：其他预算收入——利息收入 800

七、非同级财政拨款预算收入

（一）“非同级财政拨款预算收入”科目的核算内容

“非同级财政拨款预算收入”科目。核算单位从非同级政府财政部门取得的财政拨款，包括本级横向转拨财政款和非本级财政拨款。

对于因开展科研及其辅助活动从非同级政府财政部门取得的经费拨款，应当通过“事业预算收入——非同级财政拨款”科目进行核算，不通过“非同级财政拨款预算收入”科目核算。

（二）“非同级财政拨款预算收入”的明细科目设置

“非同级财政拨款预算收入”科目应当按照非同级财政拨款预算收入的类别、来源、《政府收支分类科目》中“支出功能分类科目”的项级科目等进行明细核算。非同级财政拨款预算收入中如有专项资金收入，还应按照具体项目进行明细核算。

（三）非同级财政拨款预算收入的主要账务处理

（1）取得非同级财政拨款预算收入时，按照实际收到的金额，借记“资金结存——货币资金”科目，贷记“非同级财政拨款预算收入”科目。

（2）年末，将“非同级财政拨款预算收入”科目本年发生额中的专项资金收入转入非财政拨款结转，借记“非同级财政拨款预算收入”科目下各专项资金收入明细科目，贷记“非财政拨款结转——本年收支结转”科目；将“非同级财政拨款预算收入”科目本年发生额中的非专项资金收入转入其他结余，借记本科目下各非专项资金收入明细科目，贷记“其他结余”科目。

（3）年末结转后，“非同级财政拨款预算收入”科目应无余额。

【例8－8】某事业单位收到银行存款进账单，本级政府其他单位转来一笔合作费用1万元。

借：银行存款 10 000

贷：非同级财政拨款预算收入 10 000

借：资金结存——货币资金 10 000

贷：非同级财政拨款预算收入 10 000

八、投资预算收益

（一）“投资预算收益”科目的核算内容

“投资预算收益”科目。核算事业单位取得的按照规定纳入部门预算管理的属于投资收益性质的现金流入，包括股权投资收益、出售或收回债券投资所取得的收益和债券投资利息收入。

（二）“投资预算收益”的明细科目设置

“投资预算收益”科目应当按照《政府收支分类科目》中“支出功能分类科目”的项级科目等进行明细核算。

（三）投资预算收益的主要账务处理

（1）出售或到期收回本年度取得的短期、长期债券，按照实际取得的价款或实际收到的本息金额，借记“资金结存——货币资金”科目，按照取得债券时“投资支出”科目的发生额，贷记“投资支出”科目，按照其差额，贷记或借记“投资预算收益”科目。

（2）出售或到期收回以前年度取得的短期、长期债券，按照实际取得的价款或实际收到的本息金额，借记“资金结存——货币资金”科目，按照取得债券时“投资支出”科目的发生额，贷记“其他结余”科目，按照其差额，贷记或借记“投资预算收益”科目。

（3）出售、转让以货币资金取得的长期股权投资的，其账务处理参照出售或到期收回债券投资。

（4）持有的短期投资以及分期付息、一次还本的长期债券投资收到利息时，按照实际收到的金额，借记“资金结存——货币资金”科目，贷记“投资预算收益”科目。

（5）持有长期股权投资取得被投资单位分派的现金股利或利润时，按照实际收到的金额，借记“资金结存——货币资金”科目，贷记“投资预算收益”科目。

（6）出售、转让以非货币性资产取得的长期股权投资时，按照实际取得的价款扣减支付的相关费用和应缴财政款后的余额（按照规定纳入单位预算管理的），借记“资金结存——货币资金”科目，贷记“投资预算收益”科目。

（7）年末，将“投资预算收益”科目本年发生额转入其他结余，借记或贷记“投资预算收益”科目，贷记或借记“其他结余”科目。

（8）年末结转后，“投资预算收益”科目应无余额。

【例 8－9】某事业单位以货币资金 80 万元和专用设备一套向 A 企业投资，该套专用设备的账面余额为 80 万元，已提固定资产折旧 20 万元，经评估该套设备评估价格为 150 万元。投资后该事业单位占该被投资企业的股权比例为 20%，有权参与其经营决策，并按照股权比例享有净利润和其他所有者权益；该被投资企业投资后第一年实现净利润 100 万元，第二年实现净利润 200 万元且其他所有者权益增加 70 万元，第三年实现净利润 230 万元并分配现金股利 200 万元；第四年该事业单位按照上级要求全部撤出该股权投资，获得撤资款 320 万元（处置投资资产净收入中的股权投资账面余额上缴财政，收益留归单位）。

①记录投资成本（成本＝80 万元＋150 万元＝230 万元）和注销固定资产账面余额：

借：长期股权投资——成本	2 300 000	
固定资产累计折旧	200 000	
贷：固定资产		800 000
银行存款		800 000
其他收入		900 000
借：投资支出	800 000	

预算收入

贷：资金结存——货币资金　　800 000

②投资后第一年记账（享有净利润 20 万元）：

借：长期股权投资——损益调整　　200 000

　　贷：投资收益　　200 000

③投资后第二年记账（享有净利润 40 万元，享有其他所有者权益 14 万元）：

借：长期股权投资——损益调整　　400 000

　　　　　　　　——其他权益变动　　140 000

　　贷：投资收益　　400 000

　　　　权益法调整　　140 000

④投资后第三年记账（享有净利润 46 万元，现金股利 40 万元）：

借：长期股权投资——损益调整　　460 000

　　贷：投资收益　　460 000

- 宣告派发现金股利：

借：应收股利　　400 000

　　贷：长期股权投资——损益调整　　400 000

- 收到现金股利：

借：银行存款　　400 000

　　贷：应收股利　　400 000

借：资金结存——货币资金　　400 000

　　贷：投资预算收益　　400 000

⑤撤资并收到撤资款 300 万元：

投资资产账面余额 = 成本 230 万元 + 损益调整 56 万元 + 其他权益变动 14 万元 = 300（万元）

现金取得投资的账面余额 = 300 万元 ÷ 230 万元 × 80 万元 = 104.35（万元）

现金取得投资的转让款 = 320 万元 ÷ 230 万元 × 80 万元 = 111.3（万元）

现金取得投资的转让收益 = 111.3 万元 − 104.35 万元 = 6.95（万元）

现金取得投资的转让预算收益 = 111.3 万元 − 80 万元 = 31.3（万元）

- 现金取得投资部分转让的账务处理：

借：银行存款　　1 113 000

　　贷：长期股权投资　　1 043 500

　　　　投资收益　　69 500

借：资金结存——货币资金　　1 113 000

　　贷：其他结余　　800 000

　　　　投资预算收益　　313 000

非现金资产取得投资的账面余额 = 300 万元 ÷ 230 万元 × 150 万元 = 195.65（万元）

非现金资产取得投资的转让款 = 320 万元 ÷ 230 万元 × 150 万元 = 208.7（万元）

非现金资产取得投资的转让收益 = 208.7 万元 − 195.65 万元 = 13.05（万元）

- 非现金资产取得投资部分转让的账务处理：

借：资产处置费用　　1 956 500
　贷：长期股权投资　　1 956 500
借：银行存款　　2 087 000
　贷：投资收益　　130 500
　　应缴财政款　　1 956 500
借：资金结存——货币资金　　130 500
　贷：投资预算收益　　130 500

- 将投资资产处置收入上缴国库：

借：应缴财政款　　1 956 500
　贷：银行存款　　1 956 500

⑥恢复因股权投资中其他所有者权益变动产生的投资收益（14 万元）：

借：权益法调整　　140 000
　贷：投资收益　　140 000

九、其他预算收入

（一）“其他预算收入”科目的核算内容

“其他预算收入”科目核算单位除财政拨款预算收入、事业预算收入、上级补助预算收入、附属单位上缴预算收入、经营预算收入、债务预算收入、非同级财政拨款预算收入、投资预算收益之外的纳入部门预算管理的现金流入，包括捐赠预算收入、利息预算收入、租金预算收入、现金盘盈收入等。

（二）“其他预算收入”的明细科目设置

“其他预算收入”科目应当按照其他收入类别、《政府收支分类科目》中“支出功能分类科目”的项级科目等进行明细核算。其他预算收入中如有专项资金收入，还应按照具体项目进行明细核算。单位发生的捐赠预算收入、利息预算收入、租金预算收入金额较大或业务较多的，可单独设置“捐赠预算收入”“利息预算收入”“租金预算收入”等科目。

（三）其他预算收入的主要账务处理

（1）接受捐赠现金资产、收到银行存款利息、收到资产承租人支付的租金时，按照实际收到的金额，借记“资金结存——货币资金”科目，贷记“其他预算收入”科目。

（2）每日现金账款核对中如发现现金溢余，按照溢余的现金金额，借记“资金结存——货币资金”科目，贷记“其他预算收入”科目。经核实，属于应支付给有关个人和单位的部分，按照实际支付的金额，借记“其他预算收入”科目，贷记“资金结存——货币资金”科目。

（3）收到其他预算收入时，按照收到的金额，借记“资金结存——货币资金”科目，贷记“其他预算收入”科目。

（4）年末，将“其他预算收入”科目本年发生额中的专项资金收入转入非财政拨款结转，借记“其他预算收入”科目下各专项资金收入明细科目，贷记“非财政拨款结转——本年收支结转”科目；将“其他预算收入”科目本年发生额中的非专项资金收入转入其他结余，借记“其他预算收入”科目下各非专项资金收入明细科目，贷记“其他结余”科目。

（5）年末结转后，“其他预算收入”科目应无余额。

【例 8－10】 某省科技厅向某中学捐赠一批电脑，该批电脑的固定资产原价为 48 万元，累计折旧为 20 万元，该科技厅还通过银行转账支付了电脑的运费 4 000 元，该中学收到了该批电脑入账。

该中学确认收入：

借：固定资产　　280 000

　　贷：捐赠收入　　280 000

第九章 预算支出

第一节 预算支出概述

一、预算支出的概念

预算支出，是国家对集中的单位预算收入有计划地分配和使用而安排的支出，主要包括行政支出、事业支出、经营支出、上缴上级支出、对附属单位补助支出、投资支出、债务还本支出、其他支出。

二、预算支出的确认与计量

（一）预算支出的确认

预算支出的确认应该满足以下条件：

（1）行政事业单位在预算年度内发生的纳入部门预算管理的业务。

（2）该业务为现金支出业务，并能够可靠计量。

（二）预算支出的计量

单位预算支出一般在实际发生时予以确认，以实际发生的金额计量。符合预算支出定义及其确认条件的项目应当列入政府决算报告。

第二节
预算支出的核算

一、行政支出

（一）“行政支出”科目的核算内容

“行政支出”科目核算行政单位履行其职责实际发生的各项现金流出。

（二）“行政支出”的明细科目设置

“行政支出”应当分别按照“财政拨款支出”“非财政专项资金支出”“其他资金支出”“基本支出”和“项目支出”等进行明细核算，并按照《政府收支分类科目》中“支出功能分类科目”的项级科目进行明细核算；“基本支出”和“项目支出”明细科目下应当按照《政府收支分类科目》中“部门预算支出经济分类科目”的款级科目进行明细核算，同时在“项目支出”明细科目下按照具体项目进行明细核算。

有一般公共预算财政拨款、政府性基金预算财政拨款等两种或两种以上财政拨款的行政单位，还应当在“财政拨款支出”明细科目下按照财政拨款的种类进行明细核算。

对于预付款项，可通过在“行政支出”科目下设置“待处理”明细科目进行核算，待确认具体支出项目后再转入“行政支出”科目下相关明细科目。

年末结账前，应将“行政支出”科目“待处理”明细科目余额全部转入“行政支出”科目下相关明细科目。

（三）行政支出的主要账务处理

（1）支付单位职工薪酬。向单位职工个人支付薪酬时，按照实际支付的金额，借记“行政支出”科目，贷记“财政拨款预算收入”“资金结存”科目。

按照规定代扣代交个人所得税以及代扣代交或为职工交纳职工社会保险费、住房公积金等时，按照实际交纳的金额，借记“行政支出”科目，贷记“财政拨款预算收入”“资金结存”科目。

（2）支付外部人员劳务费。按照实际支付给外部人员个人的金额，借记“行政支出”科目，贷记“财政拨款预算收入”“资金结存”科目。

按照规定代扣代交个人所得税时，按照实际交纳的金额，借记“行政支出”科目，贷记“财政拨款预算收入”“资金结存”科目。

（3）为购买存货、固定资产、无形资产等以及在建工程支付相关款项时，按照实际支付的金额，借记“行政支出”科目，贷记“财政拨款预算收入”“资金结存”科目。

（4）发生预付账款时，按照实际支付的金额，借记“行政支出”科目，贷记“财政拨款预算收入”“资金结存”科目。

对于暂付款项，在支付款项时可不做预算会计处理，待结算或报销时，按照结算或报销的金额，借记“行政支出”科目，贷记“资金结存”科目。

（5）发生其他各项支出时，按照实际支付的金额，借记“行政支出”科目，贷记“财政拨款预算收入”“资金结存”科目。

（6）因购货退回等发生款项退回，或者发生差错更正的，属于当年支出收回的，按照收回或更正金额，借记“财政拨款预算收入”“资金结存”科目，贷记“行政支出”科目。

（7）年末，将“行政支出”科目本年发生额中的财政拨款支出转入财政拨款结转，借记“财政拨款结转——本年收支结转”科目，贷记“行政支出”科目下各财政拨款支出明细科目；将“行政支出”科目本年发生额中的非财政专项资金支出转入非财政拨款结转，借记“非财政拨款结转——本年收支结转”科目，贷记“行政支出”科目下各非财政专项资金支出明细科目；将“行政支出”科目本年发生额中的其他资金支出（非财政非专项资金支出）转入其他结余，借记“其他结余”科目，贷记“行政支出”科目下其他资金支出明细科目。

（8）年末结转后，“行政支出”科目应无余额。

【例9－1】某行政单位购买办公用品，通过银行转账支付，共支付全部价款及运费6.2万元，办公用品经验收入库；该单位各办公室领用8 000元的办公用品。

①购买办公用品时，

• 财务会计：

借：库存物品　　62 000

　　贷：银行存款　　62 000

• 预算会计：

借：行政支出　　62 000

　　贷：资金结存——货币资金　　62 000

②领用办公用品时，仅做财务会计处理：

借：业务活动费用　　8 000

　　贷：库存物品　　8 000

【例9－2】某行政单位购买一套专用设备用于专业业务活动，通过银行转账支付，全部价款为58万元，合同规定第一笔货款15万元；该设备验收时支付剩余货款，设备无须安装即可投入使用；该单位收到设备并支付扣除质量保证金3万元（质保期1年）后的剩余货款，该单位每月对该设备计提折旧4 000元，保质期结束后付清3万元质量保证金。

①支付第一笔款项时，平行记账为：

借：预付账款　　150 000

　　贷：银行存款　　150 000

借：行政支出　　150 000

　　贷：资金结存——货币资金　　150 000

②收到设备并支付扣除质量保证金后的剩余款项40万元，平行记账核算如下：

借：固定资产　　580 000

贷：银行存款　　400 000
　　预付账款　　150 000
　　其他应付款　　30 000
借：行政支出　　400 000
　　贷：资金结存——货币资金　　400 000
③按期计提设备折旧，仅财务会计进行核算：
借：业务活动费用　　4 000
　　贷：固定资产累计折旧　　4 000
④到期支付质量保证金时，平行记账为：
借：其他应付款　　30 000
　　贷：银行存款　　30 000
借：行政支出　　30 000
　　贷：资金结存——货币资金　　30 000

二、事业支出

（一）“事业支出”科目的核算内容

“事业支出”科目核算事业单位开展专业业务活动及其辅助活动实际发生的各项现金流出。

（二）“事业支出”的明细科目设置

单位发生教育、科研、医疗、行政管理、后勤保障等活动的，可在本科目下设置相应的明细科目进行核算，或单设“教育支出”“科研支出”“医疗支出”“行政管理支出”“后勤保障支出”等一级会计科目进行核算。

“事业支出”应当分别按照“财政拨款支出”“非财政专项资金支出”“其他资金支出”“基本支出”和“项目支出”等进行明细核算，并按照《政府收支分类科目》中“支出功能分类科目”的项级科目进行明细核算；“基本支出”和“项目支出”明细科目下应当按照《政府收支分类科目》中“部门预算支出经济分类科目”的款级科目进行明细核算，同时在“项目支出”明细科目下按照具体项目进行明细核算。

有一般公共预算财政拨款、政府性基金预算财政拨款等两种或两种以上财政拨款的事业单位，还应当在“财政拨款支出”明细科目下按照财政拨款的种类进行明细核算。

对于预付款项，可通过在“事业支出”科目下设置“待处理”明细科目进行明细核算，待确认具体支出项目后再转入“事业支出”科目下相关明细科目。

年末结账前，应将“事业支出”科目“待处理”明细科目余额全部转入本科目下相关明细科目。

（三）事业支出的主要账务处理

（1）支付单位职工（经营部门职工除外）薪酬。向单位职工个人支付薪酬时，按照实际支付的数额，借记“事业支出”科目，贷记“财政拨款预算收入”“资金结存”科目。

按照规定代扣代交个人所得税以及代扣代交或为职工交纳职工社会保险费、住房公积金等时，按照实际交纳的金额，借记“事业支出”科目，贷记“财政拨款预算收入”“资金结存”科目。

（2）为专业业务活动及其辅助活动支付外部人员劳务费按照实际支付给外部人员个人的金额，借记“事业支出”科目，贷记“财政拨款预算收入”“资金结存”科目。

按照规定代扣代交个人所得税时，按照实际交纳的金额，借记“事业支出”科目，贷记“财政拨款预算收入”“资金结存”科目。

（3）开展专业业务活动及其辅助活动过程中为购买存货、固定资产、无形资产等以及在建工程支付相关款项时，按照实际支付的金额，借记“事业支出”科目，贷记“财政拨款预算收入”“资金结存”科目。

（4）开展专业业务活动及其辅助活动过程中发生预付账款时，按照实际支付的金额，借记“事业支出”科目，贷记“财政拨款预算收入”“资金结存”科目。

对于暂付款项，在支付款项时可不做预算会计处理，待结算或报销时，按照结算或报销的金额，借记“事业支出”科目，贷记“资金结存”科目。

（5）开展专业业务活动及其辅助活动过程中交纳的相关税费以及发生的其他各项支出，按照实际支付的金额，借记“事业支出”科目，贷记“财政拨款预算收入”“资金结存”科目。

（6）开展专业业务活动及其辅助活动过程中因购货退回等发生款项退回，或者发生差错更正的，属于当年支出收回的，按照收回或更正金额，借记“财政拨款预算收入”“资金结存”科目，贷记“事业支出”科目。

（7）年末，将“事业支出”科目本年发生额中的财政拨款支出转入财政拨款结转，借记“财政拨款结转——本年收支结转”科目，贷记“事业支出”科目下各财政拨款支出明细科目；将“事业支出”科目本年发生额中的非财政专项资金支出转入非财政拨款结转，借记“非财政拨款结转——本年收支结转”科目，贷记“事业支出”科目下各非财政专项资金支出明细科目；将“事业支出”科目本年发生额中的其他资金支出（非财政非专项资金支出）转入其他结余，借记“其他结余”科目，贷记“事业支出”科目下其他资金支出明细科目。

（8）年末结转后，“事业支出”科目应无余额。

【例9－3】某事业单位12月份通过实拨资金方式获得财政拨款资金150万元存入单位银行账户，其中列入本年基本支出预算用于发放12月份职工工资的财政拨款135万元，财政预拨列入下年项目支出预算的房屋日常维修款15万元，该单位收到财政拨款后在12月份全部用于发放职工工资和房屋维修。

①支付12月份工资和房屋维修资金时：

借：事业支出——基本支出——财政拨款支出——基本工资　　1 350 000

　　贷：资金结存——货币资金　　1 350 000

②下年1月将该房屋维修拨款同时列入预算收支：

借：资金结存——货币资金　　150 000

　　贷：财政拨款预算收入——项目支出—— 房屋维修——公用经费　　150 000

预算支出

借：事业支出——项目支出—— 房屋维修——财政拨款支出——维修费 150 000

贷：资金结存——货币资金 150 000

【例9-4】某事业单位向同级财政申请支付第三季度水费合计6 000元，5日后，财政部门经审核，以财政直接支付方式向自来水公司支付了该单位的水费合计6 000元，次日，该事业单位收到了“财政直接支付入账通知书”。

根据财政直接支付入账通知书做如下账务处理：

- 财务会计：

借：单位管理费用 6 000

贷：财政拨款收入 6 000

- 预算会计：

借：事业支出 6 000

贷：财政拨款预算收入 6 000

三、经营支出

（一）“经营支出”科目的核算内容

“经营支出”科目核算事业单位在专业业务活动及其辅助活动之外开展非独立核算经营活动实际发生的各项现金流出。

（二）“经营支出”的明细科目设置

“经营支出”应当按照经营活动类别、项目、《政府收支分类科目》中“支出功能分类科目”的项级科目和“部门预算支出经济分类科目”的款级科目等进行明细核算。

对于预付款项，可通过在“经营支出”科目下设置“待处理”明细科目进行明细核算，待确认具体支出项目后再转入“经营支出”科目下相关明细科目。

年末结账前，应将“经营支出”科目“待处理”明细科目余额全部转入“经营支出”科目下相关明细科目。

（三）经营支出的主要账务处理

（1）支付经营部门职工薪酬。向职工个人支付薪酬时，按照实际支付的金额，借记“经营支出”科目，贷记“资金结存”科目。

按照规定代扣代交个人所得税以及代扣代交或为职工交纳职工社会保险费、住房公积金时，按照实际交纳的金额，借记“经营支出”科目，贷记“资金结存”科目。

（2）为经营活动支付外部人员劳务费。按照实际支付给外部人员个人的金额，借记“经营支出”科目，贷记“资金结存”科目。

按照规定代扣代交个人所得税时，按照实际交纳的金额，借记“经营支出”科目，贷记“资金结存”科目。

（3）开展经营活动过程中为购买存货、固定资产、无形资产等以及在建工程支付相关款项时，按照实际支付的金额，借记“经营支出”科目，贷记“资金结存”科目。

（4）开展经营活动过程中发生预付账款时，按照实际支付的金额，借记“经营支出”科目，贷记“资金结存”科目。

对于暂付款项，在支付款项时可不做预算会计处理，待结算或报销时，按照结算或报销的金额，借记“经营支出”科目，贷记“资金结存”科目。

（5）因开展经营活动交纳的相关税费以及发生的其他各项支出，按照实际支付的金额，借记“经营支出”科目，贷记“资金结存”科目。

（6）开展经营活动中因购货退回等发生款项退回，或者发生差错更正的，属于当年支出收回的，按照收回或更正金额，借记“资金结存”科目，贷记“经营支出”科目。

（7）年末，将“经营支出”科目本年发生额转入经营结余，借记“经营结余”科目，贷记本科目。

（8）年末结转后，“经营支出”科目应无余额。

【例9－5】某事业单位10月10日为开展经营活动委托某企业制作一批产品，预付账款82 000元，10月20日产品制作完成并验收入库，这家企业给该事业单位开具90 000元的发票，该事业单位支付尾欠款8 000元，款项均采用银行存款支付。

借：预付账款	82 000	
贷：银行存款		82 000
借：经营支出	82 000	
贷：资金结存——货币资金		82 000
借：经营费用	90 000	
贷：预付账款		82 000
银行存款		8 000
借：经营支出	8 000	
贷：资金结存——货币资金		8 000

四、上缴上级支出

（一）“上缴上级支出”科目的核算内容

“上缴上级支出”科目核算事业单位按照财政部门和主管部门的规定上缴上级单位款项发生的现金流出。

（二）“上缴上级支出”的明细科目设置

“上缴上级支出”应当按照收缴款项单位、缴款项目、《政府收支分类科目》中“支出功能分类科目”的项级科目和“部门预算支出经济分类科目”的款级科目等进行明细核算。

（三）上缴上级支出的主要账务处理

（1）按照规定将款项上缴上级单位的，按照实际上缴的金额，借记“上缴上级支出”科目，贷记“资金结存”科目。

（2）年末，将上缴上级支出科目本年发生额转入其他结余，借记“其他结余”科目，贷记“上缴上级支出”科目。

（3）年末结转后，“上缴上级支出”科目应无余额。

【例9－6】某事业单位本年按照规定应该上缴上级部门90 000元，该款项于12月份上缴。

借：上缴上级费用　　90 000
　　贷：其他应付款　　90 000
借：上缴上级支出　　90 000
　　贷：资金结存——货币资金　　90 000
借：其他应付款　　90 000
　　贷：银行存款　　90 000

五、对附属单位补助支出

（一）“对附属单位补助支出”科目的核算内容

“对附属单位补助支出”科目核算事业单位用财政拨款预算收入之外的收入对附属单位补助发生的现金流出。

（二）“对附属单位补助支出”的明细科目设置

“对附属单位补助支出”应当按照接受补助单位、补助项目、《政府收支分类科目》中“支出功能分类科目”的项级科目和“部门预算支出经济分类科目”的款级科目等进行明细核算。

（三）对附属单位补助支出的主要账务处理

（1）发生对附属单位补助支出的，按照实际补助的金额，借记“对附属单位补助支出”科目，贷记“资金结存”科目。

（2）年末，将“对附属单位补助支出”科目本年发生额转入其他结余，借记“其他结余”科目，贷记本科目。

（3）年末结转后，“对附属单位补助支出”科目应无余额。

【例 9－7】某事业单位本年要对下属事业单位补助 6 万元，该补助款于 12 月份支付。

借：对附属单位补助费用　　60 000
　　贷：其他应付款　　60 000
借：其他应付款　　60 000
　　贷：银行存款　　60 000
借：对附属单位补助支出　　60 000
　　贷：资金结存——货币资金　　60 000

六、投资支出

（一）“投资支出”科目核算的内容

“投资支出”科目核算事业单位以货币资金对外投资发生的现金流出。

（二）“投资支出”的明细科目设置

“投资支出”应当按照投资类型、投资对象、《政府收支分类科目》中“支出功能分类科目”的项级科目和“部门预算支出经济分类科目”的款级科目等进行明细核算。

（三）投资支出的主要账务处理

（1）以货币资金对外投资时，按照投资金额和所支付的相关税费金额的合计数，借记“投资支出”科目，贷记“资金结存”科目。

(2) 出售、对外转让或到期收回本年度以货币资金取得的对外投资的，如果按规定将投资收益纳入单位预算，按照实际收到的金额，借记“资金结存”科目，按照取得投资时“投资支出”科目的发生额，贷记“投资支出”科目，按照其差额，贷记或借记“投资预算收益”科目；如果按规定将投资收益上缴财政的，按照取得投资时“投资支出”科目的发生额，借记“资金结存”科目，贷记“投资支出”科目。

出售、对外转让或到期收回以前年度以货币资金取得的对外投资的，如果按规定将投资收益纳入单位预算，按照实际收到的金额，借记“资金结存”科目，按照取得投资时“投资支出”科目的发生额，贷记“其他结余”科目，按照其差额，贷记或借记“投资预算收益”科目；如果按规定将投资收益上缴财政的，按照取得投资时“投资支出”科目的发生额，借记“资金结存”科目，贷记“其他结余”科目。

(3) 年末，将“投资支出”科目本年发生额转入其他结余，借记“其他结余”科目，贷记“投资支出”科目。

(4) 年末结转后，“投资支出”科目应无余额。

七、债务还本支出

(一) “债务还本支出”科目的核算内容

“债务还本支出”科目核算事业单位偿还自身承担的纳入预算管理的从金融机构举借的债务本金的现金流出。

(二) “债务还本支出”的明细科目设置

“债务还本支出”应当按照贷款单位、贷款种类、《政府收支分类科目》中“支出功能分类科目”的项级科目和“部门预算支出经济分类科目”的款级科目等进行明细核算。

(三) 债务还本支出的主要账务处理

(1) 偿还各项短期或长期借款时，按照偿还的借款本金，借记“债务还本支出”科目，贷记“资金结存”科目。

(2) 年末，将“债务还本支出”科目本年发生额转入其他结余，借记“其他结余”科目，贷记“债务还本支出”科目。

(3) 年末结转后，“债务还本支出”科目应无余额。

【例9-8】某事业单位三年后用银行存款支付偿还的贷款本金和第三贷款年度的利息。

归还贷款本金（800万元）和第三次利息（48万元）的账务处理：

借：长期借款	8 000 000	
应付利息	480 000	
贷：银行存款		8 480 000
借：债务还本支出	8 000 000	
其他支出	480 000	
贷：资金结存——货币资金		8 480 000

八、其他支出

（一）“其他支出”科目的核算内容

“其他支出”科目核算单位除行政支出、事业支出、经营支出、上缴上级支出、对附属单位补助支出、投资支出、债务还本支出以外的各项现金流出，包括利息支出、对外捐赠现金支出、现金盘亏损失、接受捐赠（调入）和对外捐赠（调出）非现金资产发生的税费支出、资产

置换过程中发生的相关税费支出、罚没支出等。

（二）“其他支出”的明细科目设置

“其他支出”应当按照其他支出的类别，“财政拨款支出”“非财政专项资金支出”和“其他资金支出”，《政府收支分类科目》中“支出功能分类科目”的项级科目和“部门预算支出经济分类科目”的款级科目等进行明细核算。其他支出中如有专项资金支出，还应按照具体项目进行明细核算。

有一般公共预算财政拨款、政府性基金预算财政拨款等两种或两种以上财政拨款的事业单位，还应当在“财政拨款支出”明细科目下按照财政拨款的种类进行明细核算。

单位发生利息支出、捐赠支出等其他支出金额较大或业务较多的，可单独设置“利息支出”“捐赠支出”等科目。

（三）其他支出的主要账务处理

（1）利息支出。支付银行借款利息时，按照实际支付金额，借记“其他支出”科目，贷记“资金结存”科目。

（2）对外捐赠现金资产。对外捐赠现金资产时，按照捐赠金额，借记“其他支出”科目，贷记“资金结存——货币资金”科目。

（3）现金盘亏损失。每日现金账款核对中如发现现金短缺，按照短缺的现金金额，借记“其他支出”科目，贷记“资金结存——货币资金”科目。经核实，属于应当由有关人员赔偿的，按照收到的赔偿金额，借记“资金结存——货币资金”科目，贷记“其他支出”科目。

（4）接受捐赠（无偿调入）和对外捐赠（无偿调出）非现金资产发生的税费支出。接受捐赠（无偿调入）非现金资产发生的归属于捐入方（调入方）的相关税费、运输费等，以及对外捐赠（无偿调出）非现金资产发生的归属于捐出方（调出方）的相关税费、运输费等，按照实际支付金额，借记“其他支出”科目，贷记“资金结存”科目。

（5）资产置换过程中发生的相关税费支出。资产置换过程中发生的相关税费，按照实际支付金额，借记“其他支出”科目，贷记“资金结存”科目。

（6）其他支出。发生罚没等其他支出时，按照实际支出金额，借记“其他支出”科目，贷记“资金结存”科目。

（7）年末，将“其他支出”科目本年发生额中的财政拨款支出转入财政拨款结转，借记“财政拨款结转——本年收支结转”科目，贷记“其他支出”科目下各财政拨款支出明细科目；将“其他支出”科目本年发生额中的非财政专项资金支出转入非财政拨款结转，借记“非财政拨款结转——本年收支结转”科目，贷记“其他支出”科目下各非

财政专项资金支出明细科目；将“其他支出”科目本年发生额中的其他资金支出（非财政非专项资金支出）转入其他结余，借记“其他结余”科目，贷记“其他支出”科目下各其他资金支出明细科目。

（8）年末结转后，“其他支出”科目应无余额。

【例 9-9】某省科技厅向某中学捐赠一批电脑，该批电脑的固定资产原价为 48 万元，累计折旧为 20 万元，该科技厅还通过银行转账支付了电脑的运费 4 000 元，该中学收到了该批电脑入账。

科技厅确认支出：

借：资产处置费用	284 000	
固定资产累计折旧	200 000	
贷：固定资产		480 000
银行存款		4 000
借：其他支出	4 000	
贷：资金结存——货币资金		4 000

第十章
预算结余

第一节
预算结余概述

预算结余包括结余资金和结转资金。结余资金是指年度预算执行终了，预算收入实际完成数扣除预算支出和结转资金后剩余的资金。结转资金是指预算安排项目的支出年终尚未执行完毕或者因故未执行，且下年需要按原用途继续使用的资金。主要包括资金结存、财政拨款结转、财政拨款结余、非财政拨款结转、非财政拨款结余、专用结余、经营结余、其他结余、非财政拨款结余分配。

第二节
预算结余的核算

一、资金结存

（一）“资金结存”科目的核算内容

“资金结存”科目是核算单位纳入部门预算管理的资金的流入、流出、调整和滚存等情况。本科目年末借方余额，反映单位预算资金的累计滚存情况。

（二）“资金结存”的明细科目设置

“资金结存”应当设置下列明细科目：

（1）“零余额账户用款额度”：本明细科目核算实行国库集中支付的单位根据财政部

门批复的用款计划收到和支用的零余额账户用款额度。年末结账后，本明细科目应无余额。

（2）“货币资金”：本明细科目核算单位以库存现金、银行存款、其他货币资金形态存在的资金。本明细科目年末借方余额，反映单位尚未使用的货币资金。

（3）“财政应返还额度”：本明细科目核算实行国库集中支付的单位可以使用的以前年度财政直接支付资金额度和财政应返还的财政授权支付资金额度。本明细科目下可设置“财政直接支付”“财政授权支付”两个明细科目进行明细核算。本明细科目年末借方余额，反映单位应收财政返还的资金额度。

（三）资金结存的主要账务处理

（1）财政授权支付方式下，单位根据代理银行转来的“财政授权支付额度到账通知书”，按照通知书中的授权支付额度，借记本科目（零余额账户用款额度），贷记“财政拨款预算收入”科目。以国库集中支付以外的其他支付方式取得预算收入时，按照实际收到的金额，借记本科目（货币资金），贷记“财政拨款预算收入”“事业预算收入”“经营预算收入”等科目。

（2）财政授权支付方式下，发生相关支出时，按照实际支付的金额，借记“行政支出”“事业支出”等科目，贷记本科目（零余额账户用款额度）。从零余额账户提取现金时，借记本科目（货币资金），贷记本科目（零余额账户用款额度）。退回现金时，做相反会计分录。

使用以前年度财政直接支付额度发生支出时，按照实际支付金额，借记“行政支出”“事业支出”等科目，贷记本科目（财政应返还额度）。国库集中支付以外的其他支付方式下，发生相关支出时，按照实际支付的金额，借记“事业支出”“经营支出”等科目，贷记本科目（货币资金）。

（3）按照规定上缴财政拨款结转结余资金或注销财政拨款结转结余资金额度的，按照实际上缴资金数额或注销的资金额度数额，借记“财政拨款结转——归集上缴”或“财政拨款结余——归集上缴”科目，贷记本科目（财政应返还额度、零余额账户用款额度、货币资金）。

按规定向原资金拨入单位缴回非财政拨款结转资金的，按照实际缴回资金数额，借记“非财政拨款结转——缴回资金”科目，贷记本科目（货币资金）。收到从其他单位调入的财政拨款结转资金的，按照实际调入资金数额，借记本科目（财政应返还额度、零余额账户用款额度、货币资金），贷记“财政拨款结转——归集调入”科目。

（4）按照规定使用专用基金时，按照实际支付金额，借记“专用结余”科目［从非财政拨款结余中提取的专用基金］或“事业支出”等科目［从预算收入中计提的专用基金］，贷记本科目（货币资金）。

（5）因购货退回、发生差错更正等退回国库直接支付、授权支付款项，或者收回货币资金的，属于本年度支付的，借记“财政拨款预算收入”科目或本科目（零余额账户用款额度、货币资金），贷记相关支出科目；属于以前年度支付的，借记本科目（财政应返还额度、零余额账户用款额度、货币资金），贷记“财政拨款结转”“财政拨款结余”“非财政拨款结转”“非财政拨款结余”科目。

（6）有企业所得税交纳义务的事业单位交纳所得税时，按照实际交纳金额，借记“非财政拨款结余——累计结余”科目，贷记本科目（货币资金）。

（7）年末，根据本年度财政直接支付预算指标数与当年财政直接支付实际支出数的差额，借记本科目（财政应返还额度），贷记“财政拨款预算收入”科目。

（8）年末，单位依据代理银行提供的对账单作注销额度的相关账务处理，借记资金结存——财政应返还额度，贷记资金结存——零余额账户用款额度；本年度财政授权支付预算指标数大于零余额账户用款额度下达数的，根据未下达的用款额度，借记本科目（财政应返还额度），贷记“财政拨款预算收入”科目。

下年初，单位依据代理银行提供的额度恢复到账通知书做恢复额度的相关账务处理，借记资金结存——零余额账户用款额度），贷记资金结存——财政应返还额度。单位收到财政部门批复的上年末未下达零余额账户用款额度的，借记资金结存——零余额账户用款额度，贷记资金结存——财政应返还额度。

（四）行政单位平行记账业务举例

【例 10 -1】某行政单位 5 月份收到代理银行转来的“财政授权支付额度到账通知书”，通知书收到授权支付额度 20 000 元，收到财政部门拨付的项目经费 9 000 元，收到上级主管部门转入的科研经费 3 000 元。平行记账账务处理如下：

• 财务会计：

借：零余额账户用款额度	20 000	
银行存款	12 000	
贷：财政拨款收入		29 000
非同级财政拨款收入		3 000

• 预算会计：

借：资金结存——零余额账户用款额度	20 000	
贷：财政拨款预算收入		20 000
借：资金结存——货币资金	9 000	
贷：财政拨款预算收入		9 000
借：资金结存——货币资金	3 000	
贷：非同级财政拨款预算收入		3 000

【例 10 -2】某行政单位从零余额账户提取现金 500 元，用于购买办公用品。平行记账账务处理如下：

（1）从零余额账户提取现金：

• 财务会计：

借：货币资金	500	
贷：零余额账户用款额度		500

• 预算会计：

借：资金结存——货币资金	500	
贷：资金结存——零余额账户用款额度		500

（2）购买办公用品：

- 财务会计：

借：其他费用　　500
　　贷：货币资金　　500

- 预算会计：

借：行政支出　　500
　　贷：资金结存——货币资金　　500

【例10-3】某行政单位使用以前年度财政直接支付额度支付管理部门人员社会保险费10 000元，平行记账账务处理如下：

- 财务会计：

借：业务活动费用　　10 000
　　贷：财政应返还额度　　10 000

- 预算会计：

借：行政支出　　10 000
　　贷：资金结存——财政应返还额度　　10 000

【例10-4】某行政单位3月份使用当年预算资金购买设备，由于质量问题，8月份将此设备退回商家，商家退回设备款3 000元，假设该设备已计提折旧200元，平行记账账务处理如下：

- 财务会计：

借：零余额账户用款额度　　3 000
　　贷：固定资产　　3 000
借：固定资产累计折旧　　200
　　贷：业务活动费用　　200

- 预算会计：

借：资金结存——零余额账户用款额度　　3 000
　　贷：行政支出　　3 000

（五）事业单位平行记账业务举例

【例10-5】某事业单位3月份收到代理银行转来的“财政授权支付额度到账通知书”，通知书收到授权支付额度20 000元，收到财政部门拨付的项目经费9 000元，收到上级主管部门转入的科研经费3 000元，收到经营收入2 000元，平行记账账务处理如下：

- 财务会计：

借：零余额账户用款额度　　20 000
　　银行存款　　14 000
　　贷：财政拨款收入　　29 000
　　　　事业收入　　3 000
　　　　经营收入　　2 000

- 预算会计：

借：资金结存——零余额账户用款额度　　20 000
　　贷：财政拨款预算收入　　20 000

预算结余

借：资金结存——货币资金　　9 000
　贷：财政拨款预算收入　　9 000
借：资金结存——货币资金　　3 000
　贷：事业预算收入　　3 000
借：资金结存——货币资金　　2 000
　贷：经营预算收入　　2 000

【例 10－6】某事业单位支付从事业务活动的职工个人薪酬 100 000，按照规定支付代扣代交个人所得税 2 200 元，支付代扣代交职工社会保险费 2 800 元，支付职工住房公积金 32 000 元，同时该单位购买管理用办公用品 2 800 元，以上款项均采用财政授权方式支付。平行记账账务处理如下：

（1）支付职工薪酬：

- 财务会计：

借：业务活动费用　　100 000
　其他应交税费——应交个人所得税　　2 200
　应付职工薪酬——社会保险费　　2 800
　应付职工薪酬——住房公积金　　32 000
　贷：零余额账户用款额度　　137 000

- 预算会计：

借：事业支出　　137 000
　贷：资金结存——零余额账户用款额度　　137 000

（2）支付办公用品：

- 财务会计：

借：单位管理费用　　2 800
　贷：零余额账户用款额度　　2 800

- 预算会计：

借：事业支出　　2 800
　贷：资金结存——零余额账户用款额度　　2 800

【例 10－7】年末，某事业单位本年度批复预算指标 205 000 元，本年度收到零余额用款额度 200 000 元，有 5 000 元的额度没有下达。平行记账账务处理如下：

（1）年末，根据未下达的用款额度：

- 财务会计：

借：财政应返还额度　　5 000
　贷：财政拨款收入　　5 000

- 预算会计：

借：资金结存——财政应返还额度　　5 000
　贷：财政拨款预算收入　　5 000

（2）下年初，收到代理银行提供的额度恢复到账通知书，恢复该额度时：

- 财务会计：

借：零余额账户用款额度　　　　　　　　　　　　　　5 000
　　贷：财政应返还额度——财政授权支付　　　　　　　　5 000

- 预算会计：

借：资金结存——零余额账户用款额度　　　　　　　　5 000
　　贷：资金结存——财政应返还额度　　　　　　　　　5 000

二、财政拨款结转

（一）“财政拨款结转”科目的核算内容

“财政拨款”科目用于是核算单位取得的同级财政拨款结转资金的调整、结转和滚存情况。本科目年末贷方余额，反映单位滚存的财政拨款结转资金数额。

（二）“财政拨款结转”的明细科目设置

1. 与会计差错更正、以前年度支出收回相关的明细科目

“年初余额调整”：本明细科目核算因发生会计差错更正、以前年度支出收回等原因，需要调整财政拨款结转的金额。年末结账后，本明细科目应无余额。

2. 与财政拨款调拨业务相关的明细科目

“归集调入”：本明细科目核算按照规定从其他单位调入财政拨款结转资金时，实际调增的额度数额或调入的资金数额。年末结账后，本明细科目应无余额。

“归集调出”：本明细科目核算按照规定向其他单位调出财政拨款结转资金时，实际调减的额度数额或调出的资金数额。年末结账后，本明细科目应无余额。

“归集上缴”：本明细科目核算按照规定上缴财政拨款结转资金时，实际核销的额度数额或上缴的资金数额。年末结账后，本明细科目应无余额。

“单位内部调剂”：本明细科目核算经财政部门批准对财政拨款结余资金改变用途，调整用于本单位其他未完成项目等的调整金额。年末结账后，本明细科目应无余额。

3. 与年末财政拨款结转业务相关的明细科目

“本年收支结转”：本明细科目核算单位本年度财政拨款收支相抵后的余额。年末结账后，本明细科目应无余额。

“累计结转”：本明细科目核算单位滚存的财政拨款结转资金。本明细科目年末贷方余额，反映单位财政拨款滚存的结转资金数额。本科目还应当设置“基本支出结转”“项目支出结转”两个明细科目，并在“基本支出结转”明细科目下按照“人员经费”“日常公用经费”进行明细核算，在“项目支出结转”明细科目下按照具体项目进行明细核算；同时，本科目还应按照《政府收支分类科目》中“支出功能分类科目”的相关科目进行明细核算。有一般公共预算财政拨款、政府性基金预算财政拨款等两种或两种以上财政拨款的，还应当在本科目下按照财政拨款的种类进行明细核算。

（三）财政拨款结转的主要账务处理

1. 与会计差错更正、以前年度支出收回相关的账务处理

（1）因发生会计差错更正退回以前年度国库直接支付、授权支付款项或财政性货币资金，或者因发生会计差错更正增加以前年度国库直接支付、授权支付支出或财政性货币资金支出，属于以前年度财政拨款结转资金的，借记或贷记“资金结存——财政应返还

额度/零余额账户用款额度/货币资金”科目，贷记或借记本科目（年初余额调整）。

（2）因购货退回、预付款项收回等发生以前年度支出又收回国库直接支付、授权支付款项或收回财政性货币资金，属于以前年度财政拨款结转资金的，借记“资金结存——财政应返还额度/零余额账户用款额度/货币资金”科目，贷记本科目（年初余额调整）。

2. 与财政拨款结转结余资金调整业务相关的账务处理

（1）按照规定从其他单位调入财政拨款结转资金的，按照实际调增的额度数额或调入的资金数额，借记“资金结存——财政应返还额度/零余额账户用款额度/货币资金”科目，贷记本科目（归集调入）。

（2）按照规定向其他单位调出财政拨款结转资金的，按照实际调减的额度数额或调出的资金数额，借记本科目（归集调出），贷记“资金结存——财政应返还额度/零余额账户用款额度/货币资金”科目。

（3）按照规定上缴财政拨款结转资金或注销财政拨款结转资金额度的，按照实际上缴资金数额或注销的资金额度数额，借记本科目（归集上缴），贷记“资金结存——财政应返还额度/零余额账户用款额度/货币资金”科目。

（4）经财政部门批准对财政拨款结余资金改变用途，调整用于本单位基本支出或其他未完成项目支出的，按照批准调剂的金额，借记“财政拨款结余——单位内部调剂”科目，贷记本科目（单位内部调剂）。

3. 与年末财政拨款结转和结余业务相关的账务处理

（1）年末，将财政拨款预算收入本年发生额转入本科目，借记“财政拨款预算收入”科目，贷记本科目（本年收支结转）；将各项支出中财政拨款支出本年发生额转入本科目，借记本科目（本年收支结转），贷记各项支出（财政拨款支出）科目。

（2）年末冲销有关明细科目余额。将本科目的“本年收支结转/年初余额调整/归集调入/归集调出/归集上缴/单位内部调剂”等明细科目的余额转入本科目的“累计结转”明细科目中。结转后，本科目除“累计结转”明细科目外，其他明细科目应无余额。

（3）年末完成上述结转后，应当对财政拨款结转各明细项目执行情况进行分析，按照有关规定将符合财政拨款结余性质的项目余额转入财政拨款结余，借记本科目（累计结转），贷记“财政拨款结余——结转转入”科目。

（四）行政单位平行记账业务举例

【例 10-8】某行政单位本年度发现以前购买的一批材料有质量问题，经协商将此材料退回商家，商家退回材料款 2 020 元。平行记账账务处理如下：

- 财务会计：

借：零余额账户用款额度　　2 020

　　贷：以前年度盈余调整　　2 020

- 预算会计：

借：资金结存——零余额账户用款额度　　2 020

　　贷：财政拨款结转——年初余额调整　　2 020

【例 10-9】某行政单位某项目实施周期为一年，年度财政预算为 150 000 元，当年已使用预算资金 130 000 元，因项目实施计划调整，经财政部门批准将剩余资金拨付其他预算单位。平行记账账务处理如下：

- 财务会计：

借：累计盈余 20 000
　　贷：零余额账户用款额度 20 000

- 预算会计：

借：财政拨款结转——归集调出 20 000
　　贷：财政拨款结转——零余额账户用款额度 20 000

【例 10－10】 某行政单位年末冲销财政拨款结转有关明细科目的余额，财政拨款结转借方余额 350 000 元，其中：年初余额调整 50 000 元；单位内部调剂 300 000 元。财政拨款结转贷方余额 723 000 元，其中：归集调入 600 000 元；本年收支结转 123 000 元。年末进行明细科目结转，平行记账账务处理如下：

- 财务会计不涉及账务处理。
- 预算会计：

借：财政拨款结转——归集转入 600 000
　　　　　　　　——本年收支结转 123 000
　　贷：财政拨款结转——累计结转 723 000
借：财政拨款结转——累计结转 350 000
　　贷：财政拨款结转——年初余额调整 50 000
　　　　　　　　　　——单位内部调剂 300 000

【例 10－11】】某行政单位年底“财政拨款结转——累计结转”中有以下情况：（1）某项目实施周期内，连续两年未用完的预算资金为 200 000 元；（2）当年批复的部门机动经费中有 5 000 元未使用完毕。平行记账账务处理如下：

- 财务会计不涉及账务处理。
- 预算会计：

借：财政拨款结转——累计结转 205 000
　　贷：财政拨款结余——结转转入 205 000

（五）事业单位平行记账业务举例

【例 10－12】 某事业单位本年度财务检查发现以前年度支付给某部门服务费属于重复交纳，现某部门退回服务费 5 200 元。平行记账账务处理如下：

- 财务会计：

借：零余额账户用款额度 5 200
　　贷：以前年度盈余调整 5 200

- 预算会计：

借：资金结存——零余额账户用款额度 5 200
　　贷：财政拨款结转——年初余额调整 5 200

【例 10－13】 某事业单位某项目实施周期为一年，年度财政预算为 480 000 元，当年已使用预算资金 400 000 元，因项目实施计划调整，经财政部门批准将剩余资金拨付其他预算单位。平行记账账务处理如下：

- 财务会计：

借：累计盈余　　80 000
　　贷：零余额账户用款额度　　80 000

- 预算会计：

借：财政拨款结转——归集调出　　80 000
　　贷：财政拨款结转——零余额账户用款额度　　80 000

【例 10－14】某事业单位年末冲销财政拨款结转有关明细科目的余额，财政拨款结转借方余额 370 000 元，其中：年初余额调整 70 000 元；单位内部调剂 300 000 元。财政拨款结转贷方余额 920 000 元，其中：归集调入 800 000 元；本年收支结转 120 000 元。年末进行明细科目结转，平行记账账务处理如下：

- 财务会计不涉及账务处理。
- 预算会计：

借：财政拨款结转——归集转入　　800 000
　　　　　　　　——本年收支结转　　120 000
　　贷：财政拨款结转——累计结转　　920 000
借：财政拨款结转——累计结转　　370 000
　　贷：财政拨款结转——年初余额调整　　70 000
　　　　　　　　　　——单位内部调剂　　300 000

三、财政拨款结余

（一）“财政拨款结余”科目的核算内容

“财政拨款结余”科目是核算单位取得的同级财政拨款项目支出结余资金的调整、结转和滚存情况。本科目年末贷方余额，反映单位滚存的非同级财政拨款专项结转资金数额。

（二）“财政拨款结余”的明细科目设置

本科目应当设置下列明细科目：

“年初余额调整”：本明细科目核算因发生会计差错更正、以前年度支出收回等原因，需要调整非财政拨款结转的资金。年末结账后，本明细科目应无余额。

“缴回资金”：本明细科目核算按照规定缴回非财政拨款结转资金时实际缴回的资金数额。年末结账后，本明细科目应无余额。

“项目间接费用或管理费”：本明细科目核算单位取得的科研项目预算收入中，按照规定计提项目间接费用或管理费的数额。年末结账后，本明细科目应无余额。

“本年收支结转”：本明细科目核算单位本年度非同级财政拨款专项收支相抵后的余额。年末结账后，本明细科目应无余额。

“累计结转”：本明细科目核算单位滚存的非同级财政拨款专项结转资金。年末贷方余额，反映单位非同级财政拨款滚存的专项结转资金数额。本科目还应当按照具体项目、《政府收支分类科目》中“支出功能分类科目”的相关科目等进行明细核算。

（三）财政拨款结余的主要账务处理

（1）按照规定从科研项目预算收入中提取项目管理费或间接费时，按照提取金额，借记本科目（项目间接费用或管理费），贷记“非财政拨款结余——项目间接费用或管理费”科目。

（2）因会计差错更正收到或支出非同级财政拨款货币资金，属于非财政拨款结转资金的，按照收到或支出的金额，借记或贷记“资金结存——货币资金”科目，贷记或借记本科目（年初余额调整）。因收回以前年度支出等收到非同级财政拨款货币资金，属于非财政拨款结转资金的，按照收到的金额，借记“资金结存——货币资金”科目，贷记本科目（年初余额调整）。

（3）按照规定缴回非财政拨款结转资金的，按照实际缴回资金数额，借记本科目（缴回资金），贷记“资金结存——货币资金”科目。

（4）年末，将事业预算收入、上级补助预算收入、附属单位上缴预算收入、非同级财政拨款预算收入、债务预算收入、其他预算收入本年发生额中的专项资金收入转入本科目，借记“事业预算收入”“上级补助预算收入”“附属单位上缴预算收入”“非同级财政拨款预算收入”“债务预算收入”“其他预算收入”科目下各专项资金收入明细科目，贷记本科目（本年收支结转）；将行政支出、事业支出、其他支出本年发生额中的非财政拨款专项资金支出转入本科目，借记本科目（本年收支结转），贷记“行政支出”“事业支出”“其他支出”科目下各非财政拨款专项资金支出明细科目。

（5）年末冲销有关明细科目余额。将本科目的“年初余额调整”“项目间接费用或管理费”“缴回资金”“本年收支结转”明细科目的余额转入本科目“累计结转”明细科目中。结转后，本科目除“累计结转”明细科目外，其他明细科目应无余额。

（6）年末完成上述结转后，应当对非财政拨款专项结转资金各项目情况进行分析，将留归本单位使用的非财政拨款专项（项目已完成）剩余资金转入非财政拨款结余，借记本科目（累计结转），贷记“非财政拨款结余——结转转入”科目。

（四）行政单位平行记账业务举例

【例 10 –15】某行政单位两年前对办公楼进行维修，当年申请项目资金 150 000 元，该项目周期为两年，已于本年底完工，剩余项目资金 3 000 元，经批准上缴财政。平行记账账务处理如下：

- 财务会计：

借：累计盈余　　3 000

　　贷：财政应返还额度　　3 000

- 预算会计：

借：财政拨款结余——归集上缴　　3 000

　　贷：资金结存——财政应返还额度　　3 000

【例 10 –16】某行政单位完成某建设项目，剩余资金为 80 000 元，经批准调剂到另外一个项目中继续使用。平行记账账务处理如下：

- 财务会计不涉及账务处理。
- 预算会计：

借：财政拨款结余——单位内部调剂　　80 000
　贷：财政拨款结转——财政应返还额度　　80 000

【例 10－17】 某行政单位年底财政拨款结转资金中有以下情况：（1）某项目提前完成，剩余项目资金为 90 000 元；（2）某项目因可研报告不充分，计划进行调整，闲置资金 120 000 元。平行记账账务处理如下：

- 财务会计不涉及账务处理。
- 预算会计：

借：财政拨款结转——累计结转　　210 000
　贷：财政拨款结余——结转转入　　210 000

【例 10－18】 某行政单位年末冲销财政拨款结余有关明细科目的余额，财政拨款结余借方余额 260 000 元，其中：年初余额调整 60 000 元；单位内部调剂 150 000 元；归集上缴 50 000 元。财政拨款结余贷方余额 383 000 元，平行记账账务处理如下：

- 财务会计不涉及账务处理。
- 预算会计账务处理：

借：财政拨款结余——结转转入　　383 000
　贷：财政拨款结余——累计结余　　383 000
借：财政拨款结余——累计结余　　260 000
　贷：财政拨款结余——年初余额调整　　60 000
　　　　　　　　　——单位内部调剂　　150 000
　　　　　　　　　——归集上缴　　50 000

事业单位财政拨款结余平行记账业务处理与行政单位一致，不再重复。

四、非财政拨款结转

（一）“非财政拨款结转”科目的核算内容

“非财政拨款结转”科目是核算单位除财政拨款收支、经营收支以外各非同级财政拨款专项资金的调整、结转和滚存情况。本科目年末贷方余额，反映单位滚存的非同级财政拨款专项结转资金数额。

（二）“非财政拨款结转”的明细科目设置

本科目应当设置下列明细科目：

“年初余额调整”：本明细科目核算因发生会计差错更正、以前年度支出收回等原因，需要调整非财政拨款结转的资金。年末结账后，本明细科目应无余额。

“缴回资金”：本明细科目核算按照规定缴回非财政拨款结转资金时，实际缴回的资金数额。年末结账后，本明细科目应无余额。

“项目间接费用或管理费”：本明细科目核算单位取得的科研项目预算收入中，按照规定计提项目间接费用或管理费的数额。年末结账后，本明细科目应无余额。

“本年收支结转”：本明细科目核算单位本年度非同级财政拨款专项收支相抵后的余额。年末结账后，本明细科目应无余额。

“累计结转”：本明细科目核算单位滚存的非同级财政拨款专项结转资金。本明细科目年末贷方余额，反映单位非同级财政拨款滚存的专项结转资金数额。本科目还应当按照具体项目、《政府收支分类科目》中“支出功能分类科目”的相关科目等进行明细核算。

（三）非财政拨款结转的主要账务处理

（1）按照规定从科研项目预算收入中提取项目管理费或间接费时，按照提取金额，借记本科目（项目间接费用或管理费），贷记“非财政拨款结余——项目间接费用或管理费”科目。

（2）因会计差错更正收到或支出非同级财政拨款货币资金，属于非财政拨款结转资金的，按照收到或支出的金额，借记或贷记“资金结存——货币资金”科目，贷记或借记本科目（年初余额调整）。

因收回以前年度支出等收到非同级财政拨款货币资金，属于非财政拨款结转资金的，按照收到的金额，借记“资金结存——货币资金”科目，贷记本科目（年初余额调整）。

（3）按照规定缴回非财政拨款结转资金的，按照实际缴回资金数额，借记本科目（缴回资金），贷记“资金结存——货币资金”科目。

（4）年末，将事业预算收入、上级补助预算收入、附属单位上缴预算收入、非同级财政拨款预算收入、债务预算收入、其他预算收入本年发生额中的专项资金收入转入本科目，借记“事业预算收入”“上级补助预算收入”“附属单位上缴预算收入”“非同级财政拨款预算收入”“债务预算收入”“其他预算收入”科目下各专项资金收入明细科目，贷记本科目（本年收支结转）；将行政支出、事业支出、其他支出本年发生额中的非财政拨款专项资金支出转入本科目，借记本科目（本年收支结转），贷记“行政支出”“事业支出”“其他支出”科目下各非财政拨款专项资金支出明细科目。

（5）年末冲销有关明细科目余额。将本科目所属的“年初余额调整”“项目间接费用或管理费”“缴回资金”“本年收支结转”等明细科目余额转入本科目的“累计结转”明细科目。结转后，本科目除“累计结转”明细科目外，其他明细科目应无余额。

（6）年末完成上述结转后，应当对非财政拨款专项结转资金各项目情况进行分析，将留归本单位使用的非财政拨款专项（项目已完成）剩余资金转入非财政拨款结余，借记本科目（累计结转），贷记“非财政拨款结余——结转转入”科目。

（四）行政单位平行记账业务举例

【例 10－19】某行政单位财务检查发现，上年使用科研项目资金支付劳务 3 500 元，该事项劳务费单据上列明的金额为 3 800 元，该项目尚未完工。平行记账账务处理如下：

- 财务会计：

借：以前年度盈余调整	300	
贷：库存现金		300

- 预算会计：

借：非财政拨款结转——年初余额调整	300	
贷：资金结存——货币资金		300

【例 10－20】某行政单位年底收入类贷方余额为 836 000 元，其中：非同级财政拨款预算收入为 802 000 元，其他预算收入为 34 000 元。支出类（非财政拨款资金）借方余额为 280 000 元，其中：行政支出 204 000 元，其他支出 76 000 元。年底进行结转，平行

记账账务处理如下：

- 财务会计不涉及账务处理。
- 预算会计：

借：非财政拨款结转——本年收支结转　836 000
　　贷：非同级财政拨款预算收入　802 000
　　　　其他预算收入　34 000
借：行政支出　204 000
　　其他支出　76 000
　　贷：非财政拨款结转——本年收支结转　280 000

【例10－21】某行政单位非财政拨款专项预算收入为15万，当年支出132 000元，该项目已完工，年末收支结转后，该项目非财政补助结转科目贷方余额为18 000元，经批准留归本单位使用。平行记账账务处理如下：

- 财务会计不涉及账务处理。
- 预算会计：

借：非财政拨款结转——累计结转　18 000
　　贷：非财政拨款结余——结转转入　18 000

（五）事业单位平行记账业务举例

【例10－22】某事业单位科研项目预算收入为10万元，单位根据相关文件精神从科研项目预算收入中提取项目管理费、间接费共计2万元，平行记账账务处理如下：

- 财务会计：

借：单位管理费用　20 000
　　贷：预提费用——项目间接费用或管理费用　20 000

- 预算会计：

借：非财政拨款结转——项目间接费用或管理费用　20 000
　　贷：非财政拨款结余——项目间接费用或管理费用　20 000

【例10－23】某事业单位财务检查发现，上年使用科研项目资金支付劳务3 500元，该事项劳务费单据上列明的金额为6 500元，该项目尚未完工。平行记账账务处理如下：

- 财务会计：

借：以前年度盈余调整　3 000
　　贷：库存现金　3 000

- 预算会计：

借：非财政拨款结转——年初余额调整　300
　　贷：资金结存——货币资金　300

【例10－24】某事业单位年底收入类贷方余额为1 006 000元，其中：事业预算收入为802 000元，上级补助收入为12万元，附属单位上缴预算收入为5万元，其他预算收入为34 000元。支出类（非财政拨款资金）借方余额为28万元，其中：事业支出204 000元，其他支出76 000元。年底进行结转，平行记账账务处理如下：

- 财务会计不涉及账务处理。

- 预算会计：

借：非财政拨款结转——本年收支结转　　1 006 000
　　贷：事业预算收入　　802 000
　　　　上级补助收入　　120 000
　　　　附属单位上缴预算收入　　50 000
　　　　其他预算收入　　34 000
借：事业支出　　204 000
　　其他支出　　76 000
　　贷：非财政拨款结转——本年收支结转　　280 000

【例 10 – 25】 某事业单位非财政拨款专项预算收入为 18 万，当年支出 152 000 元，该项目已完工，年末收支结转后，该项目非财政补助结转科目贷方余额为 28 000 元，经批准留归本单位使用。平行记账账务处理如下：

（1）财务会计不涉及账务处理。

（2）预算会计账务处理：

借：非财政拨款结转——累计结转　　28 000
　　贷：非财政拨款结余——结转转入　　28 000

五、非财政拨款结余

（一）“非财政拨款结余”科目的核算内容

“非财政拨款结余”科目是核算单位历年滚存的非限定用途的非同级财政拨款结余资金，主要为非财政拨款结余扣除结余分配后滚存的金额。本科目年末贷方余额，反映单位非同级财政拨款结余资金的累计滚存数额。

（二）“非财政拨款结余”的明细科目设置

本科目应当设置下列明细科目：

“年初余额调整”：本明细科目核算因发生会计差错更正、以前年度支出收回等原因，需要调整非财政拨款结余的资金。年末结账后，本明细科目应无余额。

“项目间接费用或管理费”：本明细科目核算单位取得的科研项目预算收入中，按照规定计提的项目间接费用或管理费数额。年末结账后，本明细科目应无余额。

“结转转入”：本明细科目核算按照规定留归单位使用，由单位统筹调配，纳入单位非财政拨款结余的非同级财政拨款专项剩余资金。年末结账后，本明细科目应无余额。

“累计结余”：本明细科目核算单位历年滚存的非同级财政拨款、非专项结余资金。本明细科目年末贷方余额，反映单位非同级财政拨款滚存的非专项结余资金数额。本科目还应当按照《政府收支分类科目》中“支出功能分类科目”的相关科目进行明细核算。

（三）非财政拨款结余的主要账务处理

（1）按照规定从科研项目预算收入中提取项目管理费或间接费时，借记“非财政拨款结转——项目间接费用或管理费”科目，贷记本科目（项目间接费用或管理费）。

（2）有企业所得税交纳义务的事业单位实际交纳企业所得税时，按照交纳金额，借记本科目（累计结余），贷记“资金结存——货币资金”科目。

（3）因会计差错更正收到或支出非同级财政拨款货币资金，属于非财政拨款结余资金的，按照收到或支出的金额，借记或贷记“资金结存——货币资金”科目，贷记或借记本科目（年初余额调整）。因收回以前年度支出等收到非同级财政拨款货币资金，属于非财政拨款结余资金的，按照收到的金额，借记“资金结存——货币资金”科目，贷记本科目（年初余额调整）。

（4）年末，将留归本单位使用的非财政拨款专项（项目已完成）剩余资金转入本科目，借记“非财政拨款结转——累计结转”科目，贷记本科目（结转转入）。

（5）年末冲销有关明细科目余额。将本科目所属的“年初余额调整”“项目间接费用或管理费”“结转转入”明细科目的余额结转入本科目的“累计结余”明细科目中。结转后，本科目除“累计结余”明细科目外，其他明细科目应无余额。

（6）年末，事业单位将“非财政拨款结余分配”科目余额转入非财政拨款结余。“非财政拨款结余分配”科目为借方余额的，借记本科目（累计结余），贷记“非财政拨款结余分配”科目；“非财政拨款结余分配”科目为贷方余额的，借记“非财政拨款结余分配”科目，贷记本科目（累计结余）。年末，行政单位将“其他结余”科目余额转入“非财政拨款结余”科目。“其他结余”科目为借方余额的，借记本科目（累计结余），贷记“其他结余”科目；“其他结余”科目为贷方余额的，借记“其他结余”科目，贷记本科目（累计结余）。

（四）行政单位平行记账业务举例

【例 10－26】某行政单位发现上年已经完工的项目少计算交纳个人所得税 2 000 元。平行记账账务处理如下：

- 财务会计：

借：累计盈余　　2 000
　　贷：银行存款　　2 000

- 预算会计：

借：非财政拨款结余——年初余额调整　　2 000
　　贷：资金结存——货币资金　　2 000

【例 10－27】某行政单位非财政拨款项目预算收入 8 万元，预算支出 72 000 元，该项目已完工，年末收支结转后，该项目非财政补助结转科目贷方余额为 8 000 元，按规定留归本单位使用。平行记账账务处理如下：

- 财务会计不涉及账务处理：
- 预算会计：

借：非财政拨款结转——累计结转　　8 000
　　贷：非财政拨款结余——结转转入　　8 000

（五）事业单位平行记账业务举例

【例 10－28】某事业单位本年项目预算收入为 50 万元，根据规定计提项目管理费 25 000 元。平行记账账务处理如下：

- 财务会计：

借：单位管理费用　　25 000

贷：预提费用——项目间接费用或管理费 25 000

• 预算会计：

借：非财政拨款结转——项目间接费用或管理费 25 000

贷：非财政拨款结余——项目间接费用或管理费 25 000

【例 10－29】某事业单位按税法计算交纳当年企业所得税 32 000 元。平行记账账务处理如下：

• 财务会计：

借：其他应交税费——单位应交所得税 32 000

贷：银行存款 32 000

• 预算会计：

借：非财政拨款结余——累计结余 32 000

贷：资金结存——货币资金 32 000

【例 10－30】某事业单位在年末检查中发现上年已经完工的项目资金支付劳务 56 000 元，该事项单据上列明的金额为 50 600 元，对上述差错分析后，认为需要收回资金 5 400 元。平行记账账务处理如下：

• 财务会计：

借：累计盈余 5 400

贷：库存现金 5 400

• 预算会计：

借：资金结存——货币资金 5 400

贷：非财政拨款结余——年初余额调整 5 400

【例 10－31】某事业单位年底非财政拨款结余分配贷方余额为 56 000 元，其他结余贷方余额为 80 400，年底进行结转，平行记账账务处理如下：

• 财务会计不涉及账务处理。

• 预算会计：

借：非财政拨款结余分配 56 000

其他结余 80 400

贷：非财政拨款结余 136 400

六、专用结余

（一）“专用结余”科目的核算内容

“专用结余”科目是核算事业单位按照规定从非财政拨款结余中提取的具有专门用途的资金的变动和滚存情况。本科目应当按照专用结余的类别进行明细核算。本科目年末贷方余额，反映事业单位从非同级财政拨款结余中提取的专用基金的累计滚存数额。

（二）“专用结余”的主要账务处理

（1）根据有关规定从本年度非财政拨款结余或经营结余中提取基金的，按照提取金额，借记“非财政拨款结余分配”科目，贷记本科目。

（2）根据规定使用从非财政拨款结余或经营结余中提取的专用基金时，按照使用金额，借记本科目，贷记“资金结存——货币资金”科目。

（三）事业单位平行记账业务举例

【例 10－32】 某事业单位当年非财政拨款结余为 7 万元，经营结余为 16 万元，按规定年末计算提取职工福利基金 92 000 元（该单位职工福利基金提取比例为 40%），平行记账账务处理如下：

- 财务会计：

借：本年盈余分配　　92 000
　　贷：专用基金　　92 000

- 预算会计：

借：非财政拨款结余分配　　92 000
　　贷：专用结余　　92 000

【例 10－33】 某事业单位使用从非财政拨款结余中提取的专用基金支付职工福利费 5 万元，平行记账账务处理如下：

- 财务会计：

借：专用基金　　50 000
　　贷：银行存款　　50 000

- 预算会计：

借：专用结余　　50 000
　　贷：资金结存——货币资金　　50 000

若该事业单位从预算收入中计提专用基金 3 万元，并于次月使用该基金购买职工福利用品 3 万元，则平行记账账务处理如下：

（1）计提专用基金时：

- 财务会计：

借：业务活动费用　　30 000
　　贷：专用基金　　30 000

- 预算会计不涉及账务处理。

（2）使用专用基金时：

- 财务会计：

借：专用基金　　30 000
　　贷：银行存款　　30 000

- 预算会计：

借：事业支出　　30 000
　　贷：资金结存——货币资金　　30 000

七、经营结余

（一）“经营结余”科目的核算内容

“经营结余”科目是核算事业单位本年度经营活动收支相抵后余额弥补以前年度经营亏损后的余额。本科目可以按照经营活动类别进行明细核算。年末结账后，本科目一般无余额；如为借方余额，反映事业单位累计发生的经营亏损。

（二）经营结余的主要账务处理

（1）年末，将经营预算收入本年发生额转入本科目，借记“经营预算收入”科目，贷记本科目；将经营支出本年发生额转入本科目，借记本科目，贷记“经营支出”科目。

（2）年末，完成上述结转后，如本科目为贷方余额，将本科目贷方余额转入“非财政拨款结余分配”科目，借记本科目，贷记“非财政拨款结余分配”科目；如本科目为借方余额，为经营亏损，不予结转。

（三）事业单位平行记账业务举例

【例 10－34】某事业单位年底经营预算收入为 25 000 元，经营支出为 54 000 元，年度进行收支结转，平行记账账务处理如下：

- 财务会计不涉及账务处理。
- 预算会计：

借：经营预算收入	25 000	
贷：经营结余		25 000
借：经营结余	54 000	
贷：经营支出		54 000

经营结余期末余额＝25 000－54 000＝－29 000（元）

期末借方余额，不予结转。如果经营预算收入为 60 000 元，经营结余期末余额＝60 000－54 000＝6 000（元），则年度结转如下：

借：经营结余	6 000	
贷：非财政拨款结余分配		6 000

八、其他结余

（一）“其他结余”科目的核算内容

“其他结余”科目是核算单位本年度除财政拨款收支、非同级财政专项资金收支和经营收支以外各项收支相抵后的余额。年末结转后，本科目应无余额。

（二）其他结余的主要账务处理

（1）年末，将事业预算收入、上级补助预算收入、附属单位上缴预算收入、非同级财政拨款预算收入、债务预算收入、其他预算收入本年发生额中的非专项资金收入以及投资预算收益本年发生额转入本科目，借记“事业预算收入”“上级补助预算收入”“附属单位上缴预算收入”“非同级财政拨款预算收入”“债务预算收入”“其他预算收入”科目下各非专项资金收入明细科目和“投资预算收益”科目，贷记本科目（“投资预算收益”科目本年发生额为借方净额时，借记本科目，贷记“投资预算收益”科目）；将行政支出、事业支出、其他支出本年发生额中的非同级财政、非专项资金支出，以及上缴上级支出、对附属单位补助支出、投资支出、债务还本支出本年发生额转入本科目，借记本科目，贷记“行政支出”“事业支出”“其他支出”科目下各非同级财政、非专项资金支出明细科目和“上缴上级支出”“对附属单位补助支出”“投资支出”“债务还本支出”科目。

（2）年末，完成上述结转后，行政单位将本科目余额转入“非财政拨款结余——累计结余”科目；事业单位将本科目余额转入“非财政拨款结余分配”科目。当本科目为贷方余额时，借记本科目，贷记“非财政拨款结余——累计结余”或“非财政拨款结余分配”科目；当本科目为借方余额时，借记“非财政拨款结余——累计结余”或“非财政拨款结余分配”科目，贷记本科目。

（三）行政单位平行记账业务举例

【例 10 – 35】某行政单位年底其他预算收入为60 000元，其他业务支出为50 000元，年底进行收支结转，平行记账账务处理如下：

- 财务会计不涉及账务处理。
- 预算会计：

借：其他预算收入	60 000	
贷：其他结余		60 000
借：其他结余	50 000	
贷：其他支出		50 000
借：其他结余	10 000	
贷：非财政拨款结余——累计结余		10 000

（四）事业单位平行记账业务举例

【例 10 – 36】某事业单位年底上级补助预算收入为5万元，附属单位上缴预算收入为54 000元，非同级财政拨款预算收入为2万元，债务预算收入为3万元，其他预算收入（非专项资金部分）为33 000元，其他支出（非财政、非专项资金支出部分）为1万元，上缴上级支出为23 000元，对附属单位补助支出为12 000元，投资支出为5 000元，年度进行收支结转，平行记账账务处理如下：

- 财务会计不涉及账务处理。
- 预算会计：

借：上级补助预算收入	50 000	
附属单位上缴预算收入	54 000	
非同级财政拨款预算收入	20 000	
债务预算收入	30 000	
其他预算收入	33 000	
贷：其他结余		187 000
借：其他结余	50 000	
贷：其他支出		10 000
上缴上级支出		23 000
对附属单位补助支出		12 000
投资支出		5 000
借：其他结余	137 000	
贷：非财政拨款结余分配		137 000

九、非财政拨款结余分配

（一）“非财政拨款结余分配”科目的核算内容

“非财政拨款结余分配”科目是核算事业单位本年度非财政拨款结余分配的情况和结果。年末结账后，本科目应无余额。

（二）非财政拨款结余分配的主要账务处理

（1）年末，将“其他结余”科目余额转入本科目，当“其他结余”科目为贷方余额时，借记“其他结余”科目，贷记本科目；当“其他结余”科目为借方余额时，借记本科目，贷记“其他结余”科目。年末，将“经营结余”科目贷方余额转入本科目，借记“经营结余”科目，贷记本科目。

（2）根据有关规定提取专用基金的，按照提取的金额，借记本科目，贷记“专用结余”科目。

（3）年末，按照规定完成上述处理后，将本科目余额“转入非财政拨款结余”。当本科目为借方余额时，借记“非财政拨款结余——累计结余”科目，贷记本科目；当本科目为贷方余额时，借记本科目，贷记“非财政拨款结余——累计结余”科目。

（三）事业单位平行记账业务举例

【例 10－37】 某事业单位年底还有经营结余 6 000 元，并按照经营结余和非财政拨款结余的 40% 计提职工福利基金，平行记账账务处理如下：

- 财务会计不涉及账务处理。
- 预算会计：

借：经营结余　　6 000
　　贷：非财政拨款结余分配　　6 000

非财政拨款结余分配余额 = 6 000 + 136 400 = 142 400（元）

计提支付福利基金 = 142 400 × 40% = 56 960（元）

借：非财政拨款结余分配　　56 960
　　贷：专用结余　　56 960

借：非财政拨款结余分配　　85 440
　　贷：非财政拨款结余　　85 440

第四篇　政府会计报告

第十一章 政府会计报告体系

政府会计报告，是政府会计核算、记录的结果反映，是政府会计信息的书面载体，为政府会计信息使用者了解政府组织经济活动、运行及受托责任履行情况提供依据。

第一节 政府会计报告的构成

一、政府会计报告构成框架

按照《政府会计准则——基本准则》的规定，政府会计主体应当编制决算报告和财务报告。其中政府决算报告应当包括决算报表和其他应当在决算报告中反映的相关信息和资料，政府财务报告应当包括财务报表和其他应当在财务报告中披露的相关信息和资料。同时按照《政府会计制度——行政事业单位会计科目和报表》的规定，行政事业单位作为政府主体组成部门，应当编制预算会计报表、财务报表等会计报表及附注。根据上述准则制度的规定，政府会计报告应包括政府决算报告、政府财务报告和会计报表及附注。框架结构如图 11－1 所示。

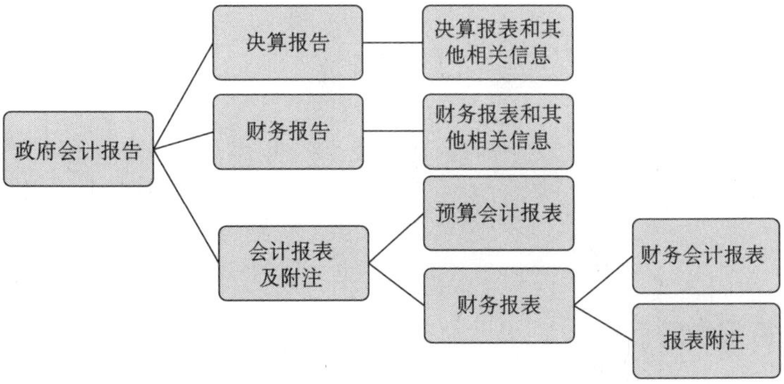

图 11－1　政府会计报告框架

其中，会计报表及附注的具体构成见表 11－1。

表 11－1　会计报表及附注构成

编号	报表名称	编制期
财务报表		
会政财 01 表	资产负债表	月度、年度
会政财 02 表	收入费用表	月度、年度
会政财 03 表	净资产变动表	年度
会政财 04 表	现金流量表	年度
	附注	年度
预算会计报表		
会政预 01 表	预算收入支出表	年度
会政预 02 表	预算结转结余变动表	年度
会政预 03 表	财政拨款预算收入支出表	年度

二、政府决算报告、政府财务报告与政府会计报表的关系

政府决算报告、政府财务报告和政府会计报表均为政府及其组成部门单位按财政和会计制度规定编报的书面文件，但其间关系密切，既各自独立存在，又互相勾稽联系，共同构成能够反映政府预算执行情况、经济活动情况和责任履行情况的信息载体。

从编报时间和格式看，政府决算报告和政府财务报告均为按年度编报，会计报表及附注按要求可分别为月度和年度编报，其中按年度编制的会计报表格式与政府决算报告和财务报告相关报表格式完全一致。

从编报内容看，政府决算报告、财务报告以会计报表和附注作为重要组成部分，在会计报表数据基础上，增加对政府及其组成部门其他相关信息的披露，同时以会计报表数据为基础，综合其他相关信息对政府及其组成部门运行、经济活动及履责绩效进行全面分析，以利于更加综合直观地反映政府总体情况。

从数据形成过程看，政府决算报告和预算会计报表均通过政府预算会计体系核算形成，财务报告和财务报表均通过政府财务会计核算体系形成，同时，因政府预算会计体系与政府财务会计体系存在“适度分离又相互联系的特点”，预算会计和财务会计体系形成的报告和报表数据间既各自独立又相互联系。

第二节
政府决算报告

一、政府决算报告的目标

政府决算报告的目标，是向决算报告使用者提供与政府预算执行情况有关的信息，综

合反映政府会计主体预算收支的年度执行结果，有助于决算报告使用者进行监督和管理，并为编制后续年度预算提供参考和依据。政府决算报告使用者包括各级人民代表大会及其常务委员会、各级政府及其有关部门、政府会计主体自身、社会公众和其他利益相关者。

二、政府决算报告的内容

政府决算报告是综合反映政府会计主体年度预算收支执行结果的文件，应当包括决算报表和其他应当在决算报告中反映的相关信息和资料，政府决算报告的编制主要以收付实现制为基础，预算会计核算生成数据为准。

在现行实务中，政府决算报表分别由财政汇总决算报表和部门决算报表组成。财政汇总决算报表反映一级政府层面财政预算执行情况。部门决算报表反映政府一级部门及其所属行政事业单位预算执行情况，其中行政事业单位决算报表数据经政府组成部门汇总后，形成政府部门决算报表，反映政府一级部门的预算执行情况。

政府决算报告的具体内容及编制，每年均按照财政要求，由财政部下发决算编报相关文件进行具体规定。通常在年底，财政部会下发《关于××年度部门决算工作的通知》，其中会规定编报单位的范围、编报程序和时间、决算报告内容（主要为部门决算汇总表、填报说明和分析报告），决算报表表样通常会随通知下发。同时，财政部会对单位决算编制的内容、格式及要求、部门决算报表编制说明等其他编审资料进行详细规定，并明确要求部门应于次年×月×日前，将部门决算汇总表、填报说明和分析报告，以及电子介质数据一并报送财政部部门预算管理司。

第三节
政府财务报告

一、政府财务报告的目标

政府财务报告的目标，是向财务报告使用者提供与政府的财务状况、运行情况（含运行成本，下同）和现金流量等有关信息，反映政府会计主体公共受托责任履行情况，有助于财务报告使用者做出决策或者进行监督和管理。政府财务报告使用者包括各级人民代表大会常务委员会、债权人、各级政府及其有关部门、政府会计主体自身和其他利益相关者。

二、政府财务报告的内容

政府财务报告是反映政府会计主体某一特定日期的财务状况和某一会计期间的运行情况和现金流量等信息的文件，应当包括财务报表和其他应当在财务报告中披露的相关信息和资料。政府财务报告的编制主要以权责发生制为基础，以财务会计核算生成的数据为准。

政府财务报告包括政府综合财务报告和政府部门财务报告。其中，政府综合财务报告是指由政府财政部门编制的，反映各级政府整体财务状况、运行情况和财政中长期可持续性的报告；政府部门财务报告是指政府各部门、各单位按规定编制的财务报告。

政府财务报告中的财务报表是对政府会计主体财务状况、运行情况和现金流量等信息的结构性表述，主要包括会计报表及附注。

第四节 政府会计报表

按照《政府会计制度——行政事业单位会计科目及报表》的规定，行政事业单位应当按照规定编制财务报表和预算会计报表。

一、政府财务会计报表

财务报表是对政府会计主体财务状况、运行情况和现金流量等信息的结构性表述。行政事业单位财务报表是根据政府财务会计日常核算资料，通过整理、汇总而编制的用以反映单位一定时期财务状况、运行情况和现金流量的书面文件。

财务报表由会计报表及其附注构成。会计报表一般包括资产负债表、收入费用表和净资产变动表，单位可根据实际情况自行选择编制现金流量表。除现金流量表以收付实现制为基础编制外，单位应当以权责发生制为基础编制财务报表。

会计报表附注是为帮助使用者深入了解主要会计报表的有关内容和项目而以表格的形式对主要会计报表所做的补充说明和详细解释，它是单位财务报表的有机组成部分。

二、政府预算会计报表

预算会计报表，是根据政府预算会计日常核算资料，通过整理、汇总而编制的用以反映会计主体一定时期预算执行结果的书面文件，预算会计报表综合、系统、全面地反映了单位预算收支活动情况。

预算会计报表由会计报表和报表说明书组成。预算会计报表至少应该包括预算收入支出表、预算结转结余变动表和财政拨款预算收入支出表。预算会计报表的编制主要以收付实现制为基础，以单位预算会计核算生成的数据为准。

三、政府会计报表的编报要求

为了保证会计信息质量，充分发挥会计报表的应有作用，行政事业单位必须按照财政部门和主管部门统一规定编制财务报表和预算会计报表。

（1）单位应当根据政府会计准则及制度规定编制真实、完整的财务报表和预算会计报表，不得违反规定随意改变财务报表和预算会计报表的编制基础、编制依据、编制原则和方法，不得随意改变规定的财务报表和预算会计报表有关数据的会计口径。

（2）单位应当至少按照年度编制财务报表和预算会计报表，同时还应按照财政部门或主管部门的具体要求编制月报和季报，满足财政和主管部门的管理需要。

（3）单位应当根据登记完整、核对无误的账簿记录和其他有关资料编制财务报表和预算会计报表，做到数字真实、计算准确、内容完整、编报及时。

（4）财务报表和预算会计报表应当由单位负责人和主管会计工作的负责人、会计机构负责人（会计主管人员）签名并盖章。

四、政府会计报表编制的准备工作

年终清理和结账，是行政事业单位年度决算和编报会计报表的重要基础工作，单位应根据财政部门和主管部门关于决算编审工作的要求，对单位全年各项资金收支、货币资金及财产物资进行全面的年终清查、核对、整理和核算，以保证单位年度决算和报表的准确、真实、完整。单位年终清理结账的主要内容包括：

1. 清理核对年度预算收支数字和预算领拨款数字

年终前，财政机关、上级单位和所属各单位之间，应当认真清理核对全年预算数。同时要逐笔清理核对上、下级之间预算拨款和预算缴款数字，按核定的预算或调整的预算，该拨付的拨付，该缴回的缴回，保证上、下级之间的年预算数、领拨款经费数和上缴、下拨数一致。凡属本年的应拨、应缴款项，必须在 12 月 31 日前汇达对方。主管会计单位对所属各单位的预算拨款，截至 12 月 25 日止，逾期一般不再下拨。

2. 清理核对各项收支和费用款项

要求凡属本年的各项收入、支出和费用都应及时确认入账，其中预算收入和支出应当按照实际发生列报，本年的各项应缴预算收入和应上缴上级的款项，要在年终前全部上缴，属于本年的各项支出，一律以截至 12 月 31 日的实际到款和用款支出数为准，不得以拨代支，不得以收抵支；财务会计收入和费用，应按权责发生制原则确认，保证属于本会计期间的收入和费用全部如实入账。

3. 清理结算往来款项

单位应对各类应收、应付、预收、预付款项等往来款项进行分类清理和账龄分析，按有关规定应转作各项收入或支出的往来款项的要及时结转，编入本年决算，按有关规定应确认为收入或损失包括提取坏账准备等事项，应及时进行会计处理。年终前应尽量清理完毕。

4. 清查货币资金和财产物资

年终，单位应及时同开户银行对账，包括银行存款、现金、有价证券等账面余额应同银行对账单、库存现金和实存的有价证券核对，同时对各项财产物资进行清理盘点，发生盘盈、盘亏时，应及时查明原因，按规定做出处理。年终货币资金和财产物资清查应做到账账相符、账实相符。

5. 年终结账

单位在年终清理结算后应及时进行年终结账，在各账目核对无误的基础上，计算出各科目余额，试算平衡后按规定对收入、支出（费用）科目与结余（盈余）类进行冲转，按规定进行结余（盈余）分配和结转，并将上年度科目余额转入新年度账目期初余额。单位年度决算和会计报表填报数字应按年终结账各科目发生额或余额填列，保证账表一致。

第十二章
政府预算会计报表

按照《政府会计制度——行政事业单位会计科目及报表》的规定，行政事业单位应当以收付实现制为基础，以单位预算会计核算生成的数据为准编制预算会计报表。政府预算会计报表指行政事业单位编制的预算会计报表，主要包括：预算收入支出表、预算结转结余变动表和财政拨款预算收入支出表等。

第一节
预算收入支出表的编制

一、概念和作用

预算收入支出表是反映行政事业单位预算收支情况的报表，反映单位在某一会计年度内各项预算收入、预算支出和预算收支差额的情况。按照规定，行政事业单位的预算收入支出表应当按年度编制。

预算收入支出表用于提供某一会计年度内预算收入总额、支出总额及其构成情况的信息，如：某单位年度内财政拨款收入、事业预算收入、事业支出、其他支出等信息，同时通过计算预算收入总额减去预算支出总额，提供某一会计年度内预算收支差额的信息。通过分析单位各类收入、支出和收支差额信息，便于单位和主管及财政部门了解单位预算执行情况和安排下一年度预算收支计划。

二、报表格式

预算收入支出表按照本年预算收入、本年预算支出的构成和本年预算收支差额情况分项列示，并按本年数和上年数分栏列示。表中数据信息计算公式为：

本年预算收入 - 本年预算支出 = 本年预算收支差额

预算收入支出表格式见表 12 - 1。

表 12－1　　**预算收入支出表**

会政预 01 表

编制单位：××单位　　××年　　单位：元

项　　目	本年数	上年数
一、本年预算收入		
（一）财政拨款预算收入		
其中：政府性基金收入		
（二）事业预算收入		
（三）上级补助预算收入		
（四）附属单位上缴预算收入		
（五）经营预算收入		
（六）债务预算收入		
（七）非同级财政拨款预算收入		
（八）投资预算收益		
（九）其他预算收入		
其中：利息预算收入		
捐赠预算收入		
租金预算收入		
二、本年预算支出		
（一）行政支出		
（二）事业支出		
（三）经营支出		
（四）上缴上级支出		
（五）对附属单位补助支出		
（六）投资支出		
（七）债务还本支出		
（八）其他支出		
其中：利息支出		
捐赠支出		
三、本年预算收支差额		

三、预算收入支出表的编列方法

本表反映单位在某一会计年度内各项预算收入、预算支出和预算收支差额的情况。本表“本年数”栏反映各项目的本年实际发生数。本表“上年数”栏反映各项目上年度的实际发生数，应当根据上年度预算收入支出表中“本年数”栏内所列数字填列。如果本年度预算收入支出表规定的项目的名称和内容同上年度不一致，应当对上年度预算收入支出表项目的名称和数字按照本年度的规定进行调整，将调整后金额填入本年度预算收入支出表的“上年数”栏。

本表“本年数”栏各项目的内容和填列方法：

1. 本年预算收入

（1）“本年预算收入”项目，反映单位本年预算收入总额。本项目应当根据本表中“财政拨款预算收入”“事业预算收入”“上级补助预算收入”“附属单位上缴预算收入”“经营预算收入”“债务预算收入”“非同级财政拨款预算收入”“投资预算收益”“其他预算收入”项目金额的合计数填列。

（2）“财政拨款预算收入”项目，反映单位本年从同级政府财政部门取得的各类财政拨款。本项目应当根据“财政拨款预算收入”科目的本年发生额填列。其中“政府性基金收入”项目，反映单位本年取得的财政拨款收入中属于政府性基金预算拨款的金额。本项目应当根据“财政拨款预算收入”相关明细科目的本年发生额填列。

（3）“事业预算收入”项目，反映事业单位本年开展专业业务活动及其辅助活动取得的预算收入。本项目应当根据“事业预算收入”科目的本年发生额填列。

（4）“上级补助预算收入”项目，反映事业单位本年从主管部门和上级单位取得的非财政补助预算收入。本项目应当根据“上级补助预算收入”科目的本年发生额填列。

（5）“附属单位上缴预算收入”项目，反映事业单位本年收到的独立核算的附属单位按照有关规定上缴的预算收入。本项目应当根据“附属单位上缴预算收入”科目的本年发生额填列。

（6）“经营预算收入”项目，反映事业单位本年在专业业务活动及其辅助活动之外开展非独立核算经营活动取得的预算收入。本项目应当根据“经营预算收入”科目的本年发生额填列。

（7）“债务预算收入”项目，反映事业单位本年按照规定从金融机构等借入的、纳入部门预算管理的债务预算收入。本项目应当根据“债务预算收入”的本年发生额填列。

（8）“非同级财政拨款预算收入”项目，反映单位本年从非同级政府财政部门取得的财政拨款。本项目应当根据“非同级财政拨款预算收入”科目的本年发生额填列。

（9）“投资预算收益”项目，反映事业单位本年取得的按规定纳入单位预算管理的投资收益。本项目应当根据“投资预算收益”科目的本年发生额填列。

（10）“其他预算收入”项目，反映单位本年取得的除上述收入以外的纳入单位预算管理的各项预算收入。本项目应当根据“其他预算收入”科目的本年发生额填列。

“利息预算收入”项目，反映单位本年取得的利息预算收入。本项目应当根据“其他预算收入”科目的明细记录分析填列。单位单设“利息预算收入”科目的，应当根据

“利息预算收入”科目的本年发生额填列。

“捐赠预算收入”项目，反映单位本年取得的捐赠预算收入。本项目应当根据“其他预算收入”科目明细账记录分析填列。单位单设“捐赠预算收入”科目的，应当根据“捐赠预算收入”科目的本年发生额填列。

“租金预算收入”项目，反映单位本年取得的租金预算收入。本项目应当根据“其他预算收入”科目明细账记录分析填列。单位单设“租金预算收入”科目的，应当根据“租金预算收入”科目的本年发生额填列。

2. 本年预算支出

（1）“本年预算支出”项目，反映单位本年预算支出总额。本项目应当根据本表中“行政支出”“事业支出”“经营支出”“上缴上级支出”“对附属单位补助支出”“投资支出”“债务还本支出”和“其他支出”项目金额的合计数填列。

（2）“行政支出”项目，反映行政单位本年履行职责实际发生的支出。本项目应当根据“行政支出”科目的本年发生额填列。

（3）“事业支出”项目，反映事业单位本年开展专业业务活动及其辅助活动发生的支出。本项目应当根据“事业支出”科目的本年发生额填列。

（4）“经营支出”项目，反映事业单位本年在专业业务活动及其辅助活动之外开展非独立核算经营活动发生的支出。本项目应当根据“经营支出”科目的本年发生额填列。

（5）“上缴上级支出”项目，反映事业单位本年按照财政部门和主管部门的规定上缴上级单位的支出。本项目应当根据“上缴上级支出”科目的本年发生额填列。

（6）“对附属单位补助支出”项目，反映事业单位本年用财政拨款收入之外的收入对附属单位补助发生的支出。本项目应当根据“对附属单位补助支出”科目的本年发生额填列。

（7）“投资支出”项目，反映事业单位本年以货币资金对外投资发生的支出。本项目应当根据“投资支出”科目的本年发生额填列。

（8）“债务还本支出”项目，反映事业单位本年偿还自身承担的纳入预算管理的从金融机构举借的债务本金的支出。本项目应当根据“债务还本支出”科目的本年发生额填列。

（9）“其他支出”项目，反映单位本年除以上支出以外的各项支出。本项目应当根据“其他支出”科目的本年发生额填列。

“利息支出”项目，反映单位本年发生的利息支出。本项目应当根据“其他支出”科目明细账记录分析填列。单位单设“利息支出”科目的，应当根据“利息支出”科目的本年发生额填列。

“捐赠支出”项目，反映单位本年发生的捐赠支出。本项目应当根据“其他支出”科目明细账记录分析填列。单位单设“捐赠支出”科目的，应当根据“捐赠支出”科目的本年发生额填列。

3. 本年预算收支差额

“本年预算收支差额”项目，反映单位本年各项预算收支相抵后的差额。本项目应当根据本表中“本期预算收入”项目金额减去“本期预算支出”项目金额后的金额填列；

如相减后金额为负数，以“-”号填列。

第二节 预算结转结余变动表的编制

一、概念和作用

预算结转结余变动表，是反映单位在某一会计年度内预算结转结余变动情况的报表。按照规定，行政事业单位的预算结转结余变动表应当按年度编制。

预算结转结余变动表可以提供某一会计年度内预算结转结余项目的金额变动情况，例如：某会计年度内由本年财政拨款收支差额、归集调入、归集上缴或调出等原因引起的；可以提供年末预算结转结余构成情况，例如，年末财政拨款结转、财政拨款结余、非财政拨款结转、非财政拨款结余、专用结余等信息。通过分析单位预算结转结余变化和存量情况，便于单位和主管及财政部门统筹安排财政预算结转结余资金。

二、报表格式

单位预算结转结余变动表按照财政拨款结转结余、其他资金结转结余的本年数和上年数分栏列示，同时按照年初预算结转结余、年初余额调整、本年变动金额和年末预算结转结存等项目分层次填列。表中数据采用的计算公式为：

年初预算结转结余 ± 年初余额调整 ± 本年变动金额 = 年末预算结转结余

预算结转结余变动表的格式如表 12－2 所示。

表 12－2　　预算结转结余变动表

会政预 02 表

编制单位：××单位　　××年　　单位：元

项目	本年数	上年数
一、年初预算结转结余		
（一）财政拨款结转结余		
（二）其他资金结转结余		
二、年初余额调整（减少以“-”号填列）		
（一）财政拨款结转结余		
（二）其他资金结转结余		
三、本年变动金额（减少以“-”号填列）		
（一）财政拨款结转结余		
1. 本年收支差额		

续表

项目	本年数	上年数
2. 归集调入		
3. 归集上缴或调出		
（二）其他资金结转结余		
1. 本年收支差额		
2. 缴回资金		
3. 使用专用结余		
4. 支付所得税		
四、年末预算结转结余		
（一）财政拨款结转结余		
1. 财政拨款结转		
2. 财政拨款结余		
（二）其他资金结转结余		
1. 非财政拨款结转		
2. 非财政拨款结余		
3. 专用结余		
4. 经营结余（如有余额，以“－”号填列）		

三、预算结转结余变动表的编列方法

预算结转结余变动表反映单位在某一会计年度内预算结转结余的变动情况。本表“本年数”栏反映各项目的本年实际发生数。本表“上年数”栏反映各项目的上年实际发生数，应当根据上年度预算结转结余变动表中“本年数”栏内所列数字填列。如果本年度预算结转结余变动表规定的项目的名称和内容同上年度不一致，应当对上年度预算结转结余变动表项目的名称和数字按照本年度的规定进行调整，将调整后金额填入本年度预算结转结余变动表的“上年数”栏。本表中“年末预算结转结余”项目金额等于“年初预算结转结余”“年初余额调整”“本年变动金额”三个项目的合计数。

本表“本年数”栏各项目的内容和填列方法：

1. “年初预算结转结余”项目

本项目反映单位本年预算结转结余的年初余额。本项目应当根据本项目下“财政拨款结转结余”“其他资金结转结余”项目金额的合计数填列。

（1）“财政拨款结转结余”项目，反映单位本年财政拨款结转结余资金的年初余额。本项目应当根据“财政拨款结转”“财政拨款结余”科目本年年初余额合计数填列。

（2）“其他资金结转结余”项目，反映单位本年其他资金结转结余的年初余额。本项目应当根据“非财政拨款结转”“非财政拨款结余”“专用结余”“经营结余”科目本年年初余额的合计数填列。

2. “年初余额调整”项目

本项目反映单位本年预算结转结余年初余额调整的金额。本项目应当根据本项目下“财政拨款结转结余”“其他资金结转结余”项目金额的合计数填列。

（1）“财政拨款结转结余”项目，反映单位本年财政拨款结转结余资金的年初余额调整金额。本项目应当根据“财政拨款结转”“财政拨款结余”科目下“年初余额调整”明细科目的本年发生额的合计数填列；如调整减少年初财政拨款结转结余，以“－”号填列。

（2）“其他资金结转结余”项目，反映单位本年其他资金结转结余的年初余额调整金额。本项目应当根据“非财政拨款结转”“非财政拨款结余”科目下“年初余额调整”明细科目的本年发生额的合计数填列；如调整减少年初其他资金结转结余，以“－”号填列。

3. “本年变动金额”项目

本项目反映单位本年预算结转结余变动的金额。本项目应当根据本项目下“财政拨款结转结余”“其他资金结转结余”项目金额的合计数填列。

（1）“财政拨款结转结余”项目，反映单位本年财政拨款结转结余资金的变动。本项目应当根据本项目下“本年收支差额”“归集调入”“归集上缴或调出”项目金额的合计数填列。

①“本年收支差额”项目，反映单位本年财政拨款资金收支相抵后的差额。本项目应当根据“财政拨款结转”科目下“本年收支结转”明细科目本年转入的预算收入与预算支出的差额填列；差额为负数的，以“－”号填列。

②“归集调入”项目，反映单位本年按照规定从其他单位归集调入的财政拨款结转资金。本项目应当根据“财政拨款结转”科目下“归集调入”明细科目的本年发生额填列。

③“归集上缴或调出”项目，反映单位本年按照规定上缴的财政拨款结转结余资金及按照规定向其他单位调出的财政拨款结转资金。本项目应当根据“财政拨款结转”“财政拨款结余”科目下“归集上缴”明细科目，以及“财政拨款结转”科目下“归集调出”明细科目本年发生额的合计数填列，以“－”号填列。

（2）“其他资金结转结余”项目，反映单位本年其他资金结转结余的变动。本项目应当根据本项目下“本年收支差额”“缴回资金”“使用专用结余”“支付所得税”项目金额的合计数填列。

①“本年收支差额”项目，反映单位本年除财政拨款外的其他资金收支相抵后的差额。本项目应当根据“非财政拨款结转”科目下“本年收支结转”明细科目、“其他结余”科目、“经营结余”科目本年转入的预算收入与预算支出的差额的合计数填列；如为负数，以“－”号填列。

②“缴回资金”项目，反映单位本年按照规定缴回的非财政拨款结转资金。本项目应当根据“非财政拨款结转”科目下“缴回资金”明细科目本年发生额的合计数填列，以“－”号填列。

③“使用专用结余”项目，反映本年事业单位根据规定使用从非财政拨款结余或经

营结余中提取的专用基金的金额。本项目应当根据“专用结余”科目明细账中本年使用专用结余业务的发生额填列，以“－”号填列。

④“支付所得税”项目，反映有企业所得税交纳义务的事业单位本年实际交纳的企业所得税金额。本项目应当根据“非财政拨款结余”明细账中本年实际交纳企业所得税业务的发生额填列，以“－”号填列。

4.“年末预算结转结余”项目

本项目反映单位本年预算结转结余的年末余额。本项目应当根据本项目下“财政拨款结转结余”“其他资金结转结余”项目金额的合计数填列。

（1）“财政拨款结转结余”项目，反映单位本年财政拨款结转结余的年末余额。本项目应当根据本项目下“财政拨款结转”“财政拨款结余”项目金额的合计数填列。

本项目下“财政拨款结转”“财政拨款结余”项目，应当分别根据“财政拨款结转”“财政拨款结余”科目的本年年末余额填列。

（2）“其他资金结转结余”项目，反映单位本年其他资金结转结余的年末余额。

本项目应当根据本项目下“非财政拨款结转”“非财政拨款结余”“专用结余”“经营结余”项目金额的合计数填列。本项目下“非财政拨款结转”“非财政拨款结余”“专用结余”“经营结余”项目，应当分别根据“非财政拨款结转”“非财政拨款结余”“专用结余”“经营结余”科目的本年年末余额填列。

第三节 财政拨款预算收入支出表的编制

一、概念和作用

财政拨款预算收入支出表，是反映单位本年财政拨款预算资金收入、支出及相关变动具体情况的报表。按照规定，行政事业单位的财政拨款预算收入支出表应当按年度编制。

财政拨款预算收入支出表可以提供某一会计年度内单位财政拨款预算收支各个组成项目的资金增减变动具体信息，如，提供某一会计年度内单位一般公共预算财政拨款基本支出（人员和公用经费）、各财政项目支出的年初财政拨款结转结余、本年归集调入、本年归集上缴或调出、单位内部调剂、本年财政拨款收入、本年财政拨款支出、年末财政拨款结转结余等信息。相对于预算结转结余变动表，财政拨款预算收入支出表能更加清晰地反映财政拨款预算资金及其增减变动情况，便于核对预算信息和掌握单位预算执行的具体情况。

二、报表格式

财政拨款预算收入支出表应当分别按照一般公共预算财政拨款和政府性基金预算财政

拨款及其基本支出和项目支出具体构成项目分项列示，同时分栏反映各构成项的年初结转结余数、本年增减变动数和年末结转结余数。本年增减变动数包括调整年初结转结余数、本年归集调入数、本年归集上缴或调出数、单位内部调剂数、本年财政拨款收入数、本年财政拨款支出数。财政拨款预算收入支出表的格式如表 12－3 所示。

表 12－3　　财政拨款预算收入支出表

会政预 02 表

编制单位：××单位　　××年　　单位：元

项目	年初财政拨款结转结余		调整年初财政拨款结转结余	本年归集调入	本年归集上缴或调出	单位内部调剂		本年财政拨款收入	本年财政拨款支出	年末财政拨款结转结余	
	结转	结余				结转	结余			结转	结余
一、一般公共预算财政拨款											
（一）基本支出											
1. 人员经费											
2. 日常公用经费											
（二）项目支出											
1. ××项目											
2. ××项目											
……											
二、政府性基金预算财政拨款											
（一）基本支出											
1. 人员经费											
2. 日常公用经费											
（二）项目支出											
1. ××项目											
2. ××项目											
……											
总计											

三、财政拨款预算收入支出表编列方法

财政拨款预算收入支出表“项目”栏内各项目，应当根据单位取得的财政拨款种类分项设置。其中“项目支出”项目下，根据每个项目设置；单位取得除一般公共财政预算拨款和政府性基金预算拨款以外的其他财政拨款的，应当按照财政拨款种类增加相应的资金项目及其明细项目。

各栏及其对应项目的内容和填列方法：

（1）“年初财政拨款结转结余”栏中各项目，反映单位年初各项财政拨款结转结余的

金额。各项目应当根据“财政拨款结转”“财政拨款结余”及其明细科目的年初余额填列。本栏中各项目的数额应当与上年度财政拨款预算收入支出表中“年末财政拨款结转结余”栏中各项目的数额相等。

（2）“调整年初财政拨款结转结余”栏中各项目，反映单位对年初财政拨款结转结余的调整金额。各项目应当根据“财政拨款结转”“财政拨款结余”科目下“年初余额调整”明细科目及其所属明细科

目的本年发生额填列；如调整减少年初财政拨款结转结余，以“－”号填列。

（3）“本年归集调入”栏中各项目，反映单位本年按规定从其他单位调入的财政拨款结转资金金额。各项目应当根据“财政拨款结转”科目下“归集调入”明细科目及其所属明细科目的本年发生额填列。

（4）“本年归集上缴或调出”栏中各项目，反映单位本年按规定实际上缴的财政拨款结转结余资金，及按照规定向其他单位调出的财政拨款结转资金金额。各项目应当根据“财政拨款结转”“财政拨款结余”科目下“归集上缴”科目和“财政拨款结转”科目下“归集调出”明细科目及其所属明细科目的本年发生额填列，以“－”号填列。

（5）“单位内部调剂”栏中各项目，反映单位本年财政拨款结转结余资金在单位内部不同项目等之间的调剂金额。各项目应当根据“财政拨款结转”和“财政拨款结余”科目下的“单位内部调剂”明细科

目及其所属明细科目的本年发生额填列；对单位内部调剂减少的财政拨款结余金额，以“－”号填列。

（6）“本年财政拨款收入”栏中各项目，反映单位本年从同级财政部门取得的各类财政预算拨款金额。各项目应当根据“财政拨款预算收入”科目及其所属明细科目的本年发生额填列。

（7）“本年财政拨款支出”栏中各项目，反映单位本年发生的财政拨款支出金额。各项目应当根据“行政支出”“事业支出”等科目及其所属明细科目本年发生额中的财政拨款支出数的合计数填列。

（8）“年末财政拨款结转结余”栏中各项目，反映单位年末财政拨款结转结余的金额。各项目应当根据“财政拨款结转”“财政拨款结余”科目及其所属明细科目的年末余额填列。

第十三章
政府财务会计报表

按照《政府会计制度——行政事业单位会计科目及报表》的规定，行政事业单位应当以权责发生制为基础，以单位财务会计核算生成的数据为准编制财务报表。由财务会计报表和附注构成，包括资产负债表、收入费用表、净资产变动表和现金流量表。

第一节
资产负债表的编制

一、资产负债表的概念和作用

资产负债表，是反映政府会计主体在某一特定日期的财务状况的报表，反映单位在某一特定日期全部资产、负债和净资产情况。按照规定，行政事业单位的资产负债表应当按月度和年度编制。

资产负债表可以提供某会计期末单位占有或使用的资源、承担的债务和形成的净资产总额及其构成情况，反映单位财务能力、偿债能力和资产保值增值情况，有助于财政部门、主管部门、单位管理者及其他会计信息使用者分析了解单位全面财务情况并做出相关决策和评价。

二、资产负债表的报表格式

资产负债表按照资产（左侧）和负债及净资产（右侧）分项排列，其中资产和负债各项按流动性排列，同时分栏反映各组成项目报表日的期末余额和年初余额。表中数据平衡计算公式为：

$$资产 = 负债 + 净资产$$

资产负债表的格式如表 13－1 所示（以年报表格式为例）。

表 13－1　　资产负债表

会政财 01 表

编制单位：××单位　　××年 12 月 31 日　　单位：元

资产	期末余额	年初余额	负债和净资产	期末余额	年初余额
流动资产：			流动负债：		
货币资金			短期借款		
短期投资			应交增值税		
财政应返还额度			其他应交税费		
应收票据			应缴财政款		
应收账款净额			应付职工薪酬		
预付账款			应付票据		
应收股利			应付账款		
应收利息			应付政府补贴款		
其他应收款净额			应付利息		
存货			预收账款		
待摊费用			其他应付款		
一年内到期的非流动资产			预提费用		
其他流动资产			一年内到期的非流动负债		
流动资产合计			其他流动负债		
非流动资产：			流动负债合计		
长期股权投资			非流动负债：		
长期债券投资			长期借款		
固定资产原值			长期应付款		
减：固定资产累计折旧			预计负债		
固定资产净值			其他非流动负债		
工程物资			非流动负债合计		
在建工程			受托代理负债		
无形资产原值			负债合计		
减：无形资产累计摊销					
无形资产净值					
研发支出					
公共基础设施原值					
减：公共基础设施累计折旧（摊销）					
公共基础设施净值					
政府储备物资					
文物文化资产					
保障性住房原值					
减：保障性住房累计折旧			净资产：		
保障性住房净值			累计盈余		
长期待摊费用			专用基金		
待处理财产损溢			权益法调整		
其他非流动资产			无偿调拨净资产*		——
非流动资产合计			本期盈余*		
受托代理资产			净资产合计		
资产总计			负债和净资产总计		

注：* 标识项目为月报项目，年报中不需列示。

三、资产负债表的编列方法

资产负债表反映单位在某一特定日期全部资产、负债和净资产的情况。资产负债表中“年初余额”栏内各项数字，应当根据上年年末资产负债表“期末余额”栏内数字填列。

如果本年度资产负债表规定的项目的名称和内容同上年度不一致，应当对上年年末资产负债表项目的名称和数字按照本年度的规定进行调整，将调整后的数字填入本表“年初余额”栏内。如果本年度单位发生了因前期差错更正、会计政策变更等调整以前年度盈余的事项，还应当对“年初余额”栏中的有关项目金额进行相应调整。

资产负债表中“资产总计”项目期末（年初）余额应当与“负债和净资产总计”项目期末（年初）余额相等。

资产负债表“期末余额”栏各项目的内容和填列方法：

（一）资产类项目

（1）“货币资金”项目，反映单位期末库存现金、银行存款、零余额账户用款额度、其他货币资金的合计数。本项目应当根据“库存现金”“银行存款”“零余额账户用款额度”“其他货币资金”科目的期末余额的合计数填列；若单位存在通过“库存现金”“银行存款”科目核算的受托代理资产，还应当按照前述合计数扣减“库存现金”“银行存款”科目下“受托代理资产”明细科目的期末余额后的金额填列。

（2）“短期投资”项目，反映事业单位期末持有的短期投资账面余额。本项目应当根据“短期投资”科目的期末余额填列。

（3）“财政应返还额度”项目，反映单位期末财政应返还额度的金额。本项目应当根据“财政应返还额度”科目的期末余额填列。

（4）“应收票据”项目，反映事业单位期末持有的应收票据的票面金额。本项目应当根据“应收票据”科目的期末余额填列。

（5）“应收账款净额”项目，反映单位期末尚未收回的应收账款减去已计提的坏账准备后的净额。本项目应当根据“应收账款”科目的期末余额，减去“坏账准备”科目中对应收账款计提的坏账准备的期末余额后的金额填列。

（6）“预付账款”项目，反映单位期末预付给商品或者劳务供应单位的款项。本项目应当根据“预付账款”科目的期末余额填列。

（7）“应收股利”项目，反映事业单位期末因股权投资而应收取的现金股利或应当分得的利润。本项目应当根据“应收股利”科目的期末余额填列。

（8）“应收利息”项目，反映事业单位期末因债券投资等而应收取的利息。事业单位购入的到期一次还本付息的长期债券投资持有期间应收的利息，不包括在本项目内。本项目应当根据“应收利息”科目的期末余额填列。

（9）“其他应收款净额”项目，反映单位期末尚未收回的其他应收款减去已计提的坏账准备后的净额。本项目应当根据“其他应收款”科目的期末余额减去“坏账准备”科目中对其他应收款计提的坏账准备的期末余额后的金额填列。

（10）“存货”项目，反映单位期末存储的存货的实际成本。本项目应当根据“在途物品”“库存物品”“加工物品”科目的期末余额的合计数填列。

（11）“待摊费用”项目，反映单位期末已经支出，但应当由本期和以后各期负担的分摊期在1年以内（含1年）的各项费用。本项目应当根据“待摊费用”科目的期末余额填列。

（12）“一年内到期的非流动资产”项目，反映单位期末非流动资产项目中将在1年内（含1年）到期的金额，如事业单位将在1年内（含1年）到期的长期债券投资金额。本项目应当根据“长期债券投资”等科目的明细科目的期末余额分析填列。

（13）“其他流动资产”项目，反映单位期末除本表中上述各项之外的其他流动资产的合计金额。本项目应当根据有关科目期末余额的合计数填列。

（14）“流动资产合计”项目，反映单位期末流动资产的合计数。本项目应当根据本表中“货币资金”“短期投资”“财政应返还额度”“应收票据”“应收账款净额”“预付账款”“应收股利”“应收利息”“其他应收款净额”“存货”“待摊费用”“一年内到期的非流动资产”“其他流动资产”项目金额的合计数填列。

（15）“长期股权投资”项目，反映事业单位期末持有的长期股权投资的账面余额。本项目应当根据“长期股权投资”科目的期末余额填列。

（16）“长期债券投资”项目，反映事业单位期末持有的长期债券投资的账面余额。本项目应当根据“长期债券投资”科目的期末余额减去其中将于1年内（含1年）到期的长期债券投资余额后的金额填列。

（17）“固定资产原值”项目，反映单位期末固定资产的原值。本项目应当根据“固定资产”科目的期末余额填列。

“固定资产累计折旧”项目，反映单位期末固定资产已计提的累计折旧金额。本项目应当根据“固定资产累计折旧”科目的期末余额填列。

“固定资产净值”项目，反映单位期末固定资产的账面价值。本项目应当根据“固定资产”科目期末余额减去“固定资产累计折旧”科目期末余额后的金额填列。

（18）“工程物资”项目，反映单位期末为在建工程准备的各种物资的实际成本。本项目应当根据“工程物资”科目的期末余额填列。

（19）“在建工程”项目，反映单位期末所有的建设项目工程的实际成本。本项目应当根据“在建工程”科目的期末余额填列。

（20）“无形资产原值”项目，反映单位期末无形资产的原值。本项目应当根据“无形资产”科目的期末余额填列。

“无形资产累计摊销”项目，反映单位期末无形资产已计提的累计摊销金额。本项目应当根据“无形资产累计摊销”科目的期末余额填列。

“无形资产净值”项目，反映单位期末无形资产的账面价值。本项目应当根据“无形资产”科目期末余额减去“无形资产累计摊销”科目期末余额后的金额填列。

（21）“研发支出”项目，反映单位期末正在进行的无形资产开发项目开发阶段发生的累计支出数。本项目应当根据“研发支出”科目的期末余额填列。

（22）“公共基础设施原值”项目，反映单位期末控制的公共基础设施的原值。本项目应当根据“公共基础设施”科目的期末余额填列。

“公共基础设施累计折旧（摊销）”项目，反映单位期末控制的公共基础设施已计提的累计折旧和累计摊销金额。本项目应当根据“公共基础设施累计折旧（摊销）”科目的期末余额填列。

“公共基础设施净值”项目，反映单位期末控制的公共基础设施的账面价值。本项目应当根据“公共基础设施”科目期末余额减去“公共基础设施累计折旧（摊销）”科目期末余额后的金额填列。

（23）“政府储备物资”项目，反映单位期末控制的政府储备物资的实际成本。本项目应当根据“政府储备物资”科目的期末余额填列。

（24）“文物文化资产”项目，反映单位期末控制的文物文化资产的成本。本项目应当根据“文物文化资产”科目的期末余额填列。

（25）“保障性住房原值”项目，反映单位期末控制的保障性住房的原值。本项目应当根据“保障性住房”科目的期末余额填列。

“保障性住房累计折旧”项目，反映单位期末控制的保障性住房已计提的累计折旧金额。本项目应当根据“保障性住房累计折旧”科目的期末余额填列。

“保障性住房净值”项目，反映单位期末控制的保障性住房的账面价值。本项目应当根据“保障性住房”科目期末余额减去“保障性住房累计折旧”科目期末余额后的金额填列。

（26）“长期待摊费用”项目，反映单位期末已经支出，但应由本期和以后各期负担的分摊期限在1年以上（不含1年）的各项费用。本项目应当根据“长期待摊费用”科目的期末余额填列。

（27）“待处理财产损溢”项目，反映单位期末尚未处理完毕的各种资产的净损失或净溢余。本项目应当根据“待处理财产损溢”科目的期末借方余额填列；如“待处理财产损溢”科目期末为贷方余额，以“-”号填列。

（28）“其他非流动资产”项目，反映单位期末除本表中上述各项之外的其他非流动资产的合计数。本项目应当根据有关科目的期末余额合计数填列。

（29）“非流动资产合计”项目，反映单位期末非流动资产的合计数。本项目应当根据本表中“长期股权投资”“长期债券投资”“固定资产净值”“工程物资”“在建工程”“无形资产净值”“研发支出”“公共基础设施净值”“政府储备物资”“文物文化资产”“保障性住房净值”“长期待摊费用”“待处理财产损溢”“其他非流动资产”项目金额的合计数填列。

（30）“受托代理资产”项目，反映单位期末受托代理资产的价值。本项目应当根据“受托代理资产”科目的期末余额与“库存现金”“银行存款”科目下“受托代理资产”明细科目的期末余额的合计数填列。

（31）“资产总计”项目，反映单位期末资产的合计数。本项目应当根据本表中“流动资产合计”“非流动资产合计”“受托代理资产”项目金额的合计数填列。

（二）负债类项目

（1）“短期借款”项目，反映事业单位期末短期借款的余额。本项目应当根据“短期借款”科目的期末余额填列。

(2)“应交增值税”项目，反映单位期末应交未交的增值税税额。本项目应当根据“应交增值税”科目的期末余额填列；如“应交增值税”科目期末为借方余额，以“-”号填列。

(3)“其他应交税费”项目，反映单位期末应交未交的除增值税以外的税费金额。本项目应当根据“其他应交税费”科目的期末余额填列；如“其他应交税费”科目期末为借方余额，以“-”号填列。

(4)“应缴财政款”项目，反映单位期末应当上缴财政但尚未缴纳的款项。本项目应当根据“应缴财政款”科目的期末余额填列。

(5)“应付职工薪酬”项目，反映单位期末按有关规定应付给职工及为职工支付的各种薪酬。本项目应当根据“应付职工薪酬”科目的期末余额填列。

(6)“应付票据”项目，反映事业单位期末应付票据的金额。本项目应当根据“应付票据”科目的期末余额填列。

(7)“应付账款”项目，反映单位期末应当支付但尚未支付的偿还期限在1年以内(含1年)的应付账款的金额。本项目应当根据“应付账款”科目的期末余额填列。

(8)“应付政府补贴款”项目，反映负责发放政府补贴的行政单位期末按照规定应当支付给政府补贴接受者的各种政府补贴款余额。本项目应当根据“应付政府补贴款”科目的期末余额填列。

(9)“应付利息”项目，反映事业单位期末按照合同约定应支付的借款利息。事业单位到期一次还本付息的长期借款利息不包括在本项目内。本项目应当根据“应付利息”科目的期末余额填列。

(10)“预收账款”项目，反映事业单位期末预先收取但尚未确认收入和实际结算的款项余额。本项目应当根据“预收账款”科目的期末余额填列。

(11)“其他应付款”项目，反映单位期末其他各项偿还期限在1年内(含1年)的应付及暂收款项余额。本项目应当根据“其他应付款”科目的期末余额填列。

(12)“预提费用”项目，反映单位期末已预先提取的已经发生但尚未支付的各项费用。本项目应当根据“预提费用”科目的期末余额填列。

(13)“一年内到期的非流动负债”项目，反映单位期末将于1年内(含1年)偿还的非流动负债的余额。本项目应当根据“长期应付款”“长期借款”等科目的明细科目的期末余额分析填列。

(14)“其他流动负债”项目，反映单位期末除本表中上述各项之外的其他流动负债的合计数。本项目应当根据有关科目的期末余额的合计数填列。

(15)“流动负债合计”项目，反映单位期末流动负债合计数。本项目应当根据本表“短期借款”“应交增值税”“其他应交税费”“应缴财政款”“应付职工薪酬”“应付票据”“应付账款”“应付政府补贴款”“应付利息”“预收账款”“其他应付款”“预提费用”“一年内到期的非流动负债”“其他流动负债”项目金额的合计数填列。

(16)“长期借款”项目，反映事业单位期末长期借款的余额。本项目应当根据“长期借款”科目的期末余额减去其中将于1年内(含1年)到期的长期借款余额后的金额填列。

（17）“长期应付款”项目，反映单位期末长期应付款的余额。本项目应当根据“长期应付款”科目的期末余额减去其中将于1年内（含1年）到期的长期应付款余额后的金额填列。

（18）“预计负债”项目，反映单位期末已确认但尚未偿付的预计负债的余额。本项目应当根据“预计负债”科目的期末余额填列。

（19）“其他非流动负债”项目，反映单位期末除本表中上述各项之外的其他非流动负债的合计数。本项目应当根据有关科目的期末余额合计数填列。

（20）“非流动负债合计”项目，反映单位期末非流动负债合计数。本项目应当根据本表中“长期借款”“长期应付款”“预计负债”“其他非流动负债”项目金额的合计数填列。

（21）“受托代理负债”项目，反映单位期末受托代理负债的金额。本项目应当根据“受托代理负债”科目的期末余额填列。

（22）“负债合计”项目，反映单位期末负债的合计数。本项目应当根据本表中“流动负债合计”“非流动负债合计”“受托代理负债”项目金额的合计数填列。

（三）净资产类项目

（1）“累计盈余”项目，反映单位期末未分配盈余（或未弥补亏损）以及无偿调拨净资产变动的累计数。本项目应当根据“累计盈余”科目的期末余额填列。

（2）“专用基金”项目，反映事业单位期末累计提取或设置但尚未使用的专用基金余额。本项目应当根据“专用基金”科目的期末余额填列。

（3）“权益法调整”项目，反映事业单位期末在被投资单位除净损益和利润分配以外的所有者权益变动中累积享有的份额。本项目应当根据“权益法调整”科目的期末余额填列。如“权益法调整”科目期末为借方余额，以“－”号填列。

（4）“无偿调拨净资产”项目，反映单位本年度截至报告期期末无偿调入的非现金资产价值扣减无偿调出的非现金资产价值后的净值。本项目仅在月度报表中列示，年度报表中不列示。月度报表中本项目应当根据“无偿调拨净资产”科目的期末余额填列；“无偿调拨净资产”科目期末为借方余额时，以“－”号填列。

（5）“本期盈余”项目，反映单位本年度截至报告期期末实现的累计盈余或亏损。本项目仅在月度报表中列示，年度报表中不列示。月度报表中本项目应当根据“本期盈余”科目的期末余额填列；“本期盈余”科目期末为借方余额时，以“－”号填列。

（6）“净资产合计”项目，反映单位期末净资产合计数。本项目应当根据本表中“累计盈余”“专用基金”“权益法调整”“无偿调拨净资产”［月度报表］“本期盈余”［月度报表］项目金额的合计数填列。

（7）“负债和净资产总计”项目，应当按照本表中“负债合计”“净资产合计”项目金额的合计数填列。

第二节
收入费用表的编制

一、收入费用表的概念及作用

收入费用表，是反映政府会计主体在一定会计期间运行情况的报表，反映单位在某一会计期间内发生的收入、费用及当期盈余情况。按照规定，行政事业单位的收入费用表应当按月度和年度编制。

收入费用表可以提供某会计期间内单位收入和费用的总额及其构成情况，以及盈余及其分配情况，有助于财政部门、主管部门、单位管理者及其他会计信息使用者分析了解单位运行情况和业务活动成果，并做出相关决策和评价。

二、收入费用表的报表格式

收入费用表按照本期收入、本期费用及本期盈余分别列示，按照收入、费用构成项目分层次排列，月报分栏反映各组成项目的“本月数”和“本年累计数”，年报分栏反映各组成项目的“本年数” 和 “上年数”。表中数据平衡计算公式为：

本期收入 - 本期费用 = 本期盈余

收入费用表的格式如表 13 - 2 所示。

表 13 - 2 **收入费用表**

会政财 02 表

编制单位：× ×单位 × ×年度 单位：元

项目	本月（年）数	本年累计数（上年数）
一、本期收入		
（一）财政拨款收入		
其中：政府性基金收入		
（二）事业收入		
（三）上级补助收入		
（四）附属单位上缴收入		
（五）经营收入		
（六）非同级财政拨款收入		
（七）投资收益		
（八）捐赠收入		
（九）利息收入		

续表

项目	本月（年）数	本年累计数（上年数）
（十）租金收入		
（十一）其他收入		
二、本期费用		
（一）业务活动费用		
（二）单位管理费用		
（三）经营费用		
（四）资产处置费用		
（五）上缴上级费用		
（六）对附属单位补助费用		
（七）所得税费用		
（八）其他费用		
三、本期盈余		

三、收入费用表的编列方法

收入费用表反映单位在某一会计期间内发生的收入、费用及当期盈余情况。

收入费用表“本月数”栏反映各项目的本月实际发生数，编制年度收入费用表时，将本栏改为“本年数”，反映本年度各项目的实际发生数；“本年累计数”栏反映各项目自年初至报告期期末的累计实际发生数，编制年度收入费用表时，将本栏改为“上年数”，反映上年度各项目的实际发生数，“上年数”栏应当根据上年年度收入费用表中“本年数”栏内所列数字填列。

如果本年度收入费用表规定的项目的名称和内容同上年度不一致，应当对上年度收入费用表项目的名称和数字按照本年度的规定进行调整，将调整后的金额填入本年度收入费用表的“上年数”栏内。如果本年度单位发生了因前期差错更正、会计政策变更等调整以前年度盈余的事项，还应当对年度收入费用表中“上年数”栏中的有关项目金额进行相应调整。

收入费用表“本月数”栏各项目的内容和填列方法：

（一）本期收入

（1）“本期收入”项目，反映单位本期收入总额。本项目应当根据本表中“财政拨款收入”“事业收入”“上级补助收入”“附属单位上缴收入”“经营收入”“非同级财政拨款收入”“投资收益”“捐赠收入”“利息收入”“租金收入”“其他收入”项目金额的合计数填列。

（2）“财政拨款收入”项目，反映单位本期从同级政府财政部门取得的各类财政拨款。本项目应当根据“财政拨款收入”科目的本期发生额填列。其中“政府性基金收入”项目，反映单位本期取得的财政拨款收入中属于政府性基金预算拨款的金额，本项目应当根据“财政拨款收入”相关明细科目的本期发生额填列。

(3)“事业收入”项目，反映事业单位本期开展专业业务活动及其辅助活动实现的收入。本项目应当根据“事业收入”科目的本期发生额填列。

(4)“上级补助收入”项目，反映事业单位本期从主管部门和上级单位收到或应收的非财政拨款收入。本项目应当根据“上级补助收入”科目的本期发生额填列。

(5)“附属单位上缴收入”项目，反映事业单位本期收到或应收的独立核算的附属单位按照有关规定上缴的收入。本项目应当根据“附属单位上缴收入”科目的本期发生额填列。

(6)“经营收入”项目，反映事业单位本期在专业业务活动及其辅助活动之外开展非独立核算经营活动实现的收入。本项目应当根据“经营收入”科目的本期发生额填列。

(7)“非同级财政拨款收入”项目，反映单位本期从非同级政府财政部门取得的财政拨款，不包括事业单位因开展科研及其辅助活动从非同级财政部门取得的经费拨款。本项目应当根据“非同级财政拨款收入”科目的本期发生额填列。

(8)“投资收益”项目，反映事业单位本期股权投资和债券投资所实现的收益或发生的损失。本项目应当根据“投资收益”科目的本期发生额填列；如为投资净损失，以“-”号填列。

(9)“捐赠收入”项目，反映单位本期接受捐赠取得的收入。本项目应当根据“捐赠收入”科目的本期发生额填列。

(10)“利息收入”项目，反映单位本期取得的银行存款利息收入。本项目应当根据“利息收入”科目的本期发生额填列。

(11)“租金收入”项目，反映单位本期经批准利用国有资产出租取得并按规定纳入本单位预算管理的租金收入。本项目应当根据“租金收入”科目的本期发生额填列。

(12)“其他收入”项目，反映单位本期取得的除以上收入项目外的其他收入的总额。本项目应当根据“其他收入”科目的本期发生额填列。

(二)本期费用

(1)“本期费用”项目，反映单位本期费用总额。本项目应当根据本表中“业务活动费用”“单位管理费用”“经营费用”“资产处置费用”“上缴上级费用”“对附属单位补助费用”“所得税费用”和“其他费用”项目金额的合计数填列。

(2)“业务活动费用”项目，反映单位本期为实现其职能目标，依法履职或开展专业业务活动及其辅助活动所发生的各项费用。本项目应当根据“业务活动费用”科目本期发生额填列。

(3)“单位管理费用”项目，反映事业单位本期本级行政及后勤管理部门开展管理活动发生的各项费用，以及由单位统一负担的离退休人员经费、工会经费、诉讼费、中介费等。本项目应当根据“单位管理费用”科目的本期发生额填列。

(4)“经营费用”项目，反映事业单位本期在专业业务活动及其辅助活动之外开展非独立核算经营活动发生的各项费用。本项目应当根据“经营费用”科目的本期发生额填列。

(5)“资产处置费用”项目，反映单位本期经批准处置资产时转销的资产价值以及在处置过程中发生的相关费用或者处置收入小于处置费用形成的净支出。本项目应当根据

"资产处置费用"科目的本期发生额填列。

(6)"上缴上级费用"项目，反映事业单位按照规定上缴上级单位款项发生的费用。本项目应当根据"上缴上级费用"科目的本期发生额填列。

(7)"对附属单位补助费用"项目，反映事业单位用财政拨款收入之外的收入对附属单位补助发生的费用。本项目应当根据"对附属单位补助费用"科目的本期发生额填列。

(8)"所得税费用"项目，反映有企业所得税交纳义务的事业单位本期计算应交纳的企业所得税。本项目应当根据"所得税费用"科目的本期发生额填列。

(9)"其他费用"项目，反映单位本期发生的除以上费用项目外的其他费用的总额。本项目应当根据"其他费用"科目的本期发生额填列。

(三) 本期盈余

"本期盈余"项目，反映单位本期收入扣除本期费用后的净额。本项目应当根据本表中"本期收入"项目金额减去"本期费用"项目金额后的金额填列；如为负数，以"-"号填列。

第三节 净资产变动表的编制

一、净资产变动表的概念及作用

净资产变动表，是反映单位在某一会计期间净资产项目变动情况的报表。按照规定，行政事业单位的收入费用表应当按年度编制。

净资产变动表可以提供某一会计期间内单位净资产总额及其构成项目的变动情况，有助于财政部门、主管部门、单位管理者及其他会计信息使用者分析了解单位净资产变动的具体构成和原因。

二、净资产变动表的报表格式

净资产变动表按照净资产的累计盈余、专用基金、权益法调整等各组成部分的本年数和上年数分栏列示，同时按照净资产的变动情况和变动原因分项列示，如上年年末余额、以前年度盈余调整、本年年初余额、本年变动金额等，并对本年变动金额按构成项目分层次排列，变动情况构成及原因与净资产的组成部分形成清晰对应。

表中数据平衡计算公式为：

上年年末余额+以前年度盈余调整=本年年初余额

本年年初余额+本年变动金额=本年年末余额

净资产变动表的格式如表13-3所示。

表 13-3　　净资产变动表

会政财 03 表

编制单位：××单位　　××年度　　单位：元

项　目	本年数				上年数			
	累计盈余	专用基金	权益法调整	净资产合计	累计盈余	专用基金	权益法调整	净资产合计
一、上年年末余额								
二、以前年度盈余调整（减少以“-”号填列）		—	—			—	—	
三、本年年初余额								
四、本年变动金额（减少以“-”号填列）								
（一）本年盈余		—	—			—	—	
（二）无偿调拨净资产		—	—			—	—	
（三）归集调整预算结转结余		—	—			—	—	
（四）提取或设置专用基金			—				—	
其中：从预算收入中提取	—		——		—		—	
从预算结余中提取			—				—	
设置的专用基金	—		—		—		—	
（五）使用专用基金			—				—	
（六）权益法调整	—	—			—	—		
五、本年年末余额								

注：“—”标识单元格不需填列。

三、净资产变动表的编列方法

净资产变动表反映单位在某一会计年度内净资产项目的变动情况。净资产变动表“本年数”栏反映本年度各项目的实际变动数，“上年数”栏反映上年度各项目的实际变动数，应当根据上年度净资产变动表中“本年数”栏内所列数字填列。如果上年度净资产变动表规定的项目的名称和内容与本年度不一致，应对上年度净资产变动表项目的名称和数字按照本年度的规定进行调整，将调整后金额填入本年度净资产变动表“上年数”栏内。

净资产变动表“本年数”栏各项目的内容和填列方法：

（1）“上年年末余额”行，反映单位净资产各项目上年年末的余额。本行各项目应当根据“累计盈余”“专用基金”“权益法调整”科目上年年末余额填列。

（2）“以前年度盈余调整”行，反映单位本年度调整以前年度盈余的事项对累计盈余进行调整的金额。本行“累计盈余”项目应当根据本年度“以前年度盈余调整”科目转入“累计盈余”科目的金额填列；如调整减少累计盈余，以“-”号填列。

（3）“本年年初余额”行，反映经过以前年度盈余调整后，单位净资产各项目的本年年初余额。本行“累计盈余”“专用基金”“权益法调整”项目应当根据其各自在“上年年末余额”和“以前年度盈余调整”行对应项目金额的合计数填列。

（4）“本年变动金额”行，反映单位净资产各项目本年变动总金额。本行“累计盈余”“专用基金”“权益法调整”项目应当根据其各自在“本年盈余”“无偿调拨净资产”“归集调整预算结转结余”“提取或设置专用基金”“使用专用基金”“权益法调整”行对应项目金额的合计数填列。

（5）“本年盈余”行，反映单位本年发生的收入、费用对净资产的影响。本行“累计盈余”项目应当根据年末由“本期盈余”科目转入“本年盈余分配”科目的金额填列；如转入时借记“本年盈余分配”科目，则以“－”号填列。

（6）“无偿调拨净资产”行，反映单位本年无偿调入、调出非现金资产事项对净资产的影响。本行“累计盈余”项目应当根据年末由“无偿调拨净资产”科目转入“累计盈余”科目的金额填列；如转入时借记“累计盈余”科目，则以“－”号填列。

（7）“归集调整预算结转结余”行，反映单位本年财政拨款结转结余资金归集调入、归集上缴或调出，以及非财政拨款结转资金缴回对净资产的影响。本行“累计盈余”项目应当根据“累计盈余”科目明细账记录分析填列；如归集调整减少预算结转结余，则以“－”号填列。

（8）“提取或设置专用基金”行，反映单位本年提取或设置专用基金对净资产的影响。本行“累计盈余”项目应当根据“从预算结余中提取”行“累计盈余”项目的金额填列。本行“专用基金”项目应当根据“从预算收入中提取”“从预算结余中提取”“设置的专用基金”行“专用基金”项目金额的合计数填列。

“从预算收入中提取”行，反映单位本年从预算收入中提取专用基金对净资产的影响。本行“专用基金”项目应当通过对“专用基金”科目明细账记录的分析，根据本年按有关规定从预算收入中提取基金的金额填列。

“从预算结余中提取”行，反映单位本年根据有关规定从本年度非财政拨款结余或经营结余中提取专用基金对净资产的影响。本行“累计盈余”“专用基金”项目应当通过对“专用基金”科目明细账记录的分析，根据本年按有关规定从本年度非财政拨款结余或经营结余中提取专用基金的金额填列；本行“累计盈余”项目以“－”号填列。

“设置的专用基金”行，反映单位本年根据有关规定设置的其他专用基金对净资产的影响。本行“专用基金”项目应当通过对“专用 基金”科目明细账记录的分析，根据本年按有关规定设置的其他专用 基金的金额填列。

（9）“使用专用基金”行，反映单位本年按规定使用专用基金对净资产的影响。本行“累计盈余”“专用基金”项目应当通过对“专用基金”科目明细账记录的分析，根据本年按规定使用专用基金的金额填列；本行“专用基金”项目以“－”号填列。

（10）“权益法调整”行，反映单位本年按照被投资单位除净损益和利润分配以外的所有者权益变动份额而调整长期股权投资账面余额对净资产的影响。本行“权益法调整”项目应当根据“权益法调整”科目本年发生额填列；若本年净发生额为借方时，以“－”号填列。

（11）“本年年末余额”行，反映单位本年各净资产项目的年末余额。本行“累计盈余”“专用基金”“权益法调整”项目应当根据其 各自在“本年年初余额”“本年变动金额”行对应项目金额的合计数填列。

（12）本表各行“净资产合计”项目，应当根据所在行“累计盈余”“专用基金”“权益法调整”项目金额的合计数填列。

第四节

现金流量表的编制

一、现金流量表的概念及作用

现金流量表，是反映单位在一定会计期间现金流入和流出信息的报表。按照规定，现金流量表为按年度编制报表，行政事业单位可根据实际情况自行选择编制现金流量表。

现金流量表可以提供某一会计期间内单位日常活动、投资和筹资活动的现金构成及其流入流出变动信息，有助于财政部门、主管部门、单位管理者及其他会计信息使用者分析了解单位现金流量情况，与单位财务状况和业务运行状况结合做出相关决策和评价。

二、现金流量表的报表格式

现金流量表分别日常活动产生的现金流量、投资活动产生的现金流量和筹资活动产生的现金流量分项列示，按其构成项目分层次列示，同时分栏列示本年和上年金额。现金流量表的格式如表 13－4 所示。

表 13－4　　　　现金流量表

会政财 04 表

编制单位：××单位　　　　××年度　　　　单位：元

项　　目	本年金额	上年金额
一、日常活动产生的现金流量：		
财政基本支出拨款收到的现金		
财政非资本性项目拨款收到的现金		
事业活动收到的除财政拨款以外的现金		
收到的其他与日常活动有关的现金		
日常活动的现金流入小计		
购买商品、接受劳务支付的现金		
支付给职工以及为职工支付的现金		
支付的各项税费		

续表

项　　目	本年金额	上年金额
支付的其他与日常活动有关的现金		
日常活动的现金流出小计		
日常活动产生的现金流量净额		
二、投资活动产生的现金流量：		
收回投资收到的现金		
取得投资收益收到的现金		
处置固定资产、无形资产、公共基础设施等收回的现金净额		
收到的其他与投资活动有关的现金		
投资活动的现金流入小计		
购建固定资产、无形资产、公共基础设施等支付的现金		
对外投资支付的现金		
上缴处置固定资产、无形资产、公共基础设施等净收入支付的现金		
支付的其他与投资活动有关的现金		
投资活动的现金流出小计		
投资活动产生的现金流量净额		
三、筹资活动产生的现金流量：		
财政资本性项目拨款收到的现金		
取得借款收到的现金		
收到的其他与筹资活动有关的现金		
筹资活动的现金流入小计		
偿还借款支付的现金		
偿还利息支付的现金		
支付的其他与筹资活动有关的现金		
筹资活动的现金流出小计		
筹资活动产生的现金流量净额		
四、汇率变动对现金的影响额		
五、现金净增加额		

三、现金流量表的编列方法

现金流量表反映单位在某一会计年度内现金流入和流出的信息。现金流量表所指的“现金”，是指单位的库存现金以及其他可以随时用于支付的款项，包括库存现金、可以随时用于支付的银行存款、其他货币资金、零余额账户用款额度、财政应返还额度，以及通过财政直接支付方式支付的款项。现金流量表所指的“现金流量”，是指现金的流入和流出。

现金流量表应当按照日常活动、投资活动、筹资活动的现金流量分别反映。现金流量表“本年金额”栏反映各项目的本年实际发生数，“上年金额”栏反映各项目的上年实际发生数，应当根据上年现金流量表中“本年金额”栏内所列数字填列。

单位应当采用直接法编制现金流量表，即以收入费用表中的收入为起点，通过现金流入、流出的主要类别直接反映现金流量。

现金流量表“本年金额”栏各项目的填列方法：

（一）日常活动产生的现金流量

（1）“财政基本支出拨款收到的现金”项目，反映单位本年接受财政基本支出拨款取得的现金。本项目应当根据“零余额账户用款额度”“财政拨款收入”“银行存款”等科目及其所属明细科目的记录分析填列。

（2）“财政非资本性项目拨款收到的现金”项目，反映单位本年接受除用于购建固定资产、无形资产、公共基础设施等资本性项目以外的财政项目拨款取得的现金。本项目应当根据“银行存款”“零余额账户用款额度”“财政拨款收入”等科目及其所属明细科目的记录分析填列。

（3）“事业活动收到的除财政拨款以外的现金”项目，反映事业单位本年开展专业业务活动及其辅助活动取得的除财政拨款以外的现金。本项目应当根据“库存现金”“银行存款”“其他货币资金”“应收账款”“应收票据”“预收账款”“事业收入”等科目及其所属明细科目的记录分析填列。

（4）“收到的其他与日常活动有关的现金”项目，反映单位本年收到的除以上项目之外的与日常活动有关的现金。本项目应当根据“库存现金”“银行存款”“其他货币资金”“上级补助收入”“附属单位上缴收入”“经营收入”“非同级财政拨款收入”“捐赠收入”“利息收入”“租金收入”“其他收入”等科目及其所属明细科目的记录分析填列。

（5）“日常活动的现金流入小计”项目，反映单位本年日常活动产生的现金流入的合计数。本项目应当根据本表中“财政基本支出拨款收到的现金”“财政非资本性项目拨款收到的现金”“事业活动收到的除财政拨款以外的现金”“收到的其他与日常活动有关的现金”项目金额的合计数填列。

（6）“购买商品、接受劳务支付的现金”项目，反映单位本年在日常活动中用于购买商品、接受劳务支付的现金。本项目应当根据“库存现金”“银行存款”“财政拨款收入”“零余额账户用款额度”“预付账款”“在途物品”“库存物品”“应付账款”“应付票据”“业务活动费用”“单位管理费用”“经营费用”等科目及其所属明细科目的记录分析填列。

（7）“支付给职工以及为职工支付的现金”项目，反映单位本年支付给职工以及为职工支付的现金。本项目应当根据“库存现金”“银行存款”“零余额账户用款额度”“财政拨款收入”“应付职工薪酬”“业务活动费用”“单位管理费用”“经营费用”等科目及其所属明细科目的记录分析填列。

（8）“支付的各项税费”项目，反映单位本年用于交纳日常活动相关税费而支付的现金。本项目应当根据“库存现金”“银行存款”“零余额账户用款额度”“应交增值税”“其他应交税费”“业务活动费用”“单位管理费用”“经营费用”“所得税费用”等科目及其所属明细科目的记录分析填列。

(9)“支付的其他与日常活动有关的现金”项目，反映单位本年支付的除上述项目之外与日常活动有关的现金。本项目应当根据“库存现金”“银行存款”“零余额账户用款额度”“财政拨款收入”“其他应付款”“业务活动费用”“单位管理费用”“经营费用”“其他费用”等科目及其所属明细科目的记录分析填列。

(10)“日常活动的现金流出小计”项目，反映单位本年日常活动产生的现金流出的合计数。本项目应当根据本表中“购买商品、接受劳务支付的现金”“支付给职工以及为职工支付的现金”“支付的各项税费”“支付的其他与日常活动有关的现金”项目金额的合计数填列。

(11)“日常活动产生的现金流量净额”项目，应当按照本表中“日常活动的现金流入小计”项目金额减去“日常活动的现金流出小计”项目金额后的金额填列；如为负数，以“-”号填列。

(二)投资活动产生的现金流量

(1)“收回投资收到的现金”项目，反映单位本年出售、转让或者收回投资收到的现金。本项目应该根据“库存现金”“银行存款”“短期投资”“长期股权投资”“长期债券投资”等科目的记录分析填列。

(2)“取得投资收益收到的现金”项目，反映单位本年因对外投资而收到被投资单位分配的股利或利润，以及收到投资利息而取得的现金。本项目应当根据“库存现金”“银行存款”“应收股利”“应收利息”“投资收益”等科目的记录分析填列。

(3)“处置固定资产、无形资产、公共基础设施等收回的现金净额”项目，反映单位本年处置固定资产、无形资产、公共基础设施等非流动资产所取得的现金，减去为处置这些资产而支付的有关费用之后的净额。由于自然灾害所造成的固定资产等长期资产损失而收到的保险赔款收入，也在本项目反映。本项目应当根据“库存现金”“银行存款”“待处理财产损溢”等科目的记录分析填列。

(4)“收到的其他与投资活动有关的现金”项目，反映单位本年收到的除上述项目之外与投资活动有关的现金。对于金额较大的现金流入，应当单列项目反映。本项目应当根据“库存现金”“银行存款”等有关科目的记录分析填列。

(5)“投资活动的现金流入小计”项目，反映单位本年投资活动产生的现金流入的合计数。本项目应当根据本表中“收回投资收到的现金”“取得投资收益收到的现金”“处置固定资产、无形资产、公共基础设施等收回的现金净额”“收到的其他与投资活动有关的现金”项目金额的合计数填列。

(6)“购建固定资产、无形资产、公共基础设施等支付的现金”项目，反映单位本年购买和建造固定资产、无形资产、公共基础设施等非流动资产所支付的现金；融资租入固定资产支付的租赁费不在本项目反映，在筹资活动的现金流量中反映。本项目应当根据“库存现金”“银行存款”“固定资产”“工程物资”“在建工程”“无形资产”“研发支出”“公共基础设施”“保障性住房”等科目的记录分析填列。

(7)“对外投资支付的现金”项目，反映单位本年为取得短期投资、长期股权投资、长期债券投资而支付的现金。本项目应当根据“库存现金”“银行存款”“短期投资”“长期股权投资”“长期债券投资”等科目的记录分析填列。

（8）“上缴处置固定资产、无形资产、公共基础设施等净收入支付的现金”项目，反映本年单位将处置固定资产、无形资产、公共基础设施等非流动资产所收回的现金净额予以上缴财政所支付的现金。本项目应当根据“库存现金”“银行存款”“应缴财政款”等科目的记录分析填列。

（9）“支付的其他与投资活动有关的现金”项目，反映单位本年支付的除上述项目之外与投资活动有关的现金。对于金额较大的现金流出，应当单列项目反映。本项目应当根据“库存现金”“银行存款”等有关科目的记录分析填列。

（10）“投资活动的现金流出小计”项目，反映单位本年投资活动产生的现金流出的合计数。本项目应当根据本表中“购建固定资产、无形资产、公共基础设施等支付的现金”“对外投资支付的现金”“上缴处置固定资产、无形资产、公共基础设施等净收入支付的现金”“支付的其他与投资活动有关的现金”项目金额的合计数填列。

（11）“投资活动产生的现金流量净额”项目，应当按照本表中“投资活动的现金流入小计”项目金额减去“投资活动的现金流出小计”项目金额后的金额填列；如为负数，以“－”号填列。

（三）筹资活动产生的现金流量

（1）“财政资本性项目拨款收到的现金”项目，反映单位本年接受用于购建固定资产、无形资产、公共基础设施等资本性项目的财政项目拨款取得的现金。本项目应当根据“银行存款”“零余额账户用款额度”“财政拨款收入”等科目及其所属明细科目的记录分析填列。

（2）“取得借款收到的现金”项目，反映事业单位本年举借短期、长期借款所收到的现金。本项目应当根据“库存现金”“银行存款”“短期借款”“长期借款”等科目记录分析填列。

（3）“收到的其他与筹资活动有关的现金”项目，反映单位本年收到的除上述项目之外与筹资活动有关的现金。对于金额较大的现金流入，应当单列项目反映。本项目应当根据“库存现金”“银行存款”等有关科目的记录分析填列。

（4）“筹资活动的现金流入小计”项目，反映单位本年筹资活动产生的现金流入的合计数。本项目应当根据本表中“财政资本性项目拨款收到的现金”“取得借款收到的现金”“收到的其他与筹资活动有关的现金”项目金额的合计数填列。

（5）“偿还借款支付的现金”项目，反映事业单位本年偿还借款本金所支付的现金。本项目应当根据“库存现金”“银行存款”“短期借款”“长期借款”等科目的记录分析填列。

（6）“偿付利息支付的现金”项目，反映事业单位本年支付的借款利息等。本项目应当根据“库存现金”“银行存款”“应付利息”“长期借款”等科目的记录分析填列。

（7）“支付的其他与筹资活动有关的现金”项目，反映单位本年支付的除上述项目之外与筹资活动有关的现金，如融资租入固定资产所支付的租赁费。本项目应当根据“库存现金”“银行存款”“长期应付款”等科目的记录分析填列。

（8）“筹资活动的现金流出小计”项目，反映单位本年筹资活动产生的现金流出的合计数。本项目应当根据本表中“偿还借款支付的现金”“偿付利息支付的现金”“支付的其他与筹资活动有关的现金”项目金额的合计数填列。

(9)“筹资活动产生的现金流量净额”项目，应当按照本表中“筹资活动的现金流入小计”项目金额减去“筹资活动的现金流出小计”金额后的金额填列；如为负数，以“-”号填列。

此外，“汇率变动对现金的影响额”项目，反映单位本年外币现金流量折算为人民币时，所采用的现金流量发生日的汇率折算的人民币金额与外币现金流量净额按期末汇率折算的人民币金额之间的差额。

“现金净增加额”项目，反映单位本年现金变动的净额。本项目应当根据本表中“日常活动产生的现金流量净额”“投资活动产生的现金流量净额”“筹资活动产生的现金流量净额”和“汇率变动对现金的影响额”项目金额的合计数填列；如为负数，以“-”号填列。

第五节 会计报表附注的编制

一、会计报表附注的概念及作用

会计报表附注，是对在会计报表中列示的项目所做的进一步说明，以及对未能在会计报表中列示项目的说明。凡对报表使用者的决策有重要影响的会计信息，不论政府会计制度是否有明确规定，单位均应当在会计报表附注中充分披露。

会计报表附注是单位财务报表的重要组成部分，会计报表附注反映的信息是对会计报表反映信息的重要和必要补充，有助于财政部门、主管部门、单位管理者及其他会计信息使用者分析了解单位全面情况，与会计报表信息结合做出相关决策和评价。

二、会计报表附注的内容及格式

（一）单位的基本情况

单位应当简要披露其基本情况，包括单位主要职能、主要业务活动、所在地、预算管理关系等。

（二）会计报表编制基础（略）

（三）遵循政府会计准则、制度的声明（略）

（四）重要会计政策和会计估计

单位应当采用与其业务特点相适应的具体会计政策，并充分披露报告期内采用的重要会计政策和会计估计。主要包括以下内容：

(1) 会计期间。

(2) 记账本位币，外币折算汇率。

（3）坏账准备的计提方法。

（4）存货类别、发出存货的计价方法、存货的盘存制度，以及低值易耗品和包装物的摊销方法。

（5）长期股权投资的核算方法。

（6）固定资产分类、折旧方法、折旧年限和年折旧率；融资租入固定资产的计价和折旧方法。

（7）无形资产的计价方法；使用寿命有限的无形资产，其使用寿命估计情况；使用寿命不确定的无形资产，其使用寿命不确定的判断依据；单位内部研究开发项目划分研究阶段和开发阶段的具体标准。

（8）公共基础设施的分类、折旧（摊销）方法、折旧（摊销）年限，以及其确定依据。

（9）政府储备物资分类，以及确定其发出成本所采用的方法。

（10）保障性住房的分类、折旧方法、折旧年限。

（11）其他重要的会计政策和会计估计。

（12）本期发生重要会计政策和会计估计变更的，变更的内容和原因、受其重要影响的报表项目名称和金额、相关审批程序，以及会计估计变更开始适用的时点。

（五）会计报表重要项目说明

单位应当按照资产负债表和收入费用表项目列示顺序，采用文字和数据描述相结合的方式，按照规定格式披露重要项目的明细信息。报表重要项目的明细金额合计，应当与报表项目金额相衔接。报表重要项目说明包括但不限于以下内容（列出部分项目披露格式）：

（1）货币资金的明细信息，包括库存现金、银行存款、其他货币资金等货币资金的种类及其年初余额、期末余额情况。

（2）应收账款的明细信息，包括单位内部、外部和其他等债务人类别、债务人名称及应收各债务人款项的年初余额、期末余额等情况；应收票据、预付账款、其他应收款可比照应收账款进行披露。

（3）存货的明细信息，包括存货的种类，每种存货的年初余额、期末余额等情况。

（4）其他流动资产的明细信息，包括其他流动资产的具体项目，每项其他流动资产的年初余额、期末余额等情况。

（5）长期投资的明细信息，包括长期债券投资的明细信息、长期股权投资的明细信息、当期发生的重大投资净损益项目、金额及原因。其中，长期债券投资的明细信息包括债券发行主体名称及每个主体的年初余额、本期增减变动数额、期末余额等情况；长期股权投资的明细信息包括被投资单位名称及每个被投资单位的核算方法、年初余额、本期增减变动数额、期末余额等情况。

（6）固定资产的明细信息，包括固定资产各分类的资产原值、累计折旧、账面价值及其年初余额、本期增减变动数额、期末余额；已提足折旧的固定资产名称、数量等情况；出租、出借固定资产以及固定资产对外投资等情况。披露格式见表13－5。

表 13－5　　固定资产明细表　　单位：元

项目	年初余额	本期增加额	本期减少额	期末余额
一、原值合计				
其中：房屋及构筑物				
通用设备				
专用设备				
文物和陈列品				
图书、档案				
家具、用具、装具及动植物				
二、累计折旧合计				
其中：房屋及构筑物				
通用设备				
专用设备				
家具、用具、装具				
三、账面价值合计				
其中：房屋及构筑物				
通用设备				
专用设备				
文物和陈列品				
图书、档案				
家具、用具、装具及动植物				

（7）在建工程的明细信息，包括在建工程的项目名称，各项目的年初余额、本期增减变动数额、期末余额等情况。

（8）无形资产的明细信息，包括无形资产的种类及每种无形资产的原值、累计摊销账面价值、年初余额、本期增减变动数额、期末余额，计入当期损益的研发支出金额、确认为无形资产的研发支出金额，无形资产出售、对外投资等处置情况。

（9）公共基础设施的明细信息，包括公共基础设施的市政、交通、水利及其他分类和具体项目，每项公共基础设施的原值、累计折旧、账面价值、年初余额、本期增减变动数额、期末余额等情况；确认为公共基础设施的单独计价入账的土地使用权的账面余额、累计摊销额及变动情况，已提足折旧继续使用的公共基础设施的名称、数量等。

（10）政府储备物资的明细信息，包括政府储备物资类别及各类物资的年初余额、本期增减变动数额、期末余额等情况。

（11）受托代理资产的明细信息，包括受托代理资产类别及各类资产的年初余额、本期增减变动数额期末余额情况。披露格式见表 13－6。

表 13－6　　受托代理资产明细表　　单位：元

资产类别	年初余额	本期增加额	本期减少额	期末余额
货币资金				
受托转赠物资				

续表

资产类别	年初余额	本期增加额	本期减少额	期末余额
受托存储保管物资				
罚没物资				
其他				
合计				

（12）应付账款的明细信息，包括单位内部、外部和其他等债权人类别、债权人名称及应付各债权人款项的年初余额、期末余额等情况；应付票据、预收账款、其他应付款、长期应付款可比照应付账款进行披露。

（13）其他流动负债的明细信息，包括其他流动负债的项目及其年初余额和期末余额；预计负债、其他非流动负债可比照其他流动负债进行披露。

（14）长期借款的明细信息，包括债权人的名称向各债权人借款的年初余额和期货末余额；单位有基建借款的，应当分基建项目披露长期借款年初数、本年变动数、年末数和到期期限。

（15）事业收入的明细信息，包括事业收入的来源及单位名称，每项来源事业收入的本期及上期发生额等。披露格式见表 13－7。

表 13－7　　事业收入明细表　　单位：元

收入来源	本期发生额	上期发生额
来自财政专户管理资金		
本部门内部单位		
单位 1		
……		
本部门以外同级政府单位		
单位 1		
……		
其他		
单位 1		
……		
合计		

（16）非同级财政拨款收入的明细信息，包括非同级财政拨款收入的来源及单位名称，每项来源收入的本期及上期发生额等。披露格式见表 13－8。

表 13－8　　非同级拨款收入明细表　　单位：元

收入来源	本期发生额	上期发生额
本部门以外同级政府单位		
单位 1		

续表

收入来源	本期发生额	上期发生额
……		
本部门以外非同政府单位		
单位1		
……		
合计		

（17）其他收入的明细信息，包括非同级财政拨款收入的来源及单位名称，每项来源收入的本期及上期发生额等。披露格式见表13－9。

表13－9　　其他收入明细表　　单位：元

收入来源	本期发生额	上期发生额
本部门内部单位		
单位1		
……		
本部门以外同级政府单位		
单位1		
……		
本部门以外非同政府单位		
单位1		
……		
其他		
单位1		
……		
合计		

（18）业务活动费用的明细信息，包括按经济分类和支付对象分类的明细信息，有单位管理费用、经营费用的，可比照业务活动费用进行披露。其中按支付对象分类的明细信息包括支付对象（单位）名称及本期和上期发生额；按经济分类的明细信息包括费用项目及本期及上期发生额。披露格式见表13－10。

表13－10　　业务活动费用明细表　　单位：元

项目	本期发生额	上期发生额
工资福利费用		
商品和服务费用		
对个人和家庭的补助费用		
对企业补助费用		
固定资产折旧费		

续表

项目	本期发生额	上期发生额
无形资产摊销费		
公共基础设施折旧（摊销）费		
保障性住房折旧费		
计提专用基金		
合计		

（19）其他费用的明细信息，包括其他费用的利息费用、坏账损失、罚没支出等各类别及没类别的本期发生额和上期发生额。

（20）本期费用的明细信息，包括本期费用各项目的本年数和上年数。披露格式见表13－11。

表13－11　　本期费用明细表　　单位：元

项目	本年数	上年数
工资福利费用		
商品和服务费用		
对个人和家庭的补助费用		
对企业补助费用		
固定资产折旧费		
无形资产摊销费		
公共基础设施折旧（摊销）费		
保障性住房折旧费		
计提专用基金		
所得税费用		
资产处置费用		
上缴上级费用		
对附属单位补助费用		
其他费用		
本期费用合计		

（六）本年盈余与预算结余的差异情况说明

为了反映单位财务会计和预算会计因核算基础和核算范围不同所产生的本年盈余数与本年预算结余数之间的差异，单位应当按照重要性原则，对本年度发生的各类影响收入（预算收入）和费用（预算支出）的业务进行适度归并和分析，披露将年度预算收入支出表中“本年预算收支差额”调节为年度收入费用表中“本期盈余”的信息。

单位应通过财务软件完成相关业务分录标识和报表设置，以信息化的方式生成“本年预算收支差额和本期盈余调节表”，表中数据平衡计算公式为：本年预算结余＋重要事项的差异＋其他事项差异＝本年盈余，表中“本年预算结余”应与单位“预算收入支出表”中“本年预算收支差额”数据一致，表中“本年盈余”应与单位“收入费用表”中“本年盈余”一致。“本年预算收支差额和本期盈余调节表”格式见表13－12。

表13－12　本年预算收支差额和本期盈余调节表　单位：元

项　目	金额
一、本年预算结余（本年预算收支差额）	
二、差异调节	—
（一）重要事项的差异	
加：1. 当期确认为收入但没有确认为预算收入	
（1）应收款项、预收账款确认的收入	
（2）接受非货币性资产捐赠确认的收入	
2. 当期确认为预算支出但没有确认为费用	
（1）支付应付款项、预付账款的支出	
（2）为取得存货、政府储备物资等计入物资成本的支出	
（3）为购建固定资产等的资本性支出	
（4）偿还借款本息支出	
减：1. 当期确认为预算收入但没有确认为收入	
（1）收到应收款项、预收账款确认的预算收入	
（2）取得借款确认的预算收入	
2. 当期确认为费用但没有确认为预算支出	
（1）发出存货、政府储备物资等确认的费用	
（2）计提的折旧费用和摊销费用	
（3）确认的资产处置费用（处置资产价值）	
（4）应付款项、预付账款确认的费用	
（二）其他事项差异	
三、本年盈余（本年收入与费用的差额）	

（七）其他重要事项说明

（1）资产负债表日存在的重要或有事项说明。没有重要或有事项的，也应说明。

（2）以名义金额计量的资产名称、数量等情况，以及以名义金额计量理由的说明。

（3）通过债务资金形成的固定资产、公共基础设施、保障性住房等 资产的账面价值、使用情况、收益情况及与此相关的债务偿还情况等的说明。

（4）重要资产置换、无偿调入（出）、捐入（出）、报废、重大毁损 等情况的说明。

（5）事业单位将单位内部独立核算单位的会计信息纳入本单位财务 报表情况的说明。

（6）政府会计具体准则中要求附注披露的其他内容。

（7）有助于理解和分析单位财务报表需要说明的其他事项。

参考文献

1. 财政部:《政府会计制度》(合订本第二版),中国财政经济出版社 2019 年版。

2. 财政部:《政府会计准则——基本准则》,中国财政经济出版社 2015 年版。

3. 财政部:《政府会计制度——行政事业单位会计科目和报表》2017 年版。

4. 施锦明:《政府会计(含非营利组织会计)》,中国财政经济出版社 2018 年版。

5. 赵建勇:《政府会计与非营利组织会计》(第三版),中国人民大学出版社 2017 年版。

6. 财政部:《政府会计制度——行政事业单位会计科目和报表》,中国财政经济出版社 2018 年版。

7. 王晨明、周欣编著:《政府会计实务及案例解析》,立信会计出版社 2018 年版。

8. 曾尚梅主编:《政府会计》,经济科学出版社 2018 年版。

9. 陆志平编著:《政府会计》,云南大学出版社 2018 年版。

10. 赵建勇编著:《政府会计与非营利组织会计》(第四版),中国人民大学出版社 2018 年版。

11. 隋雪、董雪艳:"我国政府会计核算的发展与改革",《当代经济》,2015 年第 21 期。

12. 徐玉德、宋帅:"我国政府会计改革发展四十年:历程、经验及展望",《地方财政研究》,2018 年第 11 期。

13. 马永义:"政府会计制度中'平行记账'的原理与实务探析",《会计之友》,2018 年第 3 期。

14. 马永义:"关于政府会计主体折旧计提的冷思考",《中国注册会计师》,2017 年第 9 期。

15. 马永义:"关于政府会计主体'双分录'的思考",《中国注册会计师》,2016 年第 39 期。

16. 马永义:"对政府会计若干问题的思考",《新会计》,2016 年第 8 期。

17. 荆新:"中国政府会计改革发展四十年:回顾与展望",《财会月刊》,2018 年第 19 期。